岩 波 文 庫

34-230-1

独裁と民主政治の社会的起源

——近代世界形成過程における領主と農民——

（上）

バリントン・ムーア著
宮 崎 隆 次
森 山 茂 徳 訳
高 橋 直 樹

E. C. M. に

SOCIAL ORIGINS OF
DICTATORSHIP AND DEMOCRACY:
Lord and Peasant in the Making of the Modern World
by Barrington Moore, Jr.

First published 1966 by Beacon Press, Boston.
This Japanese edition published 2019
by Iwanami Shoten, Publishers, Tokyo
by arrangement with Beacon Press, Boston
through Tuttle-Mori Agency, Inc., Tokyo.

目次

【下巻内容】

独裁と民主政治の社会的起源（上）

序文・謝辞

本書は、農業社会(ここでは単純に、人口の大部分が土地に依存して生活している状態と定義しておく)から近代産業社会への変容に際して、地主上層諸階級と農民層とが演じた、多様な政治的役割を説明しようとするものである。より明確に言えば、西欧議会主義型のデモクラシーと、右と左の独裁政治、即ちファシズム体制と共産主義体制、が出現した背景にあって、これら農村集団の一方または両方が重要な役割を果たすことになった、一連の歴史的諸条件を、本書は明らかにしようとしている。

人間社会を研究する者にとって、問題が天から降って来るようなことはありえないから、この問題の背景にあるいくつかの考えを、ごく簡単に示しておくことは有益であろう。筆者がこの研究に真剣に取り組むようになったのは十年以上も前のことであるが、そのしばらく前から、筆者は産業主義《インダストリアリズム》が二〇世紀の全体主義体制の主な原因であるとする主張に対して、極めて懐疑的になっていた。共産主義者がその体制を確立した時、ロシアと中国はほとんど完全な農業国であったという、明白な事実があるからである。そのずっと以前から、筆者はアジアの諸制度や歴史をも包含するような、妥当な政治体制理論を作らねばならないと確信していた。従って、農村部に依拠する諸階級にどのような政治的傾向が生ずるかを検討し、かつ西欧社会と同様の関心をアジア社会にも向けることが、少なくとも有望な戦略に思われたのである。

本書はまず(第一部において)、イギリス(より正確にはイングランド)、フランス、アメリカ合衆国でなされた、近代への民主主義的・資本主義的変容の径路《ルート》に関する議論を行う。筆者は本来、ヨーロッパのファシズムと共産主義の社会的起源が、議会制デモクラシーの起源とどのように違うかを示すために、第一部をドイツとロシアに関する同じような章で締めくくるつもりであった。しかし、本書は既にかなり長いものになっており、また本書執筆中に第一級の著書が刊行されて、この二カ国の社会史解釈に筆者が付け加えるべきものがなくなったこともあり、不安は残るが、この二章を割愛することにした。とはいえ、比較の例証として、また第三部の理論的検討において、筆者はなお自由にドイツとロシアを参考に引いていることをお断わりする。なお、巻末の参考文献表には、ドイツとロシアの社会史に関して、筆者の考え方の基礎となった文献を掲載した。ドイツとロシアに関してまとまった叙述をあきらめたかわりに、日本、中国、そしてインドといった農業問題が現在でも尖鋭な国々における、アジア型のファシズムと共産主義と議会制デモクラシーに関して、より多く議論することができる(第二部)という利点が少なくとも得られた。これらの国々の歴史や社会構造は、西欧の教育をうけた読者にはしばしば全く知られていないから、自分があまり知らないことについてより多くを語る筆者に対し、批評家諸氏の寛容を乞いたい。

本書の事例選択に対しては、範囲が一人の人間が有効に取り扱うには広すぎるという批判と、充分な一般化を行うには狭すぎるという批判とが可能である。この仕事が大きすぎるということに関しては、筆者自身もそれに心から同意しかけたことが何度もあったとだけ言えば充分であろう。第二の型の批判者は、比較的に小さな国々――デモクラシーの側ではスイス、スカンディナヴィア、ベネルックス諸国、共産主義者の征圧又は支配下にあるところではキューバ、東欧(衛星)諸国、北ヴェトナム、北朝鮮など――が全く考慮されていないと指摘するかもしれない。これらの国々を除外して、どうして西欧デモクラシーや共産主義の発達を一般化できるのか。西欧デモクラシーの小国を除外することにより、本書全体を通じて、何らかの反農民的偏向を作り出してはいないか。この異論に対しては、筆者の個人的事情にかかわらない解答が一つあると思われる。本書は数カ国の長期にわたる社会過程の、いくつかの段階に関心を集中させている。この過程の一部として、新しい社会の仕組が成立した。それは、特定の国々を二〇世紀前半の様々な時点で政治的な指導国家とした暴力なり、その他の方途によって、形成されたものである。本書の関心の焦点は、政治権力に結びつく革新《イノヴェイション》にあり、他国で作られた諸制度の拡大や継受にはない。もっとも、輸入された諸制度が世界政治における重要な権力と結びついた国々は別であるが。相対的に小さな国々は経済的・政治的に強力な諸大国に依存しているから、その国々の政治を決定する要因は、その領域外にあるといってよい。それはまた、その国々の政治問題を諸大国の政治問題と、本当に比較することはできないことをも意味する。従って、小さな国々と諸大国とを同時に取り扱うデモクラシーや権威主義の歴史的前提条件に関する一般論は、あまりにも広汎すぎて抽象的な決まり文句になりがちであろう。

　このように見れば、特定の国々の農業社会の変容を分析することは、より広い一般化と少なくとも同等の価値ある結果を生み出すといえる。例えば、イギリスにおいて農業問題の解決が議会制デモクラシーの確立にいかに貢献したかを知ること、またインドにおいてイギリスとは非常に異なる農業問題の解決に今までのところ失敗していることが、デモクラシーにとり、いかに脅威になっているかを知ることは、極めて大切である。なおその上に、どの一国をとってみても、一般的な理論には簡単にあてはまらない因果連関が必ず見つかる。逆に言えば、理論にあまり打ち込みすぎると、その理論に適合する諸事実を、個々の国の歴史における重要度を超えて、過大視する危険が常につきまとう。

数カ国における社会の変容の説明が、本書の最も大きな部分を占めているのは、以上のような理由による。

特定の国の歴史を理解しようとするに際して、比較視座は極めて有益な、時には新しい疑問点を提供するものとなりうる。更にもっと有利な点もある。比較により、通説的な歴史解釈が誤っていないかを大雑把に検討することができる。それに比較による接近方法は、新しい歴史的一般化を導くこともある。実際には、これら比較の特質は単一の知的過程を形成し、そのような研究を興味深い諸事例の寄せ集め以上のものにするのである。例えば、一九及び二〇世紀に中国の農民が物質的に苦しんでいたのとほぼ同じように、インドの農民がこれまで苦しんできて、しかもなんら大規模な革命運動を生み出していないことに気がつけば、この二つの社会で起こったことに関する従来の説明に疑問を持ち始め、一般的な原因を究明しようとして、他の国々の農民蜂起に影響を及ぼした諸要因についても注目するであろう。また、一九及び二〇世紀初頭のドイツにおける農業エリートと産業エリートとの提携、即ち、よく言われる鉄とライ麦の結婚、がデモクラシーに与えた破滅的な結果について学べば、アメリカ合衆国における南北戦争がなぜ、同じような鉄と綿花の結婚により防止されなかったのかという疑問を持ち、そこで近代西欧デモクラシーの確立に好都合な、あるいは不都合な状況配置を明確化する方向へ一歩踏み出すことになるであろう。比較分析が、個別事例の詳細な調査には代えがたい価値を持つことは、明らかである。

正しい一般化は、飛行機の操縦士が大陸横断に使うような、広い地域を対象とする大縮尺の地図に似ている。詳しい地図にもそれなりの目的があるように、このような地図は一定の目的のためには必要不可欠である。ある地域の位置方向を予備的に調べようという目的で、すべての家や小径を一つ一つ知ろうとする者はいない。しかし、足を使って探索する——これは現在の比較歴史研究者が長い時間をかけて行っていることである——なら、細部がまず頭に入る。その意味や連関は徐々にしか現われない。研究者が事実の森の中で道を見失った気持になり、長い時間が過ぎるということもありえよう。その森の中には専門家が住みついており、この森は松林であるとか、熱帯のジャングルであるとかいった、野蛮な論争を繰り広げているのである。研究者がそのような専門家との出会いから、無傷で抜け出すことはまずありそうもない。そして、研究者が自分の訪れた地域の地図を書けば、当然に原住民のひとりが、自分の家や開拓地を書き忘れたといって非難することになるであろう。研究者が実際にその地域に心の糧や安らぎを見出していたとすれば、これは悲しいことである。旅行の終わりに、探索者が自分の見たうちで最も印象に残ったものを、後から来る人のために簡単に書き留めておこうとすれば、抗議の声は更に大きなものとなるに違いない。筆者がこれからやろうとすることは、まさにそれである。即ち、主要な発見を大雑把に素描し、これから共に探索する地域の予備的な地図を読者に提供しようというのである。

ここで検討される諸事例においては、前産業世界から近代世界への移行に際し、三つの主要な歴史径路《ルート》が見られる。これらの径路の第一は「ブルジョワ革命」と呼んでよいと思われる。マルクス主義的含蓄を持つため、多くの研究者にとってこの用語が「赤旗」を意味することは別論として、他にもこの用語には多義性や不利な点がある。それにもかかわらず、後述する理由により、イギリス、フランス、アメリカ合衆国の社会において近代産業デモクラシーへの移行過程で起こったいくつかの激しい変動、そしてまた歴史家たちが清教徒革命(しばしばイングランド内乱とも呼ばれる)、フランス大革命、アメリカ南北戦争を思いうかべるような激しい変動、につけるものとして、「ブルジョワ革命」という名称はやむをえないものと筆者は考える。このような革命の主要な特徴は、独立した経済基盤を持つ一集団が社会の中に発達してきて、民主主義型資本主義の発展を妨げるような、過去から引き継がれた障害を攻撃することである。この原動力の大部分は、都市部の商業及び手工業に従事する諸階級から出たが、それを指摘しただけでは全体的真理からほど遠い。このブルジョワ的原動力が見出した同盟者や、遭遇した敵対者は、各事例によって大きく異なる。当初の関心の的である地主上層諸階級についていえば、イングランドのように資本主義的・民主主義的潮流の重要部分であったか、さもなければ、その潮流に敵対した場合、革命や内乱の激動に際して一掃された。同じことは農民層についても言えるであろう。彼らの政治的努力の方向性が、主に資本主義や政治的デモクラシーへと向かうものであったか否かは、無視してかまわない。そしてまた、その方向性が生じた理由が、資本主義の発達が農民社会を破壊したためなのか、それとも資本主義の発達が、例えばアメリカ合衆国のような、真の農民層がいない新しい国で始まったためなのかも、無視してかまわない。

第一の、そして初期の径路は、大規模な革命と内乱を経て、資本主義と西欧デモクラシーとの結合へと至る道であった。第二の径路もまた資本主義的であったが、二〇世紀にはファシズムに至った。ドイツと日本がその典型例であるが、既に述べた理由から、本書では日本だけが詳しく扱われる。筆者はこれを資本主義的かつ反動的な形態と呼びたい。これは事実上、上からの革命という形態をとる。これらの国々では、ブルジョワ的原動力がはるかに弱かった。ブルジョワ的原動力がたとえ革命的な形態をとったとしても、革命そのものは敗北した。その後、比較的弱体な商工業階級の一部は、主に地主貴族層からなる旧来の未だに有力な支配諸階級のうちの反主流派に依存した。半議会主義体制の保護の下で、近代産業社会に必要な政治的・経済的変革を成し遂げるためである。産業はこのような保護の下で急速に発展する場合もある。しかしその結果は、短期間の不安定なデモクラシーの後に、ファシズムとなったのである。第三の径路は、もちろんロシアや中国に例示される共産主義である。これらの国々の巨大な農業社会的官僚制は、商業営利的《コマーシャル》原動力や後には工業的原動力をも、日本やドイツなどにおける以上に、抑制する役割を果たした。それは二つの結果をもたらした。第一に、ドイツ・日本型の近代化が試みられたものの、この国々の都市諸階級は弱体すぎて、下級の同盟者にすらなれなかった。第二に、近代化への第一歩が全く踏み出せないに等しかったために、巨大な農民層が残存した。この階層は、近代世界に浸食される際の新たな拘束と重圧を受けて、旧秩序を打倒し、共産主義者のリーダーシップの下で国を近代化へと駆り立てる破壊的な革命の主要な力となった。もっとも、この共産主義者のリーダーシップは、結局農民をその主たる犠牲者にしたのである。

最後にインドでは第四の一般的な類型が認められ、近代化への原動力が弱い理由が説明されよう。この国ではこれまでのところ、上からあるいは下からの資本主義革命も、共産主義に至る農民革命も、生じていない。同様に、近代化への原動力も極めて弱いままである。しかし、西欧デモクラシーの歴史的な前提条件のうち少なくともいくつかは、現実に現われている。議会主義体制は完璧ではないにしても、今のところ機能し続けている。インドでは近代化への原動力が極めて弱いままだから、この事例は他の事例を参考にして組み立てたいかなる理論枠組からも、いささかかけ離れている。しかしながら、この事例はそのような一般化の正しさを再検討するのに有益である。特にこれは、農民革命を理解しようとする時に役立つであろう。これまで農民革命が全く起こっていないインドの農村部の悲惨さの程度は、反乱と革命が前近代にも最近にも決定的であった中国のそれと、ほぼ等しいからである。

可能な限り簡単に要約すれば、我々は資本主義デモクラシーに至るブルジョワ革命、ファシズムに至る失敗したブルジョワ革命、共産主義に至る農民革命の、各々における、地主上層諸階級と農民層の役割を明らかにしようとしている。商業営利的農業の挑戦に対する地主上層諸階級と農民層の反応のあり方が、政治的結果にとって決定的な要因であった。これらの政治的なレッテルの適用可能性や、これらの運動が各国の各時点で持っていた、または持っていなかった諸要因については、今後の議論の過程で明らかにしたい。しかし一点だけはここで注意しておこう。それは、どの事例でも一つの構造形態が優越的なものとして立ち現われるが、その中にも他の事例で主要な別の構造形態が、副次的な形で識別できる、ということである。イギリスにおいては、フランス大革命後半期からナポレオン戦争の終わりにかけて、ドイツに顕著に現われている、反動的な構造形態の要素のいくつかが現われた。即ち、都市部と農村部の下層諸階級に対抗する（しかし問題によっては、時に下層階級のかなりの支持をも調達しえた）旧来の地主エリートと、勃興しつつある商工業エリートとの連合が存在したのである。事実、諸集団のこの反動的な結合は、アメリカ合衆国をも含め、検討されたどの社会においても、何らかの形をとって現われている。更に例を挙げれば、フランスの絶対王政は、帝政ロシアや中華帝国など巨大な官僚機構を伴う君主制が商業の世界に対して与えたのと、同じ結果をいくつか生ぜしめている。この種の観察は、経験に基づいた分類が個別的事例研究にまさる可能性があるという確信を、いささか強めてくれる。

それにもかかわらず、個別的事例の説明を正しく行うことと、一般化を求めることとの間には、厳しい緊張関係が残る。それは主として、すべての問題を検討し終わった後でなければ、個々の問題の重要度がわからないことによる。議論のしかたに一定の対称性や優美さが欠けているのも、この緊張が原因であり、筆者はこれを残念に思って何度も書き直したのだが、充分に欠点がなくなってはいない。ここでもう一度、未知の土地を探険する者との共通性を引いても不都合はあるまい。探険家は次の旅行者団体のために、平坦でまっすぐなハイウェイを作るように要求されてはいない。その探険家が旅行団体の案内人になるとしても、最初の探険の時のように道を間違えたり、同じ道をぐるぐる回ったりして時間を浪費しないようにし、同行者を険しい森につれ込まないよう親切に案内し、比較的危険な落とし穴を教えさえすれば、それで充分に任務を果したと考えてよいであろう。探険家が無器用にも足を踏みはずしたり、罠に落ちたりしても、その失敗を嘲笑するだけでなく、進んで探険家に手を貸し、もう一度先頭に立たせてくれる人も、一行の中にはいるかもしれない。筆者が本書を書いたのは、真理を探求するこのような仲間たちのためなのである。

ハーヴァード大学のロシア研究センターは、時間という貴重な恩恵を筆者に与えてくれた。少しもいらだちの色を見せず、心のこもった好奇心を示してくれたということで、本書執筆中、同センターに在職していた研究所員の何人かには、特に感謝の意を表したい。主任のウィリアム・L・ランガー、メール・フェインソッド、主任のエイブラム・バーグソン、副主任のマーシャル・D・シュルマンの諸教授である。ローズ・ディベネディット女史は多忙にもかかわらず、快く膨大な草稿を何度もタイプしてくれた。

この仕事全体を通じて、親友ハーバート・マルクーゼ教授は、彼独特のやり方で温かい激励と鋭い批判とを共に与えてくれた。彼が最も助けになってくれたのは、筆者に対して最も厳しい時であったように思う。もう一人の親友、故オットー・キルヒハイマー教授は、草稿のすべてに目を通し、筆者が明確化しようとしながらなお不明確であった命題を、いくつか指摘してくれた。すべての段階でエリザベス・キャロル・ムーアの助力は極めて重要かつ多様で、夫たる筆者だけが理解できるものである。我々は共に、しばしばワイドナー図書館の職員の方々、とりわけフォスター・M・パーマー氏とY・T・フェン女史の知性的で沈着機敏な仕事のお世話になり、その結果もすばらしかった。

専門領域の事実関係に詳しい何人かの同僚は、各章を批判することによって筆者が初歩的な誤りを犯すのを防ぎ、かつ貴重な助言を与えてくれた。彼らが寛容にも、知的刺激になったとか、各専門領域で新たな問題提起になったとか言ってくれたことは、筆者にとって大変ありがたい報酬である。ここで彼らの名前を挙げれば、筆者がいかに否定しようとも、筆者の見解と彼らの意見がある程度共通であり、学界で意見が一致しているかの如き誤解を招くおそれがある。それ故、彼らに対する感謝は個人的なものにしておく。ここに名前を挙げた人々だけでなく、挙げなかった人々からも、筆者は学者のコミュニティという考え方が、単なる言葉の上だけのものでないことを教えられた。

バリントン・ムーア・Jr.

第一部　資本主義デモクラシーの革命的起源

第一章　イギリス――漸進主義に対する暴力の貢献

一　農村部における資本主義への移行――背後に存在した貴族の原動力《インパルス》

前産業世界から近代世界への移行の物語を、その飛躍を最初に成し遂げた国の歴史を検討することから始めると、ひとつの疑問がほとんど自動的に湧いてくる。なぜイギリス(イングランド)では産業化の進行が比較的、自由な社会を成立させるに至ったのか。充分に明らかな点は、現在のイギリスはもう長い間、自由な社会であり、言論の自由のうちの重要領域や組織された政治的反対への寛容について、合衆国よりもかなり自由主義的なことであろう。この支配諸階級の寛容に内在する貴族的要素も同じく明らかである。適切な視座を維持するためには、ここで追求する原因以外にも、ありうる原因を心に留めておくことが必要であるが、この状況が生まれた理由で重要なものをすべて挙げるのは、我々が必要とする仕事の範囲を超えている。そこで、産業主義《インダストリアリズム》への変容に際して農村部の諸階級が演じた特殊で重要な役割に、本章の焦点を置くことにしたい。

本書の全体計画及び出発点である疑問から、貴族と農民――更には、イギリス社会の特徴である両者の中間に存在した多くの階層――の運命を強調することが生じるとすれば、もうひとつの研究の軸は事実の検討から現われる。イギリス史を特に長い時間をかけて勉強しなくとも、また科学的方法に基づく標準的な概説書で提示されている問題を超えた疑問を抱かなくとも、平和裡に、公正かつ民主的過程により政治・経済上の紛争を解決するという、イギリスだけに見られる能力に関する通念には、神話的側面があるのに気付く。もっとも、このような通念は神話と言うよりも真理の一部分なのである。単なる実態暴露は問題点を明確にはしないであろう。イギリスの産業化の物語を一七五〇年以降のある時点から始める歴史書の慣例は、一八世紀から一九世紀にかけての平和な、フランスに比べれば極めて平和な内政史に光を当て、清教徒革命、即ち内乱に至る時期を暗闇の中に葬り去ることで、この部分的真理の永続化を助けている。(1) このような事実に注目することによってのみ、まず近代デモクラシーにおける、次に、より一般的には、農業に基盤を置く社会から近代産業技術に基盤を置く社会に至る変容全体における、暴力と平和裡の改革との関係はどのようなものかという問題に立ち向かえるのである。

一七世紀のイングランド内乱(the Civil War)となって爆発した社会闘争は、それより数世紀前に始まる変動の複雑な経緯に端を発している。この変動がいつ始まったのかを断言することができないのと同様に、それが内戦の形を取らなければならなかったことについては証明できない。それにもかかわらず、この変動過程の性格自体はかなりはっきりしている。近代世俗社会は封建・教会秩序という強固で複雑に絡まった繁みを、ゆっくりと切り開いて前進していった[2]。より明確に言えば、一四世紀以降、農村部においても都市部においても商業〔生産・流通業（訳者による注記。以下同）〕の重要性が増したことと、封建制が凋落し、イギリス型の比較的弱体な絶対王政に置き換えられたことを示す、いくつかの徴候が見られた。これらは共に次第に激しくなる宗教闘争の枠内で行われたが、その宗教闘争はある種の文明の没落と新しい文明の台頭に必然的に伴う不安と苦悩の反映であり、またその原因でもあった。

　イングランドでは以前から羊毛業が営まれていたが、中世末期には最大かつ最重要な上質羊毛の産地になっていた[3]。羊毛業がもたらした余波は都市部だけではなく農村部にも及んだ。この余波はおそらく農村の方で、そして確実に政治の領域に対してより強く及んだ。イングランドの羊毛市場はヨーロッパ大陸、特にイタリアと低地地方〔現在のベネルックス諸国〕にあったから、イングランド社会を結果的に支配する力強い商業営利的《コマーシャル》原動力の端緒を見つけるには、まさに大陸のこれらの地域での商業都市の発達に眼を向けなければならないであろう。しかし、この点の分析は我々の守備範囲から離れすぎているから、我々の目的にとってはその決定的影響をそのまま事実として認めるだけで充分である。その他の重要な要因も作用していた。一三四八年から一三四九年の黒死病《ペスト》はイングランドの人口構成に深い傷跡を残し、労働力の供給を減らした。ロラーディ(Lollardy)ではその後すぐに宗教反乱の最初の前兆(二)が現われ、一三八一年の深刻な農民反乱〔ワット・タイラーの乱〕につながった。後に、これら下層諸階級の騒乱とその意味を検討する機会があろう。

当面、我々の関心は主に上層諸階級に集中される。一四世紀後半から一五世紀の大部分にかけて上層階級の立場に重大な変化が生じ、その立場が弱くなったことが徐々に明らかになってきた。土地と土地保有関係はもはや諸侯とその臣下を繋ぎ留めなくなった。封建制の他の側面はなお強力であったが、国王は長い間自らの権力を強化すべく封建制の取り決めの範囲内で活動し、それを自らの目的にかなうようにするために努力して、様々な成功を収めてきた。封建制は大地に下した根を断ち切られて寄生的(三)になり、有力諸侯の権謀術数や君主の対抗措置から力を引き出すようになってしまった(4)。

バラ戦争(一四五五―一四八五年)は地主貴族層(landed aristocracy)にとって、天災と言うよりむしろ社会的災害であった。この血なまぐさい事件は彼らの勢力を非常に弱め、闘争の中から現われたテューダー朝は、これによって王権を強化する過程を短縮できた。ヘンリー八世治下での政治的・宗教的な深謀遠慮は、商業的農業へと更に前進する結果をもたらしたかも知れない。あるマルクス主義歴史家は、ヘンリー八世による一五三六年と一五三九年の修道院の土地・財産の没収が、旧来の貴族とその遠心的伝統を犠牲にして、商業的営利志向を持つ、より新しい土地所有者たちの躍進を助けたであろうと述べている。(5) しかし、ヘンリー八世による統治の主な意義は、次のように述べた方がより適切であろう。即ち、彼は旧秩序の一方の柱であった教会制度に打撃を与え、ひとつの手本を示したが、この点で彼の後継者たちは後に悔やむことになったのであると。王権によるテコ入れを必要としないより根深い動きが既に始まっており、良き秩序への脅威であるこの動きに王権は次第に敵対していくのであった。

テューダー朝の下での平和は、羊毛業が引き続き与えた刺激と結び付き、商業的な、資本主義的とさえ言える考え方が農村部で発達するように促す、強力な刺激を生み出した。内乱以前のイングランドでの経済状況に関するR・H・トーニー(R. H. Tawney)の優れた研究は、他の著作と共に、これらの力が内戦のはるか以前から封建制の枠組をどのように壊したかを教えてくれる。

一五世紀という不穏な時代において、土地は経済価値以外にもまだ軍事的・社会的

> 意味を持っていた。領主は弓と槍によって悪しき隣人に非を悟らせるべく、家臣団の先頭に立って馬を走らせた。また、小作人の数が多いことの方が土地から多額の現金収入をあげるよりも大切であった。ところが、テューダー朝の統制は、制服と訴訟幇助(Livery and Maintenance)〔三〕の厳しい禁止、行政管轄区、疲れを知らぬ官僚機構によって、私的戦争状態を高圧的に鎮め、そして封建制の牙を抜き去ることにより金銭の支配を人の支配よりも重要にした。……(この変化は)土地を政治的機能や義務の基盤と見る中世の概念から、収入を生み出す投下資本とみなす近代の考え方への移行を明らかにしている。土地所有は、端的に言って、商業化される傾向にあった(6)。

国王の平和と羊毛業の繁栄とは特殊な形で結合し、資本主義と、それを結果として民主的なものにした革命との両方に向かって、イングランドを駆り立てる重要な力のひとつになった。他の国々では、特にロシアと中国で顕著であるが、強力な支配者が命令を広大な領地の到る所に行きわたらせた。実際、イングランドでは支配者の成功が非常に限定されていたという事実が、議会制デモクラシーの勝利に結果として大きく貢献した。牧羊業それ自体とデモクラシーとの関連については別に必然性はない。同時期のスペインでは牧羊飼育の効果はむしろ正反対であった。なぜならば、中央集権化を目指す君主によって、地域の個別主義的傾向に対抗する手段として、全国を移動する羊の群れ〔季節的移動牧畜《トランス・ヒューマンス》(trancehumance)を指す〕とその所有者〔メスタと呼ばれた牧羊業者組合〕が利用され、従って愚かな絶対王政の成長に貢献したからである。(7) イングランドの状況を解く鍵は、一六、七世紀に都市と農村の両方で、後述するいくつかの理由から、商業営利的活動が国王と全面的には対立せずに発展したことにある。

状況からの圧力を受けて、社会有機体の健全性への貢献度によって経済活動を評価する中世の考え方は崩れ始めた。人々は農業問題を、土地によって人間を扶養するための最良の方法を見いだすこととは考えなくなり、土地に資本を投下する最良の方法として認識するようになった。人々は次第に土地を売買でき、うまくもまずくも利用できる物として、一言でいえば近代資本主義の私有財産のように、扱うようになったのである。もちろん、封建制においても土地を私有財産にすることは行われていた。しかし、封建制が発達したどの地域でも、土地所有には多種多様な義務が他者に対する負担や拘束の形で課せられていた。これらの義務がどのように消滅したのか、そして、その変動により誰が勝ち、誰が負けることになったのかが、封建制を経験したあらゆる国で重大な政治問題になった。イングランドではこの問題がごく早くから表面化した。そこではアダム・スミス(Adam Smith)より遥かに先立って、農村に住むイングランド人の諸集団がそれぞれ別個に、利己心と経済的自由を人間社会の自然な基礎として受け容れるようになったのである。(8) 経済的個人主義が主にブルジョワジーから生まれたとする通念を考慮に入れても、内乱以前に囲い込み(enclosure)をしていた地主が、少なくともこれらの破壊的教義《ドクトリン》を育てる重要な温床を既に準備していたことに、注目しなければならない。

ものの考え方が変化したのを明瞭に示すひとつの徴候は、一五八〇年頃に始まり約半世紀にわたって続いた土地市場の活況であった。年間地代は数十年前の土地価格の三分の一にまで上昇した。(9) このような活況は農業の管理自体の広汎な構造変動なしには起こり得なかったであろうし、その変動の結果として解釈できるであろう。

この変動のうち最も重要なのは土地囲い込みであった。この言葉自体は全く異なる事象を説明する様々な意味を持っているが、これらの事象はすべて当時起こっていたし、各々の重要度は必ずしも明確ではない。一六世紀で最も重要なものは、「荘園住民が共有権を持つ土地や開放耕地(open field)に対して、荘園領主やその下の農業経営者(farmer)が行った侵略」(10) であった。荘園領主は羊毛を売ることや、売る人間に土地を貸して地代を増やすことで見込める利益に魅せられて、開放耕地の耕作権や、共有地の使用権——牛を飼い、薪を拾うなどの目的に利用された——までも農民から奪うために、あらゆる合法的・半合法的な方法を探し出した。このような囲い込みの影響を被った実際の面積は、囲い込みが非常に激しかった諸州《カウンティ》でも全面積の二〇分の一以下であり、かなり少なく見える。しかし、この事実は、もしそれが厳然たる事実ならば、それらの州での状況が非常に深刻であったことを物語っている。トーニーが指摘するように、イングランドでの人口一人当たりの国土面積を単純に計算すると約一・五エーカーにもなるから、都市の過密は重要ではなかったとは言えないのと、それは同様である。「五〇の荘園からそれぞれ小作人が一人ずつ追い払われるのと、ひとつの荘園から五〇人の小作人が追い立てられるのとでは、統計上まったく同じ結果になる」が、その社会的影響はまったく違う。結局、当時の政治的・社会的混乱には実際の根拠があったに違いない。「政府は単なる軽はずみからわざわざ勢力を持つ諸階級を攻撃しようとはしないし、耕作地を牧羊地に取り違えていたからといって、多数の人が何度も反乱を起こしたりはしない。」(11)

以前は耕作法を定めた慣習による規則に従っていたかなりの広さの土地が、明らかに個人の自由裁量によって利用される土地になりつつあった。農業の商業営利化は同時に、悪くすると無法な暴君、良くとも専制的な父親である封建領主が、利益と効率に注目しながら領地の物的資源を最大限に利用する、辣腕の実業家に近い大領主へと変貌することをも意味した。(12)この習性は一六世紀において全く新しかった訳ではないが、また、内乱以後や、一八世紀から一九世紀初頭ほどには広汎なものにもならなかった。更に、この習性を持つ人物は地主である上層諸階級に限定されていた訳でもなく、農民上層部にも同様に広まっていた。

それがヨーマン(yeoman)、即ち、小ジェントリー(gentry)を頂点に、それより豊かでない農民を底辺として広がる階級であった[13]。彼らのすべてが自由土地保有者(freeholder)とか、土地の近代的な私有財産権を持つ者というわけではなかった。しかし、彼らは急速にその方向へと進み、残存する封建的義務から抜け出しつつあった[14]。彼らは経済的には「野心に満ちた、攻撃的な小資本家であり、自分たちは大きな危険を負担するに足るだけの剰余金を得ていないと知っており、節約すれば出費するのと同じ位に普通は利益があがることを心に留めながら、自分の利益を増やすためにはすべての機会を、どのような機会でも、逃がすまいと決心している人々[15]」であった。彼らの所有地は、耕作地帯では二五から二〇〇エーカーに、牧畜地帯では五、六〇〇エーカーにもなったようである。規模の大きい牧羊業者(sheep farmer)は当然、低い単位原価で経営して、羊毛を売り、高い収益をあげられたが、ヨーマンやそれより貧しい農民も広く牧羊業を営んでいた[16]。市場向け穀物の栽培もヨーマン層の主な収入源であった。ロンドンや発展途上の諸都市に近い人々や、水上輸送を利用できる人々も、他の人より有利であったに違いない。[17]

ヨーマンは農民による囲い込み(peasant enclosure)を支えた主要勢力であった。この種の囲い込みは耕地を得るためになされたので、領主と似たやり方をした牧羊業者によるものとは全く異なっていた。それは主に荒れ地(荒蕪地)や共有地を、また、時には自らの権利を守るための細心の注意を怠っている地主をも含む隣人の土地を、少しずつ削り取っていく形を取った。この農民による囲い込みは通常、開放耕地に散らばる耕作地を統合して、地条(strip)制を撤廃しようとする互いの合意によっていた。ヨーマンもまた状況の許す範囲で、伝統的農業の型通りの作業から離れて、利益の見込める新技術を試すのに熱心であった。[18]

比較という観点から見ると、一六世紀のヨーマンは一九世紀末や革命後のロシアのクラーク(kulak)にやや似ているが、ヨーマンはクラークよりもずっと個人事業に都合のよい環境に生きていた。ヨーマンはふつうイギリス史の英雄であるが、他方、クラークは保守主義者にとっても、社会主義者にとってもロシア史の悪役である。このような考え方の際立った対照性は異なる社会と、それぞれの社会が近代世界に至る径路《ルート》とについて多くを物語っている。

農業資本主義の嵐を巻き起こした人々、即ち、旧秩序に対する闘争の主な勝利者は、ヨーマン層からも現われたが、それ以上に地主上層諸階級から出て来た。進歩の主な犠牲者は例によって平凡な農民たちであった。そうなった理由は当時信じられていたこととはやや違う。つまり、イングランドの農民はそれほど特に頑固で保守的ではなかったし、完全な無知と愚鈍から前資本主義的・前個人主義的な習慣に執着した訳でもなかった。旧来の習慣が続いていたことは明らかに一定の役割を果たした。しかし、この場合、この研究で見ていく他の場合と同じに、なぜ旧来の習慣が続いたのかを問うことが必要である。その理由はごく簡単にわかる。中世イングランドにおける農業形態では、世界の多くの地域と同様に、各々の農民の保有地は一連の細長い形をした地条をなしていて、この地条は囲いのない耕地、つまり開放耕地のあちらこちらに他の村人の地条と混在していた。家畜は刈り入れ後の耕地で草を食んだから、同じ耕地に関係する全員が刈り入れをほぼ同時に行わねばならず、従って農作業の周期を大なり小なり一致させなければならなかった。このような約束事にも個々の事情によって多少の余裕はあったが(19)、問題を解決する最も手っ取り早い方法として大抵は共同組織が必要であり、この共同組織は容易に慣習として定着したのである。季節毎に地条の割り当てを変更するのは、実際に例があったとは言え、明らかにかなりの大仕事であった。更に、薪を拾う場所や共同耕地以外の牧草地として利用された共有地から、農民が利益を得ていたことも明らかである。より一般的に言えば、イングランドの農民は荘園の慣習の保護の下で比較的恵まれた地位を自ら勝ち取っていたから、自分たちがほとんど利益を得る立場にはいない、迫り来る資本主義の洪水から守ってくれそうな堤防として、慣習や伝統による保護に頼ったのも不思議ではない[20]。

国王からいくらかの応援が時々あったものの、この堤防は崩れ始めた。当時の表現を使えば、羊が人間を食べたのである。農民は土地から追い払われ、耕した地条も共有地も牧草地に変えられた。以前は多くの人を養えた広大な土地で、いまや、たった一人の羊飼いが群れに草を食ませることができるようになった[21]。これらの変化を正確に測るのはおそらく不可能であろうが、かなりのものであったことは明らかである。もっとも、トーニー自身も注意深く指摘しているように、内乱がこの堤防を壊した後に噴出した激流に比べれば、一六世紀に漏れた水はほんの僅かであった。

イギリスではこのように、結局は近代世俗社会となる新しい社会を主に担う人物は、基本的に当時の都市部と農村部の商業的営利心を持つ人々であった。フランスの歴史とは対照的に、これらの人は温情主義《パターナリズム》的な国王の保護の下ではなく、主に自力で前進した。うまい儲けも多かったから、時には進んで国王に協力する者もいた。しかし、特に内乱に近づくにつれて裕福な都市民は、生産を拘束しないにせよ、少なくとも自分の野心には障害となる、国王の独占権に反対し始めた(22)。エリザベス一世とステュアート家の初めの二人の王の下では、この傾向が農民や都市の貧しい諸階級にあまり及ばないように、いくらかの努力がなされた。多数の農民が流浪し、良き秩序への脅威になりかけていたし、遂には頻繁に反乱が起こるところまできていた(23)。ある歴史家は慎重にも、国王の政策を気紛れな慈悲から出たものと呼んでいる。チャールズ一世がストラフォード(Strafford)とロード(Laud)を用いて、議会を一度も開かずに支配した「十一年間の圧政(Eleven Years' Tyranny)」の間には、この慈悲を注ぐべくかなりの努力がなされたようである。星室庁(the Star Chamber)や請願院(the Court of Requests)などの王立裁判所は、囲い込みによる追い立てに対して農民が受けられる保護を与えたのである(24)。

国王は同時に、これらの政策を強制する際の罰金による収入で、抜け目なく自らの懐《ふところ》を潤した。断固たる強制は、いずれにせよ、国王の力の限界を超えていた。イングランドの王権は、フランスの君主制と違い、自らの意志を農村部に押し付けるのを可能にする、効果的な行政的・法的機構を創り上げることができないでいた。農村部で通常、秩序を維持していたのはジェントリー層に属する人々で、彼らはまさに国王の保護政策の対象である人々と対立していた。従って、国王の政策がもたらした結果は主に、自分の財産を自分の望むようにする権利があると主張する——しかも、それが社会にも有益であると考えた――人々の反感を買うことであった。国王の政策には、この考え方以外にも多くの絆によって結ばれていた都市部と農村部の商業的営利を志向する部分を結び付けて、国王に対する一致した反対派を作る傾向があった。[25] 農業の分野について言えば、ステュアート朝の農業政策は完全な失敗で、内乱、即ち、「個人の権利と、最終手段として宗教的制裁に依存すると考えられた国王の権威との間[26]」の衝突を早めた。これまで述べてきた点から、誰の個人的権利が問題になっていたのかと、その権利が当時まだイングランドの人口の大部分を占めていた農民層のものでは全くなかったことが、充分に明らかであろう。

二　農業面から見た内乱

前節で述べた全体背景に照らすと、以下の主張に疑いを差し挟む余地はほとんどないように思われる。即ち、地主上層階級の商業的営利を志向する部分と、それより比重は小さいがヨーマン層の商業的営利を志向する部分とが、国王及び旧秩序を維持しようとする試みに対抗する主要勢力をなし、それ故、内乱を生み出した唯一ではないにしても重要な原因であったというものである。一六、七世紀での都市部の商業発展は、イングランド農村部にとっての農産物市場を創り出し、それによって農村の内部自体で商業的・資本主義的農業へと歩む動きが始まった。商業の影響力が浸透し、新しい状況が次第に広汎に創り出された。この新しい状況に対して、各々の農業階級内部で様々な集団が——どの集団も他の集団や都市部の集団とははっきり区別できる訳ではないが——それぞれの方法で適応し、その成功の度合いもまちまちであった。虚飾と宮廷での社交という金のかかる習慣があった称号貴族層《タイトルド・アリストクラシー》[五]は、一部が適応したものの、大体において転換しにくかった[27]。うまく適応できた企業心に富む人が属していた農村部の主な集団は、貴族層より下でヨーマン層より上の幾分幅の広い大集団、つまりジェントリーであった。しかし、彼らの成功は必ずしも農業活動だけによるものではない。将来を見通したジェントリーは上層都市民、つまり、いわゆる狭義のブルジョワジーと、ありとあらゆる個人的及び商売上のコネクションを持っていた[28]。こうして、ひとつの階級としてのジェントリーから、イングランド農村社会の構造を決定的に変えた歴史動向を、主に代表する人々が現われたのである。ジェントリーと地主貴族層との間に見られる経済、社会構造及び、それらに対応した考え方の、それぞれの型の差異について述べれば、そこには「異種の経済の間での闘争があり、その違いは社会的分裂より地域特性に密接に対応していた。進歩がなかったり、かえって落ち目になっていたジェントリーは多数いた。時代に応じて動き、自らの財産をうまく利用していた貴族の地主を見つけるのも簡単であったろう[29]」。「進歩のない」ジェントリーとは明らかに、土地に関する自分の経済状況を改善するにあたって比較的臆病であり、都市との得になる商売上・官職上のコネクションを持っていない人々であった。これらの「不満分子」がクロムウェル(Cromwell)と清教徒革命の背後にあった急進勢力――もっとも、その原動力の主な源泉ははるかに下の社会階層にあった――の一翼を形成していたようである[30]。イングランド社会はこのように商業と一部の製造業から衝撃を受けて上から下へと解体していき、この解体は同じ衝撃の力が生み出した急進的な不満分子が時折華々しく爆発するのを許すような形をとった。後述するように、同様の発展順序は大筋において、フランス革命、ロシア革命、中国革命という他の主要な近代革命に共通する特徴でもある。この過程においては、旧秩序が崩壊するにつれて、長期的な経済傾向ゆえに敗北していった部分が登場し、旧体制《アンシャン・レジーム》を打ち壊す暴力的な「汚れた仕事《ダーティ・ワーク》」のほとんどを行って、一連の新しい制度のために途を切り開く。

イギリスでのこの種の汚れた仕事は主に、チャールズ一世の首をはねるという象徴的行為であった。国王を処罰すべしという無視できない要求は軍隊から出て来た。軍では大衆の影響力が非常に強かった。彼らはジェントリー層よりは下の階級、おそらく都市の年季済み職人《ジャーニーマン》や農民の出身であった(31)。クロムウェルとその部下の士官たちは既に処刑の時までに、彼らを掌握していた。処刑それ自体を議会で通過させるにはマスケット銃で脅かさねばならなかった。もっとも、その時でさえ、四九名もの議員が国王を裁くのを拒否したが、五九名は死刑執行状に署名した。処刑に賛成した議員には比較的貧しいジェントリーが多く、国王を裁くのを拒否した議員には比較的豊かなジェントリーが多いという傾向がある。しかし、この二つの集団は重なり合っていて、機械的な社会学的分析は当時の政治感情を正確には反映しないであろう(32)。立憲君主制は多分、他の方法でも成立可能であった。だが、チャールズ一世の末路は将来にとって不気味な見本になった。後のイギリス国王は誰も、二度と絶対王政を真剣には考えなかった。クロムウェルが独裁制を確立しようとしたことは、単に事態を後から取り繕おうとする絶望的かつ不成功に終わった試みのように思われるし、フランス革命における半独裁制の段階――この段階に旧体制を破壊するために多くの仕事がなされた――とは全く比較できない。また、農民や都市大衆という他の革命で汚れた仕事をした人々も、かなり重要な短期間の象徴的行為を除いて、イングランド内乱の間に表には現われなかった。

同じ社会階層に属する近代化派と伝統派とを結ぶ絆は、下層階級、即ち「卑しい奴ら」への共通する恐れも含めてたくさんあった。このような結び付きは、この革命で階級配置があまり明瞭でなかった理由の一部を説明する。チャールズ一世はジェントリー層の支持を取り付けるのに全力を尽した。彼が極めて広汎に成功したという証拠もある。(33) ステュアート家が囲い込みを妨害したにもかかわらず、裕福なジェントリーの多くが国王側の主張を支持したのは驚くにあたらない。資産家が国王と教会という社会秩序を支える二本の柱を、安易な気持から引き倒すことなど、ほとんど期待できないであろう。結果から見れば、彼らは国王と教会が以前より自分たちの要求に沿う形で復帰したのを歓迎した。なお、清教徒革命に続く他の三大革命でも、アメリカ南北戦争の場合でも、旧秩序における所有権を維持するか否かについてとられた曖昧な態度は、同じく表面化している。一方、反乱指導者たちの方針は単純明快であった。彼らは国王からも下層階級出身の急進派からも、地主の所有権に干渉が加えられることに反対した。一六四一年に長期議会(the Long Parliament)は星室庁を廃止したが、この星室庁こそが囲い込みをしていた地主貴族に対する国王の主要な武器であると共に、国王の恣意的な権力全体の象徴であった。同時に、クロムウェルとその仲間はきっぱりと、しかも巧みに、レヴェラーズとディガーズという軍隊内部の急進派からの攻撃をかわした。(34)

また、清教徒革命がいかなる点においても、上層と下層との明瞭な闘争には至らなかったことは、その他の要因によっても説明される。この闘争には経済・宗教・政体に関する争点が複合的に関係していた。これらの争点がどの位一致していたかを明らかにできる程の証拠は未だに示されていない。つまり、清教徒主義の社会的基盤についての調査分析は今後の研究を待たねばならない。しかし、これらの争点に関する見解の相違は、それぞれ異なる時期に結晶化したことを示す徴候が見られる。従って、実際に革命が劇的に展開して、人々が自分では操れず、その意味も見通せない出来事に直面するにつれて——端的に言えば、革命における両極化の度合いが増減するにつれて——多くの人々は上層、下層を問わず非常な苦境に陥り、決断するには大きな困難が伴った。私的な忠誠心が漠然と自覚していた信条と正反対に働いた場合もあろうし、またその逆の場合もあったであろう。

経済面において、内乱はある集団や階級から別の集団や階級への、大規模な土地所有の移転をもたらさなかった(この点についてトーニーはほぼ確実に間違っている)。土地所有への影響はおそらくフランス革命の場合よりも、はるかに小さかったであろう。フランス革命に関してさえも、現代の研究は次のようなド・トックヴィル(de Tocqueville)の主張を支持している。即ち、土地を持つ農民層が成長したのは革命に先立ってのことであり、亡命貴族《エミグレ》が土地を売却した結果ではないとされている。イングランドでは議会派が慢性的な資金不足に悩み、王党派の所領経営権を接収したり、財産を完全に没収したりして戦費を賄った。その一方で、王党派の代理人が苦労して所領を買い戻し、結果として敵の財政を潤すことにもなった。また、後になると更に多くの土地が買い戻された。イングランド南東部におけるこのような売買を調べたある研究書では――その著者は同じことがより広くあてはまると考えているが――以下のことを指摘している。つまり、共和制期〔一六四九―一六六〇年〕に売られた土地の四分の三以上について、王政復古の時点までの所有者をたどることができる。言い換えれば、一六六〇年以前に元の所有者が買い戻した土地はわずか四分の一弱にすぎない。また、著者は全く数字を示してはいないが、国王と教会の土地を買った人々は、それを王政復古の後まで保有できなかったようである。(35)

しかし、清教徒革命がいわゆる革命では全くなかったという主張を支持するために、この事実を引いてはならない。清教徒革命が革命として産み出したものは、法的・社会的諸関係において奥深く、しかも永続的であった。星室庁の廃止により、農民たちは囲い込みの進展に対抗する主要な保護を失った。クロムウェルの下で、特に軍政官支配〔六〕の後期に、囲い込みの影響を食い止めるためにいくつかの試みがなされた。しかし、それはそのような試みでは最後のものであった。(36)革命を支えたジェントリー層の社会的特性について疑問の余地はあるが、誰が勝利したかは明らかである。「王政復古によって囲い込みをする者は自分の前にある物をすべて勝ち取った」が、もっとも、この影響のすべてが感じられるようになったのはしばらく後であった(37)。内乱は、国王権力を打ち破ることによって、囲い込みを行う地主たちの主な障害を取り去ると同時に、イギリスが——一八世紀の議会についてのてきびしいが、かなり正確な呼び名を使えば——「地主の評議会(commitee of landlords)」によって支配される準備をした。

この闘争の結果としてブルジョワジーによる政治権力の奪取が起こらなかったという点で、内乱をブルジョワ革命と呼ぶことを批判するのは正しい。後に述べるように、一八世紀だけでなく一八三二年の大選挙法改正案(the Reform Bill)の後までも、農村部の上層諸階級は政治機構を掌握し続けた。しかし現実の社会生活に照らしてみればわかるように、ブルジョワジーが権力を奪取したか否かの問題は全く重要ではない。資本主義の影響は内乱のはるか以前に農村部の大部分に浸透して、それを変えてしまった。囲い込みを行う地主とブルジョワジーとの関係は非常に密接であり、当時の複雑につながっていた家系図の中では、どこまでが地主貴族で、どこからがブルジョワジーかが大抵は見きわめられない程であった。闘争の結果は、議会制デモクラシーと資本主義の同盟にとって、まだ不完全であったとしても大きな勝利であった。現代のある歴史家が明確に指摘するように、「貴族による秩序は残存したが、それは新たな形で残存した。今や生まれよりも金がその基盤になった。更に議会自体が、ホイッグ(Whig)もトーリー(Tory)も共に地主資本家と、その縁故者及び同盟者によって利用される手段となり、国家は断固として彼らの利益を追求した(38)」のである。

内乱が成し遂げたことの重大性を認識するためには、細々した事実から一歩退いて、前後関係を見通さなければならない。資本主義社会で掲げられる原則は、私有財産を自らの蓄財のために無制限に利用することが、市場のメカニズムを通じて必然的に、社会全体にとっての富と福祉を着実に増すというものである。イギリスでは後に結果的に、この精神が「合法的」かつ「平和的」な方法で勝利を収めることになった。しかしながら、この精神は一八世紀及び一九世紀初めに、都市におけると同程度に農村においても、内乱自体よりもひどい真の暴力と苦しみの原因になったとも言える。資本主義への最初の原動力がはるか中世の昔に都市部から起こったとはいえ、炎が都市からの風を絶えず受けて、旧秩序をなめ尽して農村部にまで拡がったように、資本主義は都市におけると同じ力強さで農村にも進出した。資本主義の原則と議会制デモクラシーの原則は共に、旧来の諸原則とは正反対であった。これらの新原則は内乱の間に、政治においては神が支える権威という、経済においては個人利益よりも消費のための生産という、旧来の諸原則に取ってかわり、それらをほぼ打ち倒した。一七世紀におけるこれら新原則の勝利なしには、一八、九世紀にイギリス社会がいかにして平和に――より正確に言えば、それが実際に平和であった限度内で平和に――近代化できたかを想像することさえ難しいのである。

三　囲い込みと農民層の崩壊

革命暴力は平和裡の改革と同じ程度に、比較的自由な社会の確立に貢献する場合がある。実際、革命暴力はイギリスにおいて、相対的に平和な変容の前触れであった。しかし、歴史の上で意味のある暴力がすべて革命の形を取るわけではない。暴力の多くは合法性の枠のなかで――西欧立憲デモクラシーへの道程をかなり進んだ合法性の内ですらも――行われる場合がある。その実例が内乱直後に始まり、ヴィクトリア時代初めまで続いた囲い込みであった。

半世紀前には学者の多数が、一八世紀の囲い込みを、全能に近い地主貴族がイギリスの独立農民層を滅ぼした主要な方策と見なしていた[39]。その後、学問はゆっくりと辛抱強くこの学説を突き崩している。おそらく一部のマルクス主義者を除けば、この学説を認める歴史専門家は現在ほとんどいないであろう。明らかに、昔の解釈は細部において誤っているし、議論の本筋にとって重要ないくつかの点では疑わしい。もっとも、初期の著者たちは今日の議論でよく欠落する点をしっかり把握していた。つまり、この時期の囲い込みは、具体的に伝統的村落という形をとっていたイギリスの農民社会の構造を、破壊し尽す最後の一撃であった。

既に述べたように、内乱が勃発するずっと以前から、農民社会は攻撃にさらされていた。そして内乱そのものによって、地主上層階級からの侵略に対して農民層を守る最後の庇護者としての王権が消え去った。テューダー朝とステュアート朝の官僚制はあまり効果的ではなかったが、それでも時には時勢をくい止めるべく力を尽した。王政復古及び、大変動の最終段階にあたる一六八八年の名誉革命の後で、一八世紀のイギリスには議会政治が定着した。国王は決して単なる飾りではなかったが、囲い込みの進行に干渉しようとはしなかった。議会は地主貴族の評議会以上のものであった。なぜかと言えば、都市の商業利益は腐敗選挙区《ロットン・バラ》という制度により、少なくとも一応、間接的に代表されていたからである。(40) 農民は直接に地方政治と接するようになったが、その地方政治は以前にも増してジェントリーと称号貴族層の手にしっかり握られていた。時代が一八世紀を進むにつれて、〔行政〕教区(parish)――約一万五〇〇〇の教区がイギリス国家の細胞となっていた――における公共の仕事の処理は、中世にあったであろう民衆的・民主的な性

質をあらゆる点で失い、次第に密室の中で行われるようになった。(41)

更に、議会が囲い込みの進行を究極的に支配した。地主が議会の制定法によって囲い込みを成立させる手続きは、形式上は公《おおやけ》のものであり、民主的であった。しかし、実質的には大土地所有者がこの手続きを初めから終わりまで支配していた。例えば、議会がある囲い込み法案を承認する前には、現地での「四分の三から五分の四」の同意が必要であった。しかし、それは何の同意であろうか。結局、その答えは人間ではなく、所有地であった。つまり、賛成を人数で数えるのではなく、土地面積で量った。従って、ひとりの大所有者が小規模所有者と小屋住み農(cottager)から成る共同体全部を圧倒できたのである。(42)

一八世紀における大地主の政治的・経済的支配は、部分的には内乱のはるか以前からの傾向の帰結でもあったが、主として、テューダー家やステュアート家の下でさえ、地方名望家が権威を持ち、官僚機構がその権威を抑えるほど強力でなかったことの結果であった。内乱自体の結果として、フランス大革命とは全く対照的に、地主上層諸階級の地位が極めて強化された。清教徒革命の間に土地所有の配分状態が、相対的にほとんど変化しなかったという事実は既に指摘してある。(43) 一六四〇年にノーサンプトンシャー(Northamptonshire)とベッドフォードシャー(Bedfordshire)に住んでいた名門家族は、わずか二つの例外を除く全部が、一世紀後にもまだ同じ所に住んでいた(44)。

イギリスの地主貴族は商業の世界に早くから適応し、新時代へと向かう行進の先頭に立ちさえしたから、社会変動に伴う混乱によって消え去るようなことはなかった。一八世紀のブルジョワジーと地主貴族層との結び付きは、エリザベス治下や初期ステュアート朝に比べれば弱かったものの、両者の関係は非常に密接に保たれていた(45)。サー・ルイス・ネイミア(Sir Lewis Namier)が述べているように、一八世紀イギリスの支配階級は同時代のドイツの支配階級のようには「農業的」ではなかったが、その反面、彼らが創り出した文明は都市的でも農村的でもなかった。彼らは要塞のような城にも、荘園内の館にも、(イタリアのように)都市の館にも住まず、自分の所領に建てた大邸宅《マンション》で暮らした(46)。

歴史家の間では、一六八八年頃からナポレオン戦争の終わりまでの期間が、大領地の黄金時代であったとするのが通説になっている。大領地は国土の主要部で到る所に広がっていたが、それは時に小ジェントリーの犠牲を、より重要なことには農民の犠牲を踏み台にしていた。囲い込みの一般的意味、即ち、大地主が村々の共有地を併合するにつれて、多数の農民が共有地に対して持っていた権利を失ったことの重要性を、あえて否定しようとする者はまだ誰もいない。この時期は肥料の使用や、新しい作物の栽培や、新しい輪作が普及したことに見られるように、農業技術改良の時代であった。しかし、新しい方法は共同耕作の規則に従う農地には全く適用できなかった。その理由は、わずかな資産しか持たない農民、更には平均程度の資産を持つ農民にとってさえ、新しい方法を採用するのは費用がかかりすぎて難しかったからである。疑いもなく、農場規模を拡大しようとする動機の大部分は、より大きな耕作単位によって高い利潤と低い費用を求めたことにあった。(47)

当時の人々はこのような利点を、熱烈に、たぶん熱烈すぎる程に意識していた。都市の資本家と同様に、更には近現代のすべての革命家と同様に、農村部の資本家は自分が社会のために創り出した利益・恩恵を引き合いに出して、自分が引き起こした悲惨を正当化し、同時に自分が個人として莫大な利得を得たことをも正当化したのである。社会にとっての利益・恩恵というこの考え方や、それが含んでいる相応の真理を無視しては、囲い込み運動の冷酷さは理解できないであろう。(48)

筆者はこれまで農村部の資本家があたかもひとりの人物であるかのように語ってきた。しかし実際には、それは大地主と大規模借地農という二種類の人物から成っていた。大地主は貴族であり、自ら額に汗して働くことはなく、経営の細々した実際を土地管理人(bailiff)に任せ切りにすることが多かった。もっとも、大地主は普通、自分の土地管理人に眼を光らせていた。例えばウォルポール(Walpole)は、国務書類を見る前に家令

(steward)からの報告書を読んでいた。この段階での大土地所有者が資本主義的農業の発展に果たした貢献は、主に法的・政治的なものであった。即ち、囲い込みの手筈を整えたのは、ふつう彼ら大土地所有者であった。耕作する農奴がいなかったから、大土地所有者は通例、大借地農に土地を貸した。これら大借地農の多くは労働者を使用した。一八世紀のごく初めから、地主たちは「良い所領とは何であるかをよく知っていた。それは二〇〇エーカーかそれ以上を借りて地代を定期的に支払い、土地の手入れを怠らない大農業経営者が借りている所領であった。この時期の農業改良で最も重要な三つのもの――保有地の併合、囲い込み、数世代にわたる借地契約から一定年数の定期借地契約への変更――はすべて、この目的のための手段であり、実際にもこれらの改良方法は様々な形で相互に関連していた」[49]。一方、大借地農は資本主義的農業の発展に経済面で貢献した。借地農は租税負担について自分の主張を通せるだけ強い立場にあり、地主は重い税負担を背負っていたから、借地人に運転資本を用立てることはほとんどしなかった[50]。また、地主はそうするように期待されてもいなかった。最近のある歴史家の評価を借りると、一握りの名高い「活気に満ちた地主たち」ではなく、この大借地農こそが裕福な自由土地保有農と並んで、農業発展における真の先駆者であった[51]。

このような変化が最も急激かつ徹底的に起こった期間の長さはあまり明瞭ではない。

しかし、囲い込み運動は一七六〇年頃までにかなり勢いを増していたように見える。それはナポレオン戦争の間に最も速く津波のように押し寄せて、一八三二年以後に消滅したようである。囲い込み運動はこの間に、イングランド農村部を元の面影がないほどまでに変えた。食料品価格が上昇したことと、おそらくは労働力を得ることが難しかったことが主な要因となり、地主たちは保有地を拡大し、耕作を合理化する気になったし、また、そうせざるを得なかったように思われる(52)。

このようにイングランドのかなりの地域にわたって、大所領が更に大きくなり、次第に商業〔商品経済〕の原則に基づいて運営されるに従って、大所領は中世の農民共同体を遂に破壊した。確かとは言い切れないが、一八世紀から一九世紀初めの議会による囲い込みの嵐は、かなりの期間続いていた農民所有に対する浸食過程に、単なる法的認可を与えたにすぎないようである(53)。他国の歴史に鑑みると、農民共同体への商業の侵入により、通常、土地がより少数の手に集中する傾向が生じる。イングランドではこの傾向が遅くとも一六世紀に目につくようになった。囲い込みの打撃を強く受けた地域の中心部では、ある村落が議会の制定法によって囲い込まれる前に、村落の土地の七〇%が農民経済から取り上げられていた。一七六五年になると、僅か三割の家族だけが、産業の発展していたこの地域の土地を占領していた。その他の住民は、農業労働者や編み工や小商人であった。一〇〇名弱の小農民のうち七〇人が土地全体の五分の一足らずしか所有していなかった。一方、最上位の一二の名門家族は五分の三も所有していたのである[54]。似かよった状況はおそらく、一八世紀半ば以降、激しい囲い込みにさらされた地域のほとんどにおいて広く見られたであろう。仮に影響を被った地域を見付けるために、共同耕地の囲い込みが行われた総面積に応じて各州を塗りつぶしたイングランドの地図を見れば、国土の半分以上がこの囲い込みを受けたことがわかるであろう。おそらく塗られた部分の半分——主にミッドランド地方であるが、そこから北に伸びる幅広い舌状の形をした地域も含む——が、順次、最も強い衝撃を受け、そのような地域は各州面積の三分の一弱から半分以上にも及んだであろう[55]。

このような社会的混乱によくあるように、変動によって破滅した人々の運命を見極めるのは難しい。囲い込み手続きの過程で守るべき所有権を持っていた人々は、持っていなかった人々よりも、大体においてうまく切り抜ける傾向があった。そうは言っても、多くの小所有者は垣根作りや溝掘りにかかる資本負担と同様に、囲い込み手続きに関して多額の費用を負担しなければならず、これらの負担は彼らの立場を不安定にした[56]。所有権を明確には持たない人から、全く持たない人までは、守るべき所有権がないので、彼らは歴史記録に現われない。「土地を全く持たないか、ほとんど持たないこれらの労働者は、農地併合の過程で消えていった小借地農と共に、囲い込みによる真の犠牲者の典型であった。彼らを常に心の片隅に留めて置かなければ、彼らは統計的手法の犠牲者ともなるであろう」(57)。これら最下層の内にも、囲い込み以前には何種類かの経済的・法的地位があった。非常に貧しい家族――例えば、小屋住み借地農《テナント・コティジャー》――は、小さな家を持ち、いくつかの地条を耕作する権利と同時に、牛一頭か、数羽のガチョウか、豚一頭などを飼う権利を持っていた。人も動物も一般には共有地の権利があるからこそ、どうにか生活できたのである。小屋住み農にとっては、そして、法によってではなく単に慣習によって共有地を利用していた、土地を持たない農業労働者にとってはなおさら、この権利、又は特権がなくなることは破滅を意味した。「法律上の所有者が実質的に共有荒れ地全体を排他的に利用することは、次第に増加していた農業労働者が完全にプロレタリア化するのを防ぐ障壁が取り去られたことを意味した。それは疑いもなく、汚れた薄い障壁であった。……しかし、この障壁は現実に存在していたし、農業労働者から代替物なしにそれを奪い去るのは、彼らを自らの苛酷な労働だけが産み出せる利益から排除することを意味した」(58)。農村社会階層の最底辺に位置した名もない人々はこのように押し流されて、囲い込み用の垣根や溝や道を作るために一時的に必要とされた新たな農業労働者の群れに加わったり、あるいは省力化をもたらす機械ではまだ行うことのできない新しい農作業をしたり、更には病める都市で惨めな労働者になったりした。立ち退かされた小屋住み農や土地を持たない労働者は農業に留まるのが普通であり、その一方で残りの「吸収されなかった余剰」労働者や小屋住み農が産業労働者になったと、現代の学者は思いがちである。[59] しかし、一般的には若者や独身者や村の職人だけが進んで故郷を離れ、新産業の雇用者もそのような人だけを求めた。中高年で家族持ちの男たちは訓練にもなじまず、農村生活のしがらみから簡単には抜け出せなかった。彼らは土地にしがみつくことで、自分たちの「最後の権利」──貧民として救済される権利──に頼ったのである。[60] レスターシャー(Leicestershire)のある村落では、ミッドランド地方や南部地方にあった他の数千の行政教区と同様に、共同耕地の囲い込みが共有地の消失や貨幣経済の必然的結果と共に作用して、救貧税の額が着実に増えていた。というのは、一八三二年までに「その村落の家族の半数近くが常時、貧民救済を受けていたし、更に、多くの家族が時折、救済を受けていた」から、これらの家族を助けるために徴収される救貧税は増額されざるを得なかったのである。これらの家族は一八世紀には、自立した小農か、生活程度があまり悪くない小屋住み農であり、開放耕地経済の下では生活必需品を手に入れることができた。[61] 必需品を供給できる程度に開放耕地制がどうにか機能していた所では、それが村落である程度の経済的平等を維持する基礎となっていた。開放耕地制は分業に基づく社会的ネットワーク――これこそが事実上の村落の共同体社会であった――を維持するためにも役立っていた。その昔、村落社会が強力であった時代には、農民は自らの権利を守るために活発に戦い、一応の勝利を得た。一八世紀に囲い込みと商業の影響によってとどめの一撃を受けてからは、これら小農による抵抗も反抗も通常は成功しなかった[62]。従って、農村部で共同耕地が消えて、新たな経済体制が勝利し始めた時に、旧来の農民共同体が遂に敗北し、解体したことは極めて明白と思われるのである[63]。

囲い込み運動の全体を振り返り、更に現代の研究成果を取り入れても、やはり次の点は充分に明らかだと思われる。即ち、囲い込みは産業の興隆と共に、大地主を非常に強化し、イングランドの農民層を抹殺した。これによって、イギリス政治からひとつの要素としての農民層を消し去ったのである。ここでの論点から見れば、結局、これこそが決定的な点であった。更に「余剰」農民について述べれば、都市や工場が彼らを引き付ける力と農村社会から彼らを押し出す力との、どちらがより重要であるかということはほとんど問題にならない。どちらの場合にせよ、「余剰」農民は最終的に、村落共同体の伝統的生活と比較すれば没落や困苦を意味する途を選ばなければならなかった。このような結果を引き起こす暴力と強制が長期にわたって行われたこと、その暴力と強制が主に法と秩序の枠内で行われ、究極的にはデモクラシーがより確固たる基礎の上に確立するのを助けたことだけに目を向けて、これが上層諸階級が下層諸階級に対して振るった、大規模な暴力であったという事実から目をそらしてはならない。

四　貴族支配と資本主義の勝利

一九世紀それ自体は、議会制デモクラシーが確立し、先例を次々に積み重ねて拡大した平和な変容の時代であった。この過程で農業の変化がどのような役割を果たしたかを検討する前に、議論の本筋から離れるが、一七世紀と一八世紀の暴力――前者はあからさまで革命的であったし、後者はそれに対してより隠微かつ合法的ながら、やはり暴力には違いなかった――が、一九世紀における平和的移行への途をどのように準備したかを考察してみたい。なぜかと言えば、一七、八世紀の暴力と一九世紀の平和的移行との関連を断ち切っては、歴史を偽ることになるからである。逆に、この関連がある程度必然で、不可避であったと主張するのは、証明不可能な議論を用い、過去によって現在を正当化することになるからである。社会史家にできるのは、社会構造の変動における相互連関を指摘することだけである。

おそらく、過去の暴力が産み出した最も重要な遺産は、王権を犠牲にした議会の強化であろう。議会が存在したという事実は、新しい社会勢力をその要求が増すに従って導き入れる土俵であると同時に、それら集団間の利害対立を平和裡に解決するための制度機構ともなる、柔軟な制度が存在したことを意味した。たとえ議会が主に商業的営利を志向する地主上層階級の道具として内乱の中から現われたとしても、議会は単にそのようなものには留まらず、歴史的経験が示したようにそれ以上のものになり得たのである。この商業的営利を志向する地主上層階級が内乱以前に一定の経済基盤を発展させ、その経済基盤ゆえに王権と激しく対立するに至ったという事実が、議会の強化と密接に関連していた。この点は、後にイギリスの発展径路を、議会が強化されなかった他の事例と比較対照して考察できるようになれば、更にはっきりするであろう。地主上層階級――ジェントリーも称号貴族も共に――の生活に商業的色彩が濃かったことは、産業そのものの発展に反対する強固な貴族集団がいなかったことをも意味した。地主上層階級の人々の中には産業の発展に反発する様々な感情があったにもかかわらず、そのうち最も影響力の大きい勢力は、商業・産業資本主義が政治的に前進する際の前衛として働いたと言って差しつかえない。しかも、彼らは一九世紀にこれを新しいやり方で続けたのである。

暴力が産み出したもうひとつの主な結果は農民層の崩壊であった。以下の結論は野蛮で無情なように見えるが、このように主張するについては有力な根拠がある。即ち、平和で民主的な変動に対して農民層の崩壊が果たした貢献は、議会の強化による貢献と同じ位に重要であったようである。それはイギリスにおいて、インドはさておき、ある時期にはドイツや日本にも存在した保守的・反動的勢力の大量蓄積なしに、近代化が進行し得たことを意味した。またそれは当然ながら、ロシアや中国の形態による農民革命が歴史の日程から外されたことをも意味したのである。

一八世紀末から一九世紀初めには確かに、議会制デモクラシーが勝利するという必然性はまったくなかった。実際、この言葉が何を意味し得るかとか、地平線のかなたにどのような社会があるのかという点について、かなり漠然とでもわかっていた人さえ殆どいなかったと考えられる。一八世紀中に商業はかなりの進歩をとげた。当時すでに、地主利益と商業に係わる利益との間で、紛争の徴候が現われ始めていた。商業利益のうちでも強い影響力を持つ勢力は、原材料と市場を手に入れるために攻撃的な対外政策を推進するよう求めた。一方、ジェントリーの多くは、ただでさえ地税が主な歳入源であった時代に、更に高額の税が課せられるのを恐れてしり込みした。そのうちに、時代遅れのイギリス社会構造、特にその腐敗した議会の改革を要求する急進的な主張が高まってきた。一八世紀の政治は争点を持たない徒党同士の争いであったとする陳腐な解釈は、全くの誤りである。一七世紀と同様の新旧両形態の間での社会や文明の対立が、新たな時代に持ち越された。もっとも、アメリカ植民地を失った後に、イギリスで革命行動がすぐにも起こりそうであったと主張しては、おそらく言い過ぎになるであろう。[64]

フランス革命の勃発がすべての改革への希望に終止符を打った。より明確に述べれば、革命がその自由主義的段階を過ぎるとすぐに、つまり、ルイ一六世がヴァレンヌ(Varennes)に逃亡して再び逮捕されると、自由主義が勝利するという目算は「幻想のヴエイルを引き裂かれ」、革命が急進的段階へと突入した時に、イギリスにいたフランス革命に共感を抱いている人々は、次第に自分の立場がまずくなるのを感じ始めた。小ピット(Pitt the Younger)は改革を目指す議論をすべてやめた。イギリスはナポレオン戦争の後まで続く抑圧の段階へと入ったのである。この段階の基本的特徴は、フランスの急進主義と専制の脅威に対抗して、また、自分の特権への万に一つの脅威に対抗して、愛国的・保守的スローガンの下に都市部及び農村部の上層階級が一致団結したことであった。[65] もしワーテルロー〔ウォータールー〕の戦いで革命と軍事独裁の脅威が終わっていなかったなら、イギリスが一八世紀末に一度は断念した政治・社会改革へのゆっくりした、ためらいがちな歩みを、再び一九世紀になって進めることはまずなかったであろう。

ヨーロッパ大陸に容認できる諸体制が存在すること、即ち、大陸からの脅威がないことが、イギリスにおける平和で民主的な発展にとってひとつの前提条件であった。

反動的段階が比較的短かった理由と、より自由な社会へと向かう動きが一九世紀に再開された理由とを理解するためには、地主上層諸階級以外にも眼を向ける必要がある。世紀の転換点より以前に、彼らは経済と政治を結合した権力の頂点に達していた。その後の経過は彼らの防御と譲歩の物語であり、それは浸食の進み方が遅く、彼らの経済基盤がしっかりしていたという事実によって容易なものとなった。よく用いられる機械論的暗喩《メタファー》もここでは誤りとなる。つまり、都市部の資本主義勢力は「台頭」したが、地主上層階級も——少なくともかなり長い間——「没落」しなかった。ナポレオン戦争の終結までに、都市部の比較的に近代的な資本家たちは既に自らの経済的成功を基礎としてかなり強力になっていたが、歴史家が現在強調しているように、彼らによるこの経済的成功には長い前史があった。地主諸階級のリーダーシップの下で、彼らの成功への道はほとんど切り開かれていたのである。一九世紀イギリスの資本家は、国民的統一を達成し、通商に対する国内障壁を打ち壊し、統一的な法体系や近代的な通貨制度などの産業化のための前提条件を確立するために、プロイセン国家とかユンカーといったものに頼る必要はなかった。政治秩序は合理化されていたし、近代国家はずっと以前に創られていた。彼らはその国家から最小限の援助を受けただけで、最初の十全たる資本主義ブルジョワジーとして、全世界の大部分を自らの通商地域にすることができた。イギリスの産業資本主義はナポレオン戦争の間、一時的に封じ込められはしたが、主に平和的手段によって拡大して、国外から資源を調達し、一九世紀にはイギリスを世界の工場にすることができた。イギリスの産業指導者たちは、労働力を更に訓練するといった資本家のその他の仕事についても、国家や地主貴族から最小の援助は受けたものの、自らの手で行うことができた。と言うよりは、彼らはそうしなければならなかった。なぜならば、内乱や、君主制の発達が内乱以前のことであった結果として、また、陸軍より海軍に依存していた結果として、イギリス国家の抑圧機構が比較的弱体だったからである。言い換えると、プロイセンのように軍隊と官僚制に依存した強力な君主制が存在しなかったことが、議会制デモクラシーの発展を容易にしたのである。

この間に、地主階級、つまりジェントリーやその上の社会階級に属する人々が、政治権力をしっかりと握っていた。彼らは内閣の席を占め、農村地域の代表を独占し、同時に都市部の代表としても議席を得ていた。地方レヴェルでの彼らの影響力は依然として強かった。最近のある歴史家が指摘しているように、一九世紀半ばにも旧来の支配階級はまだ強固な支配を続けていた。「政治体制は未だ驚くべき程に、貴族層とジェントリー、特に大所領を世襲する人々の自由になっていた」。この体制の中核はおそらく一二〇〇人以下の人々だけから成立していたのである(66)。

この間に、彼ら地主階級は他の諸階級から強力な挑戦を受けながら、その政治権力を行使していた。彼らの立場が公式の、更には非公式の政治機構においてさえ、強かったことだけを強調しては、ジェントリーと貴族層の権力について誤った印象を与えるであろう(67)。産業資本家を支持する票を増した一八三二年の大選挙法改正は、確かにその熱心な提唱者の期待を裏切り、熱心な反対者の恐怖が誤りであったことを示した。しかし、それにしても、この法案が議会を通過したという事実は、ブルジョワジーが自らの威力を見せつけたことを意味するのである(68)。同じことは一八四六年の穀物法(the Corn Laws)の撤廃についても言えるであろう。地主上層諸階級は大きな被害は受けなかったが、自分たちの権力の限界を学んだのであった。

一八三八年から一八四八年まで、チャーティスト(Chartist)の煽動に直面しても、強硬な反動的政策は全く現われなかった。確かに、保守党政府はヴィクトリア女王とウェリントン公(the Duke of Wellington)からの催促によって軍隊を用い、情報を得るために私信を開封し、チャーティスト運動の指導者の何人かを陰謀罪で起訴した。しかし、陪審員たちは被告に寛大であった。保守党政府はまた、この機会に乗じて当時の急進的新聞を攻撃した。一方、ホイッグ派はこの時期の初めと終わりに政権を握っていたが、保守党よりもはるかに寛容であった。内務大臣ジョン・ラッセル卿(Lord John Russell)〔七〕は、一八三八年秋に行われたチャーティスト大集会への干渉を禁じた。比較的短い期間を別にして、政府はチャーティストたちにほとんど関心を払わなかった。ラッセルの私文書にもこの運動のことは時々しか述べられていない。唯一の流血事件は、ある暴動で二二人のチャーティストが射殺された時に起こった。この事件は皮肉にもホイッグ派の法務長官が、「一滴の血も流さずに」この運動を鎮圧したと自慢した数日後に起こったものである(69)。

チャーティスト運動には暴力的色彩が濃かったので、自由主義原則にとって厳しい試金石となった。この運動が支配階級から比較的穏やかな扱いを受けた理由は、次の三つの要因に求められるであろう。第一に当時は、大衆の不満を和らげるために何かをする方がよいという世論が強く、同時に実力行使を避けたいとする意見も際立っていた。世論のこのような傾向の源泉はイギリスの歴史的経験に求められ、少なくとも清教徒革命にまでさかのぼることができる。ラッセルは自由という理想に献身する、原理原則を尊ぶホイッグ主義者であり、政治問題についての議論の自由にできる限り制約を加えたくないと考えていた(70)。第二に、イギリスにはいずれにせよ強力な抑圧機構が欠けていた。

第三に、貧者の生活状態を改善すべく立法がなされ、それに加えて経済状況が好転したことによって、運動は真に深刻な脅威となる前に力をそがれたようである。

一九世紀前半の、更には遥か後までのこのような状況は、ドイツに見られた状況と際立った対照をなしている。ドイツでは当時(その後も)、はるかに弱体なブルジョワジーが大衆の不満から身を守り、近代化に必要な政治的・経済的措置を遂行するために、地主貴族層に依存していた。イギリスでは地主利益がある程度ではあるが、大衆の支持を得るためにブルジョワジーとの人気競争に参加していた。土地所有階級は一八四〇年以降、工場主たちが穀物法を攻撃するのに対抗して、便宜的に一連の工場法を支持した。但し、工場主の中にも労働時間の短縮を支持する啓蒙的な人々がいたことも忘れてはならない[71]。

以上のように、一九世紀イギリスの地主貴族層の内ではデモクラシーの前進に対する強硬な反対勢力は、ほぼないに等しい少数派であった[72]。一方、ドイツの状況は対照的であった。フォン・オルデンブルク＝アウフ・ヤヌシャウ(von Oldenburg auf Januschau)[八]が、「プロイセン国王にしてドイツ皇帝は副官にいつでも、『一〇名の部下を率いて、帝国議会(Reichstag)に発砲せよ！』と、命令できる立場にいなければならない」と意気高らかな挑戦をした時に、ドイツの保守派議員たちは立ち上って、これ見よがしの喝采を送った。[73] このような議会代表を選出する保守主義者は、イギリス史には見出しえないのである。

このような光景が一九世紀イギリスに似つかわしくない理由のひとつは、イギリスのジェントリー及び貴族層にはユンカー層と違って、崩れゆく経済的地位を支えるために政治権力に頼る必要が全くなかったからである。穀物法の廃止でさえ、一部が予言したような悲惨な結果にはならなかった。むしろ、農業の状態は一八五〇年以後に、それ以前よりも良くなったとも言える。物価は引き続き上昇していた。数十年かけてなされてきた農業技術の長足の進歩を経営者が活用するにつれて、所領経営は次第に資本主義的な事業経営の性格を帯びるようになった。当然ながら、この点については様々な形態があった。上層諸階級では、責任の大部分を代理人に負わせることがごく普通に行われていた。この方法によって、土地所有者はスポーツ、文化、政治のための余暇を得たし、一方、代理人の仕事は多くの点で専門職と同じになった。大土地所有者は日常の雑用は代理人に任せたものの、重要な決定はやはり自分で行い、責任も自分が負っていた。他方、ジェントリーは、自分自身で細心の注意をもって経営するか、問題が起こった場合に都市の法律家に任せるかの、どちらかを選ぶことが多かったようである。法律家には農村の慣例を知らない者も多かったし、それゆえジェントリーの中には、彼ら法律家が土地所有者を食いものにして金持になったと考える者もいた(74)。イギリスの地主上層諸階級はヴィクトリア時代の全体的発展にあずかり、また以前からブルジョワ的・資本家的特徴を身につけてきたので、資本主義やデモクラシーの前進に反対する理由が、ヨーロッパ大陸における地主階級よりも遥かに少なかったのである。

一九世紀にも、それ以前の時期と同様に、富裕な貴族層、ジェントリー、実業家と専門職業人の上層部分を隔てる境界線は揺れ動き、明瞭ではなかった(75)。個別的な事例において多くの場合、ある人物がどの社会階級に属するかを見極めることは非常に難しい。この困難、つまりイギリスの階級構造を統計的に分析しようとする人なら誰もが味わう失望が、それ自体でこの階級構造に関する最も重要な事実のひとつになっている(76)。

定量的に見ると一九世紀のイギリスとドイツでは、実業家と地主貴族との浸透度はあまり違わなかったようである。驚くべきことだが、プロイセンの方で浸透がより大きかったことを示す統計資料さえいくつかある。ある研究者が主張するところによると、一九一八年までの長い期間に、プロイセンの下院には平均して七八%強の平民(Bürgertum)及び新貴族層出身の議員がいた。一方、外交と行政というドイツ権力の真の中枢では、平民の比率がそれぞれ三八%と四三%であった。ところがイギリスに関する一八四一年から一八四八年までの短期間における議会研究では、全議員のうち僅か四〇%だけについて実業界との関係が明らかになっており、残りの六〇%は実業界と何の繋がりも持っていない(77)。このような資料を利用するについては難しい技術上の問題が存在する。例えば、それぞれの国に関して積み重ねた統計が本当に比較可能なのか。実業界に関係するイギリス議会の四〇%と、平民出身であるプロイセン下院の七八%とを、比較可能なものとして並列して考えるのは適切であるのか。筆者自身はそのようなことに懐疑的であり、たとえ技術上の問題が解決されるとしても、価値ある前進は望めないと確信している。

社会移動《ソーシャル・モビリティ》を統計で測定するだけでは、社会構造の解剖図と動態に関してほとんど何もわからない。一九世紀のプロイセンでは、ブルジョワジーのうち貴族層に繋がる人々は通常、貴族の習慣とものの考え方を身につけた。イギリスではむしろ、この関係が正反対であった。従って、もし移動を測定する技術的に完璧な方法が利用でき、イギリスとプロイセンにおけるブルジョワジーと地主貴族層との融合度が、同一であると判断できる数字が得られるとしても、そこからこの両国の実際の融合も同一であると結論づけるならば、致命的な誤りを犯すことになるであろう。統計によって、社会的浸透が起こった構造的文脈の全体を状況の本質から抜き出すようなことをすると、それは軽率な読者を誤解に導く罠となる。統計的手法が現在、流行しているからこそ、この点を強調しておくことは大切である。権力を握った人々は、特に変化する状況の中では、必ずしも権力を自らの出身階級のためだけには使わないものである。

もっとも、イギリスの商業・産業エリートには、貴族的特性を取り入れようとする傾向もいくらかあった。イギリスに関する文献を読むと、一九一四年までのものは全部、その後のものも相当数から、政治的・社会的地位を高めるためには、起伏なす緑の土地〔所領〕に田舎の邸宅《カントリー・ハウス》が不可欠であったという印象を強く受ける。しかし、所領は一八七〇年代頃から徐々に政治権力の基盤というより、地位の象徴になりつつあった。

アメリカ南北戦争が終わり、蒸気船が普及したので、ヨーロッパでもアメリカ産穀物が入手できるようになった。それが一因となって、この頃には農業恐慌が始まり、地主上層階級の経済基盤も深刻に蝕まれ始めていた(78)。ドイツでもほぼ同じことが起こったから、ここでもう一度、イギリスをドイツと対照して考察することは有益である。ドイツではユンカー層が自分の地位を保ち、他の地方の土地所有農民と共に農業統一戦線を形成するために、国家を利用することができた。ドイツはいかなる点でも穀物法の廃止に匹敵する経験をしなかった。その代わりに、産業界の主導的部分は鉄とライ麦の結婚〔九〕(一九〇二年の新関税法で完全に達成された)を選び、自らはこの取引によって艦隊建造計画を手にした。ユンカー、農民、産業の各利益は、帝国主義と反動という計画の下に連合を組んだが、まさにこの連合がドイツのデモクラシーに致命的な結末をもたらした。一方、一九世紀末のイギリスではこの結合が遂に現われなかった。もっとも、イギリスの帝国主義政策には、当時、既に長い歴史があった。それは資本主義の進歩によって現われた全く新しい社会現象というより、むしろ自由貿易政策の代替策、おそらくはその付属物でさえあった。(79) 一八七四年から七九年の保守党政府は農業問題に関して、僅か申し訳程度の処置しか講じなかったし、一八八〇年以後の自由党政府は事態を成り行きに任せるか、進んで農業利益を攻撃するかのいずれかであった。(80) 農業に許されたのは大体のところ、自ら始末をつけること、言い換えると、お情けだけの涙を流してもらいながら礼儀正しく自滅することであった。この頃までにイギリスの上流層が農業にほとんど係わらなくなっていたという事実がなければ、そのようなことはまず起こり得なかったであろう。彼らの経済基盤は工業と商業に変化していた。ディズレーリ(Disraeli)とその後継者たちはいくつかの改革を実行して、デモクラシーという文脈の中でも保守主義の大衆基盤が維持できることを示した。そして、その後にもなお闘争は続いた。一九〇九年度の予算案でロイド・ジョージ(Lloyd George)が称号貴族地主を攻撃し、そこから憲政危機が発生したことなどはその例である。しかし、この時期までには世論の沸騰にもかかわらず、農業問題と地主貴族が掌握する権力の問題は背景に退いた。かわって工業労働者を民主主義的合意へと組み込む方法を焦点とする新たな問題が登場したのである。

一九世紀という時代を振り返ってみた時、イギリスがデモクラシーへの道を歩みえた原因として、どのような要因が顕著であろうか。過去における暴力の遺産、即ち、相対的に強力かつ独立した議会、自らの経済基盤を持つ商工業利益、深刻な農民問題が存在しなかったことなどは既に述べてある。その他の要因は一九世紀それ自体に独特なものである。地主上層階級は産業資本が急速な成長を遂げる状況の下で支配していたから、新興勢力を自己の陣営に吸収すると同時に、大衆の支持を求めて新興勢力と競争した――あるいは、タイミングの良い譲歩によって手痛い敗北をとにかく免れた。この方針は強力な抑圧機構を全く持たない状況では必然であった。また、支配諸階級の経済的地位がゆっくりと浸食され、それにより最小限の困難を伴うだけで彼らの経済基盤が転換できたからこそ、この方針が可能であった。最後に、影響力のある指導者たちが問題を充分正確に見抜き、タイミング良く対処したので、この必然かつ可能な方針に基づく具体的な諸政策が現実のものとなった。穏健で知性的な政治家たちに歴史的意義があることを否定する必要は全くない。しかし同時に、それらの政治家が活躍した状況、即ち、彼らと同じに知性的ではあるが穏健にはほど遠い人々がその大部分を創り出した状況を、認識することも必要なのである。

第二章　フランスにおける発展と革命

一　イギリスとの差異及びその起源

イギリスでデモクラシーが発達するにあたって決定的な役割を果たした主要因として、以下の点が挙げられる。まず、地主であるジェントリー及び貴族層が国王から自立していた。次に、強力な自らの経済基盤を持つ商業・手工業《マニュファクチュア》階級の成長に対応するためにも、彼ら地主階級は商業営利《コマーシャル》的農業を採用した。そして、農民問題は消滅していた。一方、フランス社会はこれと全く異なる径路を辿って近代社会に入っていった。フランス貴族層、より詳しく言えばその指導的部分は、高度な独立を勝ち得るどころか、国王の装飾品となった。この傾向は一八世紀後半に逆転したものの、その究極的な結果が貴族層の破滅であった。ブルボン君主制のフランスに見出せるのは、イギリスのように商業的農業へと向かう地主上層階級ではなく、農民層に課した諸義務を通じて搾取できるものに依存しながら、生活する貴族層である。また、農民的土地所有は消滅するどころか、フランス革命〔大革命〕の前後を通じて漸進的に強化された。更に、フランスの商業と手工業はイギリスより遅れていた。以上のように、旧体制《アンシャン・レジーム》下のフランス社会における主な構造変数と歴史傾向はすべて、一六世紀から一八世紀にかけてのイギリスとは全く違っていた。本章で解明しようとする疑問の核心は次の点である。即ち、一九、二〇世紀の政治における最終結果に類似点があるならば、いくつかの相違点と共に、それはなぜ、どうして生じたのか。もし大革命が起こらなかったなら、およそどのような類似点も存在しなかったであろう。それ故に、この大事件が議論の焦点となる。

フランス貴族層は一八世紀イギリスの貴族層と比較すると、生計のかなりの部分を農民が物品や金銭の形で納める諸税に依存していた。この相違の原因はフランス史の遥か昔の霞に包まれているし、特にフランスの偉大な歴史家であるマルク・ブロック（Marc Bloch）が解釈を示さず、むしろ逆に手を引いてしまってからは、門外漢がこの問題を究めようとするのは賢明と言えない。ここでは一四世紀末から一五世紀までに、基本的特徴の多くが既に現われ始めていたことを指摘すれば充分である。つまり、領主《セニュール》は自分の所領の耕作に比較的わずかしか関心を持たなかったし、その所領もかなり狭かった。また、大領主はわずかばかりの収穫物と引き替えに領地の一部を少しずつ農民に譲るにつれて、所領は縮小していったようである。領主は自らの土地を一括して貸すことが可能な地域では、どちらかと言えばそれを望み、しかも多くの場合、将来は土地を取り戻したいという条件を付けた。しかし、それは常に可能ではなかった。貴族はよく遠くに出征していたし、一方、土地を耕作する人手は得にくかった。少なくとも多くの貴族にとって最善の解決方法は、大規模経営を行う小作人や、より多くの場合は農民に直接、耕作の重荷を可能な限り負わせることであったように思われる[1]。更に付け加えるならば、フランス貴族層はこれ以前に法律で厳格に定められた規則によって、司法上のより明確な地位を獲得し始めていた[2]。

フランス貴族層が後にイギリスのジェントリーと異なる歴史を歩むようになった理由は、二つの特徴、即ち、彼らが確固たるものとは言えないが、かなり明確な法的地位を得ていたことと、農民の税に依存していたこととにあった。また、農民はかなり昔から人格的隷属をどうにか免れていたが、その理由は主として都市が発達し、農業以外にも生計を立てる途が農民に開かれるにつれて、農村部で労働力の需要が増大したことを、彼らが利用したからであった。農民たちは大革命の時期までに事実上の所有権に近いものを持っていたのである[3]。

このような連続性の背後には重要な変動要因もあった。農奴によって担われる大土地所有という形態は、前述したように、少なくとも一四世紀後半から部分的修正を受け始めていた。中世末期と近代初期には、特に、おそらく金銀の供給量が増大して物価が上昇したと思われる一六世紀には、領主の収入が危機に近づいていたことを示す徴候がいくつかある。旧来の戦士貴族層、即ち武家貴族(noblesse d'épée)のかなりが、ひどい痛手を被った。彼らの経済基盤が消滅したことによって、国王及びその有能な大臣たちは容易に王権を拡大できたようである。また、この王権の伸長過程はルイ一四世の長期にわたる治世(一六四三―一七一五年)で頂点に達した。当然ながら、貴族層は自らの運命を消極的に受け容れたわけではない。彼らの多くは破局に直面して、金利生活者(rentier)であることをやめ、荘園を再編して、時流に逆らおうとした。(4) しかし大体において彼らには、この方向をイングランドで可能にした羊毛業のような経済基盤が欠けていた。既に都市で金を儲け、窮迫した貴族から土地を手に入れ始めていたブルジョワジーの一部は、かなりの成功を収めた。この過程は一五世紀に始まり、一八世紀いっぱいまで続いた。更に、このような都市からの富の流入によって一部では所領の再編が行われた。このためフランスでも地域によっては、新たな所有者が自分の所領に住み、利益をあげるべく経営するというイングランドとやや似た状況が生まれた。しかし、この類似性は表面的なものであった。一七世紀のフランスでは、その後も同様であるが、利益は市場で生産物を売って得られるのではなく、未だに農民から地代を取り立てることで得られた。ブロックが言うように、大領地からあがる財産は、それを分割した多数の小農地から一連の僅かな税を——そのうち一部は現物で——集めることで得られていた。実際の仕事は仲介人に委ねられたはずであったが、注意深く、念の入った、むしろ狭量とも言える管理の成功する確率が、最も高かったのである。(5)

この状況は法律家にとって理想的であった。その理由はひとつだけには留まらない。国王官僚制の網の目は拡大しつつあり、旧来の貴族層と争うために法律家を必要とした。しかも、土地を手に入れた富裕なブルジョワは、爵位を与えられるか、官職(office 又は charge)を購入して、より上流の社会層へと移動した。(6) このようにして成長した法服貴族(noblesse de robe)は国王にとって時にはやっかいな存在であり、後にただルイ一四世のみが彼らをことさら軽蔑して扱うことができた。しかし、彼らは地域主義的な傾向や旧来の戦士貴族との争いに際して、絶対主義側の主要な手段となった。国王官僚制に入り込めば、特に国王による統制が緩んだ一八世紀には、うまい役得もよくあったから、イングランドの方法で所領を経営しようとするいかなる傾向をも減少させる方向に、この魅力は作用したであろう。

いずれにせよ、大所領の「復活」という事態は比較的限られていた。また、フランスではイギリスやドイツ東部と比べれば、大所領がそれ程、一般的ではなかった。国土のかなりが農民の手中にあったのである。従って、土地所有制度を全体として見れば、大規模農地と小規模農地が併存するものであった(7)。しかも、フランスでは広汎な囲い込み運動が起こらなかった。大地主は大体のところ、農民に土地を保有させることで自らの存在基盤を得ていたから、農民の保有地を保護することに関心を示した(8)。一八世紀後半になってようやく、このような状況が変化し始めたのである。

武家貴族の没落は、国王が権力を拡大し確固たるものにする過程の一部でもあった。国王は一六世紀以降、貴族から司法的機能の多くを取り上げ、彼らの土地から兵士と税を調達し、彼らの事柄に全面的に介入し、彼らを無理やりに自分の高等法院(Parlement)に服従させた(9)。ルイ一四世の時代までに、貴族層にはヴェルサイユ宮殿で壮麗なる怠惰に耽るという役割か、あるいは田舎で平和な無為の生活を送るという役割が押し付けられたように見える。しかしながら、このような印象はあまり当てにはならない。太陽王ルイ〔一四世〕は確かに貴族をほぼ無害にした。しかし、彼は王権にとって不利な面もある代償を支払わねばならなかった。つまり、彼には多くの貴族のために教会制度内の良い地位を手に入れてやることができたし、当時、教会は巨大な収入源を持ち、その収入は国家の収入よりはるかに多かった。そこで、教会に貴族層の一定部分の面倒を見てもらう見返りとして、国王は教会を異端から護ったのである(10)。そのひとつの結果がナントの王令の撤廃であった。王権にとって二番目の代償は戦争であった。ルイ一四世は貴族を政府中枢から追い払ったものの、教会だけでなく軍隊をも貴族層に引き渡した。(11) 絶えず戦争をすることで、貴族たちは宮廷での話題にこと欠かずに済んだし、また、それは国王に忠誠を尽しているという雰囲気を盛り上げるにも役立った。(12)

ヴェルサイユにおいて顕示的《コンスピキュアス》消費を強制するという方式は多くの貴族を破産させた。コルベール(Colbert)が地方総監(intendant)を通じて行った調査によると、地方にも貧困がはびこっていたという。(13) 従って以上から、絶対王政が強かったことと商業営利的農業の支配が確立し得なかったこととを関連づけて、この二つの要因が長期にわたり相互に強化しあっていたとも考えたくなる。歴史家による叙述——それは、パリの華麗だが寄生的な貴族と、農村部において農業が一般に停滞する中で、誇りは高くとも次第に時代遅れになる地方貴族とを描いている——は、つい最近まで、大革命の背景及び革命暴力による貴族層の消滅について、ほぼそのような説明を加える傾向があった。しかし、一九六〇年以後に発表された研究、即ち、アメリカの学者ロバート・フォースター(Robert Forster)の著作は、そのようなよく知られたイメージを鮮やかに変えた。イングランドとフランスの農村部における近代化の構造上の相違点をより正確に測定できるようにしたことで、彼は大革命の背景と結果を理解するための非常に価値ある貢献をした。

本書の議論全体にとっては商業営利的農業の役割が重要であるから、ここで一区切りして、差し当たりその状況をより綿密に検討すべきであろう。

二 商業的農業への貴族の対応

一七世紀後半から一八世紀初めの十年間までについてイングランドと比較した場合に、貴族層だけでなくフランス全体においても、商業営利的農業へと向かう原動力が弱かったとする主張を疑うべき理由はほとんどない。農業問題の中心はイングランドと同じく、パンは食べるが小麦を作らない諸階級のために穀物を手に入れることであった。大都市近郊では市場向け生産を促す原動力も幾分かはあったので、穀物業の停滞が打ち破られる徴候も見られた。そのような地域では地主貴族層よりも富裕な農民たちが、主な受益者であったように思われる。もっとも、市場の範囲は通常、少数の大都市近郊や国境のいくつかの輸出基地を超えては拡がらなかった。ただパリだけがかなりの広さの後背地を抱えていた。その一方、国土の大部分で食糧は近隣地域から調達されていた。(14)

穀物問題は一般的に、限られた地域からの限られた供給をどのように管理するかという問題として認識されていた。主として品不足の時に少数の大都市から強い需要が起こり、やがてそれが破壊的要素として受け取られるようになった(15)。一七世紀後半から一八世紀初頭には、主にパリに近いいくつかの地方の商人やその代理人が、見付け得る余剰品ならばどのようなものでも買い上げようと農村を常に漁り歩いていた。このやり方は、地方の供給源を混乱させるものとして大きな憤りを引き起こし、当時の慣習と法律の双方に対立するようになった(16)。富裕な領主は多くの場合、封建諸税の形で穀物を受け取り、都市の委託商人を通じてそれを処分していた。商人が豊かな農民から穀物を買うことも極めて広く行われていた。これは明らかに、豊かな農民が限られた市場を求めて貴族と競争し、かなりの成功を収めたことを示している(17)。一七世紀末から一八世紀初めのフランスに、イングランドのように次から次へと農牧地を増やす、企業心豊かな地主が存在したとしても、歴史家は今までそのような地主に関心を示さないできた。そのような地主は多分、ごく少数ながら存在したはずである。しかし、およそ彼らが重要であったとは考えられない。一八世紀に商業〔生産・流通業〕の誘引力が増大した時、フランス貴族は全く違う方法でそれに対応したのである。

穀物業だけを考察していると、非常に誤った印象を与える危険をおかすことになろう。ワインもひとつの商品、しかも重要な商品であった。実際、ワインとフランス農業との関係、更に、おそらく一八世紀のフランス社会全体との関係は、羊毛業と一六、七世紀イングランドの農業及び社会との関係と同じであった。統計が好きなある学者の計算によると、旧体制後期にフランスでは通常、年間約三〇億リットルのワイン――これは当時のイギリス全商船団の積み荷に相当する――が生産されたという(18)。ひとりの人間が一年間に自分で生産できるワインをすべて飲むのは、自分が飼育する羊から採れる毛織物をすべて着るのと同様に不可能であった。従って、ブドウを栽培したり、羊を飼うことは必然的に、栽培者・飼育者が市場へと駆り立てられ、王やその大臣たちが布告する法令に左右され、それゆえ彼らに影響力を及ぼそうとするようになることを意味した。また、彼らはうわべの雅量《ボー・ジェスト》、戦い、賜り物《ラルジェス》などの貴族風の方法よりも適した、実務的な方法や会計簿のつけ方を身につけるようになった。しかしながら、フランスとイギリスの類似性はそこまでで終わる。真の問題はフランスには何が不足していたかなのである。

ワイン業と牧羊業の経済的・政治的帰結は全く異なっている。フランスの著名な経済史家C・E・ラブルース(Labrousse)は、フランス流の情熱の爆発に加えて、アメリカ流の統計癖とでも言えるものに動かされ、膨大な統計資料を用いて、フランス経済の全般的後進性と大革命の勃発とを説明する決定的要因が、ワイン業の長期不況にあったことを示そうと努力している。彼の結論に筆者は圧倒されるが、必ずしも納得できたわけではない。なぜならば、彼はワイン業の長期不況と産業の後進性との連関を明らかにしていないからである。彼による二つの膨大な研究は、初めに計画された仕事全体から見れば、ほんの一部でしかないが、ほぼ農業問題だけに限定されている。ワインを飲むことで少なくとも、経済的後進性を解消し得る潜在的な可能性があったと考えるのは面白いかも知れないが、ラブルース自身が引用するいくつかの事実は、そのような見通しが一八世紀フランスにとって非現実的であったことを示している。つまり、彼の概算ではワインの一〇分の九がフランス自体で消費されていた。また、ワイン生産はフランス全土で行われていた。即ち、三二の徴税管区(généralité)、言い換えれば旧体制下の財政区域のうちで、北部と北西部の僅か三つだけがワイン生産地域ではなかった(19)。輸送の便が悪かったこと、ブドウ栽培が全国土に拡がっていたこと、ほとんどのワインがフランスで飲まれていたことなどの事実を考慮すれば、大部分のワインが並級ワイン(vin ordinaire)で、おそらくかなりのものが現在よりひどい代物であり、財産を築いたり、経済を支えるに足る贅沢品ではなかったという結論が導かれる。

多大な商業利益を生み出すワインは、現在と同じ限られた地域でしか生産されていなかったと思われる。一八世紀には水路に近接しているという利点が、ボルドー港の大きな強みであったに違いない。一八世紀のボルドーとその周辺の非常に豊かで商業営利的な志向を持つ地方貴族たちは、ワインによって経済基盤を得た。ブドウは金《きん》に変わり、金は踊り子からモンテスキューの『法の精神』(この著名な哲学者は時々、現代人ならばワイン産業のためのロビイストとでも呼ぶような活動をしていた)に至る、様々な形の魅力ある文化へと変わった[20]。しかし、ワインからあがる利益は、ボルドーにおいてまさにそうであったと思われるように、その場に留まってしまう。つまり、ブドウ栽培は牧羊業が成し得たように、織物産業の基礎を創ることはできない。しかも、それは小麦栽培が成し得るように、都市民を養う必需品を供給することもできない。いずれにせよ、変化の原動力は農村部からではなく都市部から生じる。農村部における出来事が重要な意味を持つかどうかは、主として、産業発展の初期段階に未だ圧倒的多数であった人々に、この社会変動が拡大するか否かにかかっているのである。

フランスにおけるワイン生産は、イングランドにおける商業営利的農業の帰結である大規模な囲い込みのようには、農民層の内部変動を産み出さなかった。ブドウ栽培は、特に化学肥料を使用する以前の時代には、経済学者が労働集約型農業と呼ぶものであった。即ち、高度に熟練した農業労働力を大量に必要とし、土地や設備のいずれの形をとるにせよ、資本は比較的少ししか必要としない形態の農業であった。一方、イギリスの状況は全体として正反対であった。ところが、一八世紀のフランス農村社会は労働集約型農業の問題を——農民の立場からではないにせよ、貴族の立場からは——充分に満足のいくように処理できるものであった。ワイン生産の先進地域と商業の影響力が浸透して強力になっていた穀物栽培地域とを比較すると、驚くことに社会構造にほとんど差が見られないので、細部は省略してかまわないであろう。基本的特徴は極めて単純である。即ち、フランスの貴族は農民を土地に縛りつけ、生産物をより多く絞り取るために、封建的諸手段を用いた。貴族はこうして生産物を市場で売ったのである。ワインの場合には特に、貴族の法的特権が役立った。なぜならば、当時のボルドーでは農民の作るワインが貴族のシャトーから出荷されたものと競争できたが、貴族は農民がワインをボルドーに持ち込むのを阻止すべく特権を用いて、かなりの程度妨害できたからである。町にワインを持ち込む特権を持たず、ワインを売らずに利益が最大になるまで待つための資力も欠いていたので、小生産者は必然的にワインを地主である貴族に売らねばならなかった(21)。

一八世紀のボルドーにおいて、ワインで築いたかなりの資産は法服貴族、つまり司法貴族階級にしか見られなかった。彼らは主にブルジョワ出身であったが、フランス全体で一八世紀の法服貴族の家系を見ると、多くの場合、ブルジョワ出身ということは遠い過去に属する事柄であった。その一方で、旧来の戦士貴族、つまり武家貴族は豊かでもなく、目立ちもしなかった。彼らはボルドー地方に在住した四〇〇強の貴族家系の圧倒的部分を占めていたようであるが、ボルドー社交界に名が通っている家系はごくわずかしかなかった。彼らの多くはのどかな田舎町《コミューヌ》の周辺に住んでいたが、時にはポプラに覆われたり、農村にひっそりと隠れるように建っている城館で暮らす者もいた。約百エーカーの小麦畑と国王からもらう数百リーヴルの年金とが、質素でも豊かでもないが、極端に田舎風な生活の基盤であった。このような村の領主〔以前の封建領主〕の多くは退役士官であり、三〇〇〇リーヴル程度の年収を得ていたものの、富裕な生活を支えるブドウ園を所有する貴族の水準からすれば赤貧に近かった(22)。少なくともこの地方では、旧来の戦士貴族と新興の法服貴族との対照が際立っていた。しかも、フランス全土にわたって、このような村の領主に似た貴族がたくさんいたに違いない。事実を明らかにするだけの証拠はまだないが、可能性の高い推論をすると、そのような貴族の多数――むしろ、筆者は圧倒的多数ではなかったかと思う――が企業心を欠いていたようである。このような対照に注目すれば、現代の社会学者の頭にはほぼ自動的に以下に挙げるいくつかの疑問が浮かぶであろう。武家貴族が商業で成功するのを妨げるような法的・文化的障壁が存在したのであろうか。また、フランス貴族層の経済的・政治的特質や、大規模な革命が貴族を打ち倒した事実を説明する際に、そのような障壁はどの程度に重要であろうか。

数多い資料を検討していくと、この疑問について否定的な解答が得られる。更に、経済変動と政治変動の関連を理解したいならば、この問題設定そのものが誤りであるとも論じたくなる。マルクスもウェーバーも、これらの問題のいくつかに関しては――確かにその他の点での貢献は測り知れないが――彼らの追随者たち、特に文字通り科学的であろうとする人々を完全に惑わしてきたのである。しかし、それを議論する前にまず事実関係を検討すべきであろう。

文化的・法的障害は確かに、商業に対する貴族流の軽蔑や貴族資格放棄法という形で存在した。貴族資格放棄法は、下賤な職業に携わる貴族は誰でも高貴な身分を失うと定め、主として都市の商工業に適用された。それは卸し売りや外国貿易といった、フランス君主制が時に第三身分からの反対を押し切ってまで積極的に推奨した大規模な活動と、小売り店を経営する等のけちな活動との間に一線を画そうとするものであった。農業については一六六一年に更新された確固たる規則があり、貴族が自分の僅かな土地、即ち、四シャリュ(charrue)――一台の重量スキで耕作可能な面積の四倍――以上の土地を耕すことを禁じていた。(23) これらの規則とそれを支持する世論を支えた主な力は君主制であった。それにもかかわらず、ルイ一四世の治下でさえ、この地域での君主制の貴族に対する政策は矛盾し、混乱していた。王位の飾りとして、また人民に本来の立場をわきまえさせるための手助けとして、君主制は裕福な貴族層を必要としていたし、貴族の貧困が明らかになった場合には頻繁に憂慮を表明した。しかし一方、貴族層が王権に挑戦するのを可能にする独立した経済基盤を確立することも、君主制は望まなかったのである。

農場経営によって金を儲けようとすることへの偏見は、おそらく、最高位の貴族と、彼らの宮廷生活の習俗の影響を間接的にしか受けない貴族の間で、根強かったようである。ヴェルサイユ宮殿で怠惰と陰謀に骨身を削る生活を送るのは確かに、牛を見張り、農民を監督するよりも遥かに面白おかしかったであろう。更に、そのような生活を送ればすぐにも、自分の長靴の肥やしの臭いに辟易するようになったであろう。ところが、貴族の多数が西インド諸島で財産を築く――時には、黒人《ニグロ》の一団の先頭に立って、自らの手に斧を握って働く――ことによって、前述の規則を犯していた。彼らはその後、ヴェルサイユやパリに帰り、宮廷生活に戻るのが普通であった。言い換えれば、高位貴族にとって商業的農業経営の成功とは、フランス社交界から一時的に逃げ出すことも意味していたのである(24)。なお、一八世紀初めの四半世紀には、卑しい職業に対する社会一般の偏見が非常に強かったようである。例えば、カレ(Carré)は当時の書簡からいくつかの資料を引用しているが、その中に香辛料を売る店を開いて、香料会社の恨みをかったある公爵の実例が挙げられている。事情が知れ渡った時、街のゴロツキたちは「奴は寝床で糞をたれた」と叫びながら、この公爵を追い回したという[25]。同じ一八世紀でも時代が進むと、世論の方向は全く正反対になり、貴族階級が行う商業活動に好意的になった。上流社会ではイギリスが、更には農業に携わることも含めてイギリス風ならばすべてが流行になり、それは短期間ではあるが、ある程度、政策にも影響した。貴族層が商業に携わるのは適当かどうかについて、パンフレットを用いて激しい論争がなされた。そうこうするうちに、商業活動を禁じた諸規則が広汎に破られるようになった。つまり、貴族の多くが飾り物の経営者の陰に隠れて、商業営利的事業に携わったのである[26]。

上述した事実はすべて、文化的・法的障壁が一八世紀の間にはるかに重要ではなくなったことを示している。本節での主な関心対象である地方貴族を見ると、彼らにとって法的規制はほぼ死文同然であった。最近の論文で指摘されているように、地方貴族が小麦、ワイン、牛、羊毛を売っても、貴族資格放棄を理由として非難する者は誰もいなかった[27]。戦士貴族層でさえ、もし機会があれば、あるいはその気になったならと言うべきであろうが、商業で金を儲けるのを厭わなかった。トゥールーズ(Toulouse)近くの、小麦栽培でかなりの利益をあげていたある地域では、旧来の貴族層の習慣や習俗が全く実業的になり、半ブルジョワ的な法服貴族と区別できなくなった[28]。フォースターは地方貴族一般について述べながら、以下のように主張している。

地方貴族は、怠惰で愚鈍で貧乏な田舎紳士(hobereau)とは程遠く、積極的で抜け目ない豊かな地主におそらく似ていたと思われる。このような形容詞には単に懐《ふとこ》ろが豊かであったという以上の意味が込められている。これらの言葉は普通『ブルジョワ』という用語が意味する、一家の資産を扱う際の倹約、規律、厳格な管理を特徴とする態度を示している(29)。

このような資料は次の点を明らかにしている。つまり、立法とか偏見それ自体では、フランス地主貴族の間に、商業的な考え方や行動を拡大するのを有効に防ぎ得なかった。更に、この点を考慮すれば、貴族に対する法的・文化的障壁を検討する本節は、イギリス農業との関係から推定できるフランス農業の後進性を説明するに適当な場ではないと言える。

そもそも、フランス農業は当時それほど遅れていたのか。フォースターが描いた類の貴族はどれほど典型的なのか。この一連の疑問に対する解答は、現在のところ、非常に試行的なものでしかない。商業の農業に対する浸透度を何らかの形で指数化し、一八世紀末フランスの地図上に浸透度の違いを表わすことができるなら、農業的資本主義の精神とでも呼び得るものが非常に強固であった地域が、少なからず見付かるであろう。しかし、そのような仕事に手をつけても非常に骨が折れるし、ここで提起した問題の観点から見ると、報いられるところは殆どないであろう。我々の疑問が統計だけで解決されることはない。なぜなら、それは主として質的な疑問だからである。

ここで問題になるのはまた、新しい心構えとか、その原因として考え得る要因を超えたものである。ウェーバーの追随者、特に業績達成に係わる一定の観念的動因〔エートス〕について語る人々は、そのような変化が現われる社会的・政治的文脈の重要性を見過ごしている。問題は単に、フランスの田舎貴族たちが自らの所領を効率的に経営し、自らの生産物を市場で売るべく努力をしたかどうかではない。また単に、貴族の内の何人がそのような考え方を身につけるようになったかでもない。問題の本質は彼らが商業化する際に、イングランドでも囲い込み運動が最も激しかった諸地域で起こったと同様に、果たして農村社会の構造を変えたかどうかなのである。この問題への解答は単純かつ確固たるものである。即ち、彼らは農村社会の構造を変えなかった。フランス農村部において商業〔商品経済〕の発展の最先端を代表した貴族たちは、農民から更に搾取しようとしたのである。

フォースターは幸いにも、フランスのある地方の貴族層に関する詳細な研究を提供している。彼が採り上げたトゥールーズ司教区では、商業営利的な原動力が強く、とりわけ市場向け穀物を栽培することが貴族の職業であった。彼の記述によって、上昇中のイングランドのジェントリーと、フランスでそれに対応する同様に実業的な人々との間の、一致点や相違点を把握することができる。

フランス南部では市場向け穀物を栽培させる誘因が極めて強かった。更におそらく、この誘因は広くフランスの他の地域でも、考えられているより遥かに強かったようである。王国内の人口が地域によっては急増していた。同時に、フランス南部では穀物価格も急上昇していた。この地域の政治的圧力によって輸送手段が大きく進歩し、トゥールーズからかなり離れた場所にも、一八世紀の水準から見れば相当な量の穀物を売ることができるようになった。以上、すべての点でトゥールーズの状況は、基本的にイングランドと同じであった。トゥールーズの貴族は、既に述べたように法服貴族だけでなく武家貴族も、イングランドの意気盛んな地主と全く同様に、自らが力を貸して成立させた状況にうまく適応できた[30]。トゥールーズ貴族の収入のかなりは、おそらく、地代である定期金(rente)の形で入ってきた。更に、その大部分はトゥールーズを主都とするラングドック(Languedoc)州の荘園からあがる地代であり、この地域は主として弱体かつ後進的なブルジョワジーしかいない農村地帯であったから、トゥールーズ貴族の懐ろに流れ込む金のほとんどが、依然として小麦に基づくものであった[31]。

しかしながら、トゥールーズの貴族層が市場のための農場経営を採用した方法は、イングランドのジェントリーが採った方法とは全く違っていた。一六世紀に家畜飼料用作物としてトウモロコシを導入し、市場に出荷できる小麦の量を大幅に増したのを除けば、重要な技術革新は何もなかった。農業は引き続き、基本的に中世と全く同一の技術的・社会的枠内で行われていた。おそらく地理的要因、即ち、土壌と気候の違いが変化を阻んでいたことも考えられるが[32]、筆者には政治的・社会的要因の方が更に重要であったように思われる。実際に何が起きたのかは、その概略だけならばごく簡単に言える。つまり、貴族は当時行き渡っていた社会的・政治的枠組を利用して、農民からより多くの穀物を搾り取って売ったのである。もっとも仮に、貴族がこれを実行できず、穀物を手放したがらない農民から取り上げることが出来なかったとしたら、都市住民には何も食べるものがなかったであろう[33]。

トゥールーズ司教区の農民は従来どおり土地を耕作できたが、それは貴族が――彼らは事実上、商業的地主となっていた――作物の大部分を手にするのを可能にする一連の義務の下においてのことであった。この状況は一世紀以上も後に中国や日本の一部で起こった状況と似ており、そこにイギリスの状況との主な相違点がある。トゥールーズ貴族はフランスの他の多くの地域の貴族とは違って、土地のほぼ半分近くを所有して、自らの領地から厳密な意味での農業収入の殆どを得ていた。ただし、領地それ自体は一連の小区画に分割されていた(34)。そして、農民たちは依然として、この小区画に依存して暮らしていた。農民層の中で上級作男(maître valet)と呼ばれた人々は小屋、数頭の牛、原始的な農具をいくつか与えられて、給金を一年毎に貨幣や穀物で受け取った。そのかわり、彼らの収穫物はすべて領主の貯蔵倉に入った。自分の小屋を持つ上級作男は家族の助けを借りて自らの狭い農地を耕作していたから、見る眼を持たない人が見ると、小作農のように見えたかも知れない。おそらく自分でも小作農のように感じていたであろう。つまり、フォースターが言うように、彼の家系はふつう先祖代々から領主の農園を耕作していたから、彼はある種の威信を持っていた。それにもかかわらず、厳密な経済学の用語を用いれば彼は賃金労働者であった(35)。また、その他の農民は小作人として領主のために土地を耕した。建て前では、領主と小作人は収穫物を平等に折半することになっていたが、実際は契約が次第に領主に都合のいいものになった。そうなった理由のひとつは、領主が領主権を巧妙に利用して、この地域の農園の主要資本である家畜をほぼ押さえていたからである。また、人口が増加していたことも、保有地を獲得する競争を激しくして、領主には有利に作用した(36)。

　実際にも上級作男と小作農との差異はごく僅かであった。生産の基本単位は分益小作農地〔定率小作農地〕(métairie)〔一〕という、三五から七〇エーカーの農園であった。これは賃金労働者であれ、小作農であれ、ひとつの家族によって耕作された。裕福な貴族の場合、単位面積はより広く、いくつかの分益小作農地がそこに含まれていたようである。貴族の領地の大部分がこのようにして経営されていた。イングランドで行われた方法、即ち、貨幣地代を得るために大農業経営者に土地を貸すという方法は、この地域にも見られたとはいえ、非常に稀であった(37)。

農民たちを労働力として土地に縛りつけるというこの体制は、封建制から受け継がれた法的・政治的諸制度によって支えられていた。しかし、これらの権利はトゥールーズ司教区での収入源としてはあまり重要ではなかった。それにもかかわらず、例えば領主裁判権は、支払いを怠りがちな借地人に滞納金を強引に支払わせるための便利な手段になっていたし、また、貴族層が経済的余剰を搾取するのを可能にした一連の政治的制裁の一部をなしていた(38)。もっとも、農民たちは程なく同盟者を見出して、これらの政治的城壁を打ち壊して貴族を無力にすることが出来るようになるのである。

フランス農村部に浸透していた商業的影響力は、イングランドと対照的に、封建的枠組を弱体化もさせず、破壊もしなかった。それはむしろ旧来の取り決めに新しい生命を吹き込んだ。もっとも、そうすることによって貴族層は最終的に破滅する結果になったのである。これこそがフォースターの詳細な研究から引き出せる点である。同時にこれは、もし彼の詳細な記述から洞察力を得るならば、昔の標準的資料や概説にも見出せる点である。旧体制の終末へと向かうフランスの状況全体を視覚化してみると、おそらく次のような光景が見られるであろう。即ち、一方では一群の農民が土地を耕し、他方には貴族が、直接的に生産物の形であれ、間接的に現金の形であれ、農民が産み出したもののから取り分を徴収するのが見えるであろう。もっとも、昔の標準的歴史書は、経済学者ならば全産出高に対して貴族がなした経営寄与率とでも呼ぶものを、過小評価していると言える。しかし、この貴族は厄介な状況に縛られていた。彼は封建制の下で政治秩序と安全を与えるという貢献をなしていた。ところが、絶対王政の下で貴族は一定の地域的裁判権を保持し、それを経済目的のために利用することはできたが、政治秩序と安全を維持する仕事は国王官僚制に奪われてしまった。一方、この貴族は未だに十全たる資本主義的農業経営者でもなかった。土地所有者が持っていたものは基本的に数種の所有権であり、その本質は農民に対する請求権であった。これによって貴族は、国家の抑圧機構を通じ、強制的に経済的余剰の一定部分を要求することができた。確かに形式上、また法律上は、所有権により生じる負担は土地に基づくものであったし、土地はこの貴族が注意深く保管した権利証書——土地台帳(terrier)——に記載されたものであった。しかし、土地はそこで生活する農民が収入を産み出す限りにおいてのみ、この貴族にとって有用であった。従って、この貴族が小作協定を結んで、収入をかき集める場合もあり、そのような協定はフランスのほぼ三分の二から四分の三にも広まっていた。小作農は往々にして小土地保有農民(petit paysan propriétaire)と同一人物であった。この小土地保有農民は運が良ければ、小作率を決めて僅かな土地をまた貸しして、自分の狭い土地からあがる収穫の不足をいくらか補うこともできた(39)。通常、土地が農民に貸し出される場合、その広さは一〇から一五ヘクタールを超えることは殆どなかった(40)。幾つかの地域の貴族は、実質的に直営領地を全く持たず、一連の封建税を徴収する権利を利用して、農民からどうにか収入をかき集めていた(41)。

以上述べた経済関係を創り出した主要な力は、都市から波及した資本主義の影響力と、貴族層を抑えようとする専制君主の長期にわたる努力であった。イギリスと同様に、商工業勢力との関係や、国王との関係が、貴族階級の性格を決定するにあたり非常に強く影響した。更にイギリスと同じく、貴族が新しい商工業の世界へと対応する際に、地主上層階級とブルジョワジーとの事実上の融合があった。しかし、国王、貴族層、ブルジョワジーという抽象化された変数がたとえ両国で同じであるとしても、それらの変数の属性と相互連関は全く違っていた。イギリスにおける農村部と都市部の融合は、内乱以前だけでなく、その後の大部分の期間でも、国王に対立する方向に主として向けられていた。一方、フランスでは、この融合が国王によって行われ、全く異なる政治的・社会的結果をもたらしたのである。

三　絶対王政下の階級関係

一七世紀のフランス絶対王政の絶頂期における、商業、手工業、都市生活の実態を一瞥するだけで、一八世紀のブルジョワ・資本主義革命を生み出した力がどこから生じたのかという疑問や、フランス大革命をそのように性格づけた人々は教条的幻想――これは後に詳しく議論する――に陥っているのではないかという疑問を抱くであろう。フランスのブルジョワジーはイギリスのブルジョワジーとは異なり、一七世紀の君主制の下で、農村部を産業資本主義という未知の世界へと向かって、自ら率先して引き入れる近代化の尖兵ではなかった。その反対に、フランスのブルジョワジーは国王の恩寵に大きく依存し、その統制に従い、限られた顧客向けの武器と贅沢品を生産する方向に向かった(42)。特に軍事技術において、統制の度合いが強かった点とテクノロジーの水準が高かった点を別にすれば、フランスの状況は幾分、同時期のイギリスより徳川末期の日本やアクバル時代のインドにすら似ている。政治的にも自治都市は国王の支配に従属し、その支配はアンリ四世治下での平和と秩序の再建以来、断続的ではあるが強化されていた。フロンド(Fronde)の乱の間、ボルドー、マルセイユ、リヨン、パリにおいて、ごく短期間ながら自治都市の復興が見られたが、ルイ一四世は固い決意の下で、いわゆる王の善き都市(bonnes villes)から更に反対勢力が出ることを容赦しなかった。元来のフランス王国領では彼の治世に、国王支配が急伸張した。また、国王は都市を通じて地方を掌握した。但し、その実態は地域毎に大きな違いがあり、国王は時に自治都市の議会選挙が存続するのを許す一方、直接、間接に市長を任命する場合もあった(43)。

以上に述べてきたことから次の点は明らかである。つまり、近代社会の基盤確立を目指す原動力——即ち、統一国家とか、厳格さや服従といった習慣の一部——は、ブルジョワジーよりも国王官僚制から遥かに強く出てきたのである。しかし、これは全くと言える程、王権の側での熟慮を重ねた末の意図によるものではなかった。当時、フランス政体における王権の真の役目は、秩序を維持すること、経済を管理すること、更に、戦争と贅沢という政策を維持するために、フランス社会から資源を可能な限り搾取することであった。正確に計算することはできないが、このうち戦争は贅沢よりも遥かに金がかかった。また、ルイ一四世時代の国王官僚制がそれらの仕事をするにあたり、二〇世紀の国家行政機構よりも遥かに無能であったことは言うまでもない。

フランス国王の行政機構は、ロシア帝国、ムガル時代のインド、中華帝国などの農業社会的官僚制を悩ませたと同じ次のような困難に直面した。前産業社会では充分な経済的剰余を生み出したり、搾取したりするのは事実上不可能であり、従って官僚に、国王への真の信頼を保証するに足る給与は支払えなかった。一方、例えば特定の土地から収入を得るのを認めるとか、また中国のように位階に相応する収入と君主が支払える給与との格差を埋めるべく、収賄を認めるといった方法による報酬ならば可能であった。しかし、このような間接的報酬は中央からの統制を弱めるし、搾取を奨励することで人民の不満を引き起こす危険を犯すものであった。フランス君主制はこの問題を官僚の地位を売ることで解決しようとした。官職の売買は、フランスだけに見られるものではないが、それが国王官僚制全体に浸透していた点だけでなく、フランス社会全体の性格に影響を及ぼしていた点でも、他国とは一線を画すフランスの明確な特徴を示している。一七、八世紀のフランス社会は、学者が時に西欧的あるいは東洋的と見る特徴——即ち、封建制、ブルジョワジー、官僚制——が競い合う混合体を呈示している。官職の売買は商業的制度と前商業的制度を混合した縮図であったと同時に、この両者を調和させる試みでもあった。

官職の売買は長期にわたり、大きな政治的意義を持っていた。つまり、それはブルジヨワジーに国王の行政機構に近づく途を与えたので、その限りではブルジョワ階級内に同盟者を作ったのである。(44) フランスの状況ではおそらく、国王の権力を創り出し、旧来の貴族層を退け、封建制という障壁を打ち破って近代国家の基礎を固めるために、官職の売買は必要不可欠な方策であったろう。しかも、国王の立場から見れば、それは重要な収入源であったと同時に、行政の安上がりな方法でもあった。しかし、この二つの特色はどちらも、フランス社会全体にとっては有利なものではなかった。(45)

つまり、官職の売買には本質的に不利な点が同時にあり、それは時と共に次第に重大になった。官職を売ることは事実上、その地位が父から息子へと受け継がれる私有財産の形を採ることを意味した。それ故、国王は自分の部下に対する統制力を失う傾向があった。アンリ四世の治世の下で制定された有名な一六〇四年のポーレット法(Paulette)〔三〕は、一種の税を支払うのと引き替えに官職を占める者に完全な官職の所有権を認めた。これによって官職が財産へと転化することが公認されたのである。国王はこの状況に対処すべく、他の役人の活動を監視する新たな役人、即ち地方総監(intendant)を創設したことに代表されるような手段に訴えた。(46) しかし、それらの官職でさえ後には、間接的にではあるが売買の対象となったのである。(47)

官職の売買で得られた貴族身分は初め、買った本人に限定されていたが、後に、世襲されるようになった。ルイ一四世の治下に、世襲貴族の身分を授けられるには三世代にわたって同一の官職を占めねばならないという規則は消滅した。しかし、高位官職はいずれにせよ、同一家系の手に帰しがちであったから、この変更は主として象徴的なものでしかなかった。[48] ブルジョワが財産を求める欲求は、国王の官僚制度によってかなり満足された。その一方で、政治的自立を求める欲求はどのようなものであれ、ブルジョワが貴族に移行することで鈍化された。このような側面は国王の権力を限界づけ、後に王権が日々切迫する問題に自ら適応し、またフランス社会を適応させる際の足枷となった。

絶対主義の頂点において、この体制の矛盾と逆説は既に明らかであった。「無尽蔵のマナ」[三] とも言える官職の売買に頼れなかったなら、ルイ一四世もおそらく金を調達するためには、全国三部会(États généraux)を通じ国民の同意を得なければならなかったであろう。[49] それ故に官職の売買は、議会による実質的な支配からと貴族層から、国王の独立を支える基盤であった。つまり、これこそが絶対王政の大黒柱であった。

しかし、官職の売買は同時に国王の独立を弱めるものでもあった。逆説的ながら、実態は以下に述べる通りであった。即ち、フランス国王はヨーロッパで最強の権力を持ち、国内で反乱を起こすのは不可能であり、想像すらできなかった。ところが、歴史家の眼から見ると、そのフランス国王でさえ命令があまりにも守られないので、服従を得られ

ないことが全く常態であると考えねばならなかったのである。(50)

君主制が成長を遂げる初期段階で、君主が封建制を攻撃する際に、確かに官職の売買はブルジョワジーを味方につけるのに役立った。しかし、この方法に引き続き頼るうちに、これがブルジョワジーに封建的色彩を与えるものであることが、次第にはっきりした。コルベールは一六六五年に、官職の取引に使われる資金が国家に有用な本当の商業へと還流するであろうという理由から、官職の売買を廃止するよう主張した。更に、彼は売買に使われる資金量が、王国の土地価格全体にほぼ等しいであろうとも述べた。(51) おそらく、このコルベールの主張には誇張があろう。しかし、この体制ゆえに活力と資源が商工業へと向かわなかったという彼の主張は、明らかに正しい。更に、官職の売買は平民であるブルジョワに貴族称号を与え、その活動を厳重に監督することを不可能にすることによって、一種の集団同一性、外部からの影響に対する免疫性、言い換えれば集団精神の形成を助長した。従って、官職の保有者たちは国王の影響力から離れて、地方利益と既得権の頑固な擁護者になったのである。

上述した事態の経過は、行政権をかなり持つ司法機関、即ち高等法院(parlement)に最も明瞭に示されている。もっとも、二〇世紀のアメリカ合衆国でさえ同じように、司法機関が相当な行政権を持っていることは、今更言うまでもない。中世には、高等法院が貴族層に対する国王の主要な武器のひとつであった。フロンドの乱とその後に、高等法院は絶対主義的専制に対抗して自由を護る防波堤のように振る舞っていた。一八世紀に、それは主に反動と特権の砦――「その世紀の改革精神が衝突し、むなしく散った、強固な障壁」[52]――になっていた。しかし、国王との闘争では他の諸集団も高等法院の側に加わった。マルティン・ゲーリンク(Martin Göhring)の手になる、この問題について今や古典となった研究によると、それらの集団が君主制に最後の一撃を加え、打ち倒したのであった[53]。

この闘争にまつわる挿話《エピソード》、即ち、ルイ一五世とその大法官モプー(Maupeou)〔四〕が官職の売買を廃止し、司法腐敗を廃絶しようとしたことは、我々の疑問を解く手掛かりとなるから、ここで紹介するに値する。この事件は一七七一年、ルイ一五世が没するほんの少し前に起こり、すぐに反対勢力が大騒ぎし始めた。反対勢力は貴族層に率いられ、人間の自然権、個人の自由と政治的自由、更には社会契約という主張すら掲げた。ヴォルテールはこの嘘を見抜き、モプーを支持した。もっとも、彼はいずれにせよ、カラス(Calas)〔五〕を迫害しただけでなく、自分のような文人を迫害したことからも、高等法院を嫌っていた[54]。

しかし、反動的目標のために革命的スローガンが掲げられたことを、都合のよい論理であればどんなものでも利用して正当化しようとする、利己的特権があらわになった一例に過ぎないと片づけるとしたら、それは誤りであろう。第一に、他ならぬモンテスキューのような知識人でさえ、有名な権力分立論の中で官職の売買を擁護した。ゲーリンクが指摘するように、所有権の不可侵や個人の自由という概念は、このような具体的な歴史状況から力強い原動力を得ていたのである。(55) 反動的特権にしがみつく頑固な貴族層が革命思想の前進に力を貸したのは、これが最初でも最後でもなかった。それでもなお、それらの思想がこの歴史的文脈において現われたこと以上にはっきりと、一八世紀末のフランス社会の特徴を表わす官僚制的・封建的・資本主義的な特色の相互浸透を、示すのは難しいであろう。

ルイ一五世が没した時、モプーの改革はあたかも成功したかに見えた。(56) ルイ一六世は一七七四年に王位を継承した。ところが、彼の治世で最初に行われたことのひとつが、モプーの業績を無にして、既成秩序を回復したことであった。この印象深い事実を根拠のひとつとして、代表的な社会主義者であるジョレス(Jaurès)までをも含む、何人もの歴史家が次のように考えるに至った。即ち、もし強力な国王ならば大革命が起こるのを防ぎ、フランスを平和的手段によって近代化の途へと導き得たかも知れないという見解を、彼らは採るようになった。(57) このような設問に答えるのは不可能であるが、この見解について考えると図らずも、決定的な問題点を引き出すような別の疑問を提出せざるを得なくなる。つまり、例えば一七一五年のルイ一四世の死にあたり、君主制にはどのような選択が可能であったのか。また、どのような方向の政治発展が、それ以前の歴史的経緯によって既に閉ざされていたのであろうか。

フランス社会はイギリスのように、都市から生じたブルジョワ的色彩の濃い、地主による議会を生み出せそうにはなかった。フランス君主制の発展は、地主上層階級から政治責任をほとんど奪い去り、ブルジョワの原動力の大部分を自らの目的のために転用してしまった。しかし、それが必ずしも唯一の可能性であったわけではない。もっとも、国王が採り得た他の選択肢を見つけるのは更に難しい。もし国王が何らかの積極政策を遂行するつもりであれば明らかに、有効な統治手段、即ち、官僚制を新たに創り直さなければならなかった。それは官職の売買と腐敗した裁判を廃止すること、更には負担をより均等に分担し、より効率的に税収を得るように租税体系を改革することを意味したであろう。また、戦争や贅沢という金のかかる政策を、少なくとも一時的には縮小することも必要であったろう。通商に対する国内障壁は未だ大いに残っていたから、撤廃されなければならなかったであろう。更に、一八世紀末に近づくと商工業が幾分かは独自の活力を示し始めていたから、商工業が成長する余地を与えるために、法体系を大幅に近代化しなければならなかったであろう。コルベールからチュルゴ(Turgot)に至る著名な政治家たちは、このような計画の大部分を推し進めた。従って、君主制の失敗を解釈するひとつの説明として、当時の知的風土では影響力のある地位にいた人は誰も問題を見通せなかったという趣旨の議論は、即座に検討対象から除外してよい。彼らは問題点を極めて明瞭に見通していた。既得権を持つ勢力が強く抵抗したであろうことは明らかである。それでもなお、そのような障害を克服するのは不可能であったとは断言しにくいであろう。例えば、それらの障害は果たして、アンリ四世のような人物がフランスの一体性を作り出すにあたって直面したよりも強固なものであったろうか。

当面は、以上のような考察が目指す方向を示すだけで充分である。フランスはもしかすると、ドイツや日本のように保守的な近代化への径路を辿ったかも知れない。一方、その場合には、デモクラシーに到達する上での障害は更に大きくなったであろう。もっとも、なぜそうなるかという理由は本書の全体を通して徐々に明らかにするしかない。いずれにせよ、フランス君主制は一貫した政策を採らず、その結果、生き残らなかった。農業の問題はこの結果をもたらすにあたり、非常に重要な役割を演じたと言えるのである。

四　貴族の攻勢と絶対主義の崩壊

一八世紀後半、フランス農村部では領主反動が見られ、短期かつ限定的であったものの囲い込み運動もなされた。しかし、前者を封建反動と呼べば誤解を招くことになる。実際に起こった事は本章の初めに検討したように、商業的・資本主義的な行動が封建的諸手段によって農業に浸透したことであった。このようなことは長期間にわたって進行していたが、一八世紀後半には以前より広範囲に拡大した。この浸透は封建的権利義務が従来おろそかにされていた地域で、それを回復する形を採ることもあった。また、経済史家の中にはこの領主反動の起源を、領主が次第に現金を必要とするようになったことに求める人もいる(58)。この圧力の殆どが成りたての貴族から出てきたようである。彼らは管理を強化し、旧来の封建的諸権利を利用し、可能な地域では必ず新たに封建的権利を復活させたが、自分の領地に関してはより商業営利的な態度をとり、家父長的態度をあまりとらなくなっていた(59)。また、この封建的諸権利の復活を経済面から見ると、領主が市場で売るために、農民の作った作物のうちの自分の取り分を増そうと苦労していたと見られる点が特色であろう。農民の土地を支配するのは、収穫物を得るのに比べれば二の次であった。現物納の封建税は収穫から直接の取り分として徴収されたこともあって、農業収入の内で最もよい収益になった(60)。

しかしながら、純経済的な側面だけを強調しては、やはり要点を見落とすことになるであろう。これまで繰り返し指摘してきたように、封建的取り決めは絶対王政の制度と結び付いて、フランスの地主貴族層が農民から経済的余剰を搾取するために利用した政治機構を形成していた。これらの政治機構なしに、農村部の経済体制は機能しえなかった。これこそが特権の持つ具体的な意味であった。この政治機構はまた、余剰を搾取するために全く異なる方法を発展させたイングランドの地主上層階級を、フランスの貴族層から区別する主な特徴でもあった。この点においても、単純化されたマルクス主義的解釈、即ち経済＝下部構造が何らかの形で自動的に政治＝上部構造を決定するという考え方はどのようなものであれ、我々を誤りに陥らせかねない。政治機構は決定的に重要であり、農民層が大革命に際してこれらの装置を打ち壊そうとしたのは、健全な政治本能——すぐ後で見るように、彼らが常に示すわけではない本能——を発揮したものであった。彼ら農民は、政治装置を修復不可能なまで打ち壊す手助けをすることで、旧体制の破壊に一役かった。従って、領主反動の意味をあえて述べれば、上述した政治変動にどのようなものであれ原動力を与えたことにあると言えるのである。

一方、囲い込み運動は、農業における資本主義的変容を更にあからさまに表わすものであった。それは一八世紀後半に勢いを得始めたが、都市部と農村部で共に織物産業が発達したノルマンディー地方、特にコー(Caux)の近くをおそらく除いてはイングランドほど広まることがなかった。[61] このように、フランスの囲い込み運動もイングランドと同様に、部分的には商業へのひとつの対応であった。しかしフランスでも囲い込み運動が続いたとはいえ、それはイングランドのようにジェントリーから発した運動としてよりは、政府の政策や、サロンでの知的議論の問題として存続した。重農主義者《フィジオクラート》たちは一時的ながら、国王の中枢官僚にどうにか自分たちの意見を聞き入れてもらい、ごく短期間ながら彼らの政策が推進された。[62] しかし、政府への反対が起こったのでこの政策は後退し、一七七一年までに重農主義へ向かう主な原動力は消滅した。旧体制はその終末へと向かい、そこにはただ臆病という色彩だけが色濃かったのである。[63] 重農主義者の攻勢は長く続いたが、彼らは長い間あえて封建制を攻撃しようとはしなかった。しかし一七七六年、財務総監チュルゴの下で、その友人でもあり秘書でもあったボンセール(Boncerf)〔六〕が、少なくとも次世代のために、封建諸税を財政的補償と引き換えに廃止するように提案したのであった。[64]

資本主義はこのように、ありとあらゆる間隙を縫ってフランス農村部へ浸透していった。この浸透は領主反動による封建制という形をとったり、封建制に対する攻撃の形をとったり、政府から援助された囲い込み運動によって「進歩」と「理性」の旗の下でなされたりした。しかし、更に急激な浸透が起こるには、大革命という手段や、それから遥か後の行動を待たねばならなかった。一例を挙げれば、共同放牧地に関するいくつかの権利は一八八九年まで廃止されなかったのである。(65)

資本主義の限定的浸透は一八世紀中に農業を革命化したり、農民層を消滅させたりすることは出来なかったが、農民の旧体制に対する敵意を急激に増大させることになった。農民たちは、ずる賢い法律家が、封建諸税を増したり、昔の税を復活したことに憤慨した。更に重要なのは、政府が囲い込みに手を出したので、農民層が君主制と対立し始めたことである。一七八九年における市町村《コミューヌ》の陳情書(cahiers)〔七〕の多数には、旧来の秩序を回復し、囲い込み王令を撤回するように求めた要求が見られる。(66)結果として、第三身分は結束し、農民の多くと都市居住者の一部が旧秩序への更に熱烈な反対派となった。以上のような傾向は、なぜヨーロッパで最も豊かな農民層が革命の主要勢力と成り得たかを説明する際に、大いに役立つのである。

法服貴族の上層部は高等法院を通じて領主反動を支持し、強化した。既に見たように国王官僚制はかつて、商業によって得られた富を国王が目指す方向へと引き付けるのに役立っていた。しかしそれは結果として、ブルジョワジーのうち少数ながら影響力ある勢力を、個人に属する私有財産とみなされた諸特権の熱烈な擁護者へと変えたのでもあった。ここでもまた、資本主義的な思考・行動様式が旧体制の間隙を縫って浸透していた。一八世紀の間、このような傾向が持続し、しかも強化された。一七一五年には早くも、次のような徴候が現われた。即ち、新たな司法貴族層が認可を受け、貴族とブルジョワジーを隔てる障壁は着実に低くなった。フランスでは実際近いうちに、国王や民衆からの侵害に対抗して一連の共通する特権を擁護する、単一の貴族層しか存在しなくなるであろうと思われる徴候があったのである。一七三〇年になると、この融合は極めて明瞭であった(67)。旧来の貴族層には効果的に国王に挑戦し得る制度的基盤が欠けていたし、新しい貴族層は君主の裁判所に制度的基盤を持っていたから、旧来の階層は自らの政治的利益のため、新しい階層に社会的承認を与える必要があると気づいた。このふたつの集団の生活様式は徐々に似てきたので、困難は次第に減少した(68)。ルイ一六世の治下でも、国王の司法機構は裕福な平民を既成体制《エスタブリッシュメント》に組み込む中心装置として引き続き機能したが、この司法機構こそ反対派が改革を要求した焦点であった。一七七四年から八九年の間に採用され、しかも一七九〇年に在職していた九四三名の高等法院官(parlementaire)のうち、少なくとも三九四名、即ち四二%が以前は平民(roturier)であり、高等法院官の地位を得たので新たに貴族となった人々であった[69]。

上述のあまり有効ではない連合の内で、旧来の貴族層は取引の分け前として、いくつかの重要な地位をどうにか確保することが出来た。旧体制の終末に近づくにつれて、旧来の貴族層は富に基づく権力に対する障壁を、苦心しながらも次々に作り出すことに成功した。特に、高位官職と陸軍は富に基づく権力にとって未開拓な領域であった[70]。一七八〇年代までに、新旧貴族層の連合は全体として、「モプーとチュルゴを破滅させ、王国の全司教区を再び征服し、陸軍高官の任命に際して貴族の組み合わせ紋章の規則を押し付け、特権利益のために臆病で、後に致命的なものとなる配慮をするよう君主制に無理強いした[71]」のであった。

このように多くのブルジョワが貴族層に吸収されたことは、大革命についてよく知られているひとつの解釈に多くの疑問を投げかける。その解釈とは、大革命の主たる原因がフランス貴族階級の閉鎖的性格、即ち、同時期のイギリスでは境界が流動的であり、貴族身分を得やすかったのに比べると、閉鎖的であった点にあるというものである。既に検討した事実関係を見れば、この相違は主に法的手続きに関するものであったことがわかる。現実に一八世紀末のフランスとイギリスを比べると、貴族身分を得るための途はフランスの方が険しかったとは言えないであろう。確かに統計は存在しない。しかし、ここで再び、計量的方法では重要な質的相違を解明できない類の問題に直面するのである。先に指摘したように、上昇移動と融合をめぐる状況全体が両国間では違っていた。イギリスでは融合が大体のところ君主制からの影響の範囲外で、しかも国王に対抗する形で行われた。囲い込みをする地主は、国王が自分の農民の問題に介入するのを望まなかった。裕福な都市民は事業を営み利益を得る機会を、国王が選ぶお気に入りのために国王個人が独占することを望まなかった。イギリスではこれらの階級の主要勢力が、死せる封建制や絶対王政の兵器庫から政治的武器を借りる必要はなかったし、また、それを望みもしなかった。ところがフランスでは、君主制が平民を封建的保護を必要とする地主貴族に変えた。君主制はこのようにして彼らを特権の頑固な擁護者へと、更には、君主制の断続的な改革努力に強硬に反対する人々へと変えたのである。しかも、君主制はその際に採った方法によって、ブルジョワジーの中でも旧秩序に一体化していない勢力を敵に回したのであった。

このような旧体制と一線を画すブルジョワジーは、当時、次第に強力になっていった。歴史家や社会学者は今までのところ、貴族や農民に寄せたと同程度の関心を彼らに寄せてはいない。(72) それにもかかわらず彼らに関しては、この分析にとって大切な、かなり確証された二、三の点が眼を引く。フランスの一八世紀は基本的に商工業にとって経済における偉大なる進歩の時代であった。外国貿易が特に増加し、その増加は実際イギリスよりも急速であった。(73)ただし、絶対王政末期については意見のくい違いがある。C・E・ラブルースは物価問題を詳しく研究し、一七七八年頃以降を工業から農業まで広汎に影響した恐慌の時期とみなしている。(74)一方、それ以前の著作でアンリ・セー（Henri Sée）は次のように述べている。つまり彼によれば、フランスは大革命勃発の時点でイギリスに比べてなお遅れていたが、出発点で英仏海峡の向こう側のライヴァルより遥かに遅れていたから、旧体制の最後の二〇年間はやはり大産業が飛躍的に発展した時期と考えられる。(75)一八世紀を通じて政府による産業規制は引き続き重要であった。もっとも王令が洪水のように出されたことは、規制があまり効果的ではなかったことを物語っている。一八世紀も後半になると政府による取り締まりは減少した。(76)こうして商業は、更にそれより度合いは少ないが工業も、通商と生産に対する旧来の拘束の廃止を要求する社会基盤を拡げていったのである。

チュルゴはこのような勢力の代弁者として働いた。彼は啓蒙専制主義と、産業及び農業における生産および交換の自由との強固な信奉者として職に就いた。彼が実行しようとした改革と、それが引き起こした反対を一瞥すれば、古典的形態の資本主義、即ち、前資本主義的諸制度から援助を受けない私的所有と自由競争に基づく資本主義を、支持した諸勢力の強さがわかるであろう。彼の計画は租税体系の改革、穀物の自由取引(一七七四年九月一三日の王令で導入された)、賦役(corvée)の禁止、ギルドの禁止、労働者の職業選択の自由などから成っていたが、そのごく一部分しか実施されなかった。(77) チュルゴの政策は、穀物取引の自由化に続いて起こった物価上昇に、恐慌をきたした豊かでない食糧消費者を敵に回した。こうして全国土に暴動の炎が燃えさかった。暴徒のなかにはパン価格の引き下げをパン屋に命令すべきであると要求して、ヴェルサイユ宮殿の中庭にまで侵入する者もいたが、これはやがて恐怖政治の頂点において大革命が直面した問題を先取りするものであった。ルイ一六世はこの時に断固たる態度を採ったが、この事件は宮廷でのチュルゴの信用をわずかでも増すものではなかった。(78) 明らかに、民衆は非常に古い形の経済統制を強く要求していた。つまり、民衆が要求したのは、生産増大に重点を置く統制ではなく、貧者に必需品を「公正」に配分するように、慈悲深い権力が保証することに重点を置く経済統制であった。この感情を支えた基盤は下層農民と都市民衆——有名なサン＝キュロット(sans-culotte)——であった。この感情が主な源泉となって、あの大革命において急進的手段がとられたのであった。チュルゴの提案は以上の点に加えて、金融業者と手工業者の反対をも引き起こした。前者は官僚制の腐敗した体質から利益を得ていたし、後者はフランス産業、特に綿工業と鉄工業を対外競争から保護するのを彼が拒否したとか、産業が必要とする原材料の輸出を禁止するのを拒否したという理由から反対したのであった。(79)

チュルゴと対立する諸利益が連合したことは、次の点を示すもうひとつの例である。それは残存する封建遺制を打ち破り、私的所有と自由競争に類似したものを打ち立てようとした勢力が、確かにほぼ一八世紀の間に強くなったとは言え、大革命前夜のフランス社会では未だ優勢なものとは程遠かったということである。しかし、大革命をこのように単純な意味で、ブルジョワ的・資本主義的なものとして語ることは全く誤りである。資本主義はフランスで現実にそうであったように、特に農村部では、封建制という仮面をかぶることがよくあった。官職の売買や領主反動が示すように、当時の体制内でも財産権を確保したいとする要求は非常に強かった。偉大な社会主義者であり、大革命史家でもあるジョレスは、必然的に導かれる結論にこそ触れていないが、次の点を見抜いていた。即ち、資本主義は旧体制に浸透して、特権諸階級の主要勢力と同時に農民層の主要勢力をも敵にする形で旧体制を歪曲し、更にこれらの勢力を君主制にも背かせたのである。このようなこともひとつの原因となって、大革命を背後から支えた力、即ちサン＝キュロット派と農民層の一部に基礎を置く急進的推進力は、明白かつ強烈に反資本主義的であった。富裕な農民は後に述べるように、急進的な反資本主義が進むように見えた道をさえぎった。最終的には、旧来の拘束にとらわれない私的所有を支持する勢力が、都市部でも農村部でも重大な勝利を得た。もっとも、資本主義者はこの勝利を得るにあたり、幾度となく最も手ごわい敵の助けを必要としたのである。

五　大革命期における農民層と急進主義の関係

これまでの議論では、支配諸階級において次第に蓄積された硬直性と変化を求める要求との源泉を描こうとしてきた。しかし、大革命そのものを分析するにあたり様々な事実を考慮すると、必然的に、下層諸階級に焦点を合わせなければならない。君主制が制度的および個人的理由により、これまで数節で検討したような分裂的勢力を次第に統制し得なくなるにつれて、フランス社会は頂点から底辺に向かって解体した。この崩壊によって下層諸階級の中に潜在する不満が増大し、更にその不満は表面化するまでになった。この不満が一時的に爆発寸前であったという証拠さえ存在する。つまり、都市の名も無き人々も参加した農民反乱が一七世紀の記録には数多く現われている。それはフランスのそれぞれ異なる地域で一六三九年、六二年、六四年、七〇年、七四年、七五年に起こった。(80) しかし、民衆の不満だけで革命を起こすことは出来ない。また、不満が大革命の直前に増大したかどうかも――おそらく増大したのであろうが――完全に明らかなわけではない。それにもかかわらず、民衆の不満はより勢力を持つ集団の不満とごく短期間でも一致し得た時には、炎と血と硝煙の中で君主制の崩壊をもたらす一因となったのである。

大革命期以前の暴動の原因、言い換えれば農民が生きた世界の性質、またはフランス人口の大部分を構成していた人々の問題は、絶対王政の黄金期に関する研究にはごくおぼろげにしか現われない[81]。大革命に近づくにつれて、より詳細な点がはっきりし、ついには農民社会の主要な輪郭のいくつかがかなり明瞭になる。イギリスで起きたような商業〔商品経済〕革命がなく、またプロイセンで起き、全く異なる原因からロシアでも起きたような荘園反動もなかったので、フランス農民の多くは実質的に小土地所有者になっていた。これら村の顔役(coq de la paroisse)――ロシアの後の発展段階におけるクラークに相当する人々――の正確な数を挙げることはできないが、彼らは確かに実力を備え、大きな影響力を持つ少数派であった。彼らの下に連なる大多数の農民にも表面からはわからない階層差があり、それはごく僅かな土地(lopins de terre)を持つ者を経て、土地を持てずに農業労働者として生きる者にまで至っていた。単なる印象を超えて、不充分な土地しかない人々や土地を持てない人々が、少なくとも二世紀にわたって少しずつではあるが着実に増加したようである。ルフェーヴル(Lefebvre)によれば一七八九年には、農村部の土地所有者の大多数が食べていくに足る土地を持たず、他人の下で働いたり、何らかの副業を探さねばならなかったという。もっとも、これについても全体の統計を得ることはできない。しかし、全国到る所で全く土地を持たない家族が、農民人口の二〇%から七〇%にまでのぼっていたようである(82)。

かなり貧しい農民から、ふたつの要求が主に出てきたようである。第一に、おそらく何よりも、全く土地を持たない場合には一区画の土地を、少しでも持っている場合にはごく僅かでも広い土地を、彼らは求めていた。第二に、彼らは自分たちの利益となる、村落共同体に特有な慣習を護りたがっていた。しかし、貧しい農民が村落共同体に対して全面的な愛着を持っていたわけではない。大革命の際、村落の共有地を分割して一区画の土地を手に入れる機会を僅かながら与えられた時に、彼らは大声でそれを求めたのである。共有地の分割を阻止したのは主に豊かな農民であった。なぜならば、農場で使う家畜のための放牧場として共有地を利用したのは、通常、彼らだけだったからである(83)。しかし一方では、貧しい農民にとって重要な集合的慣習もいくつかあった。中でも最も有益だったのは共同放牧(vaine pâture)権であった。囲い込み運動が強力に展開されなかったフランスの大部分では、この権利は耕地に関してほぼ全国で見られた古い開放耕地制の一部であった。耕地は一群の住居から成る村落を取り囲み、地条に分けられていた。この耕地はすべて同時に、農作業の周期の各々異なる段階に置かれねばならなかった。このような耕作慣習を、フランスでは強制輪作（assolement forcé）と、ドイツ語地域では耕作統制（Flurzwang）と呼んでいる。ブロックが鮮やかに描写したように、収穫物を刈り取った後で所有者の権利は眠り込み、牛の群れが囲いのない耕地を自由に歩き回っていた。牧草を刈るための草地――当時は領主の土地である場合も、村落全体の土地である場合も、裕福な農民の土地である場合もあったが――でも、類似した取り決めが多くの地域で広く行われていた。つまり、牧草を刈った後、その草地は牛が二番生え――またはリゲイン（regain）――を食むために開放されたのである。かなり貧しい農民は共同体の土地を充分に利用させてもらえなかったから、彼らにとって共同放牧権は大切であった。多くの場合、彼らは馬とスキは持たなかったが、食用にするとか僅かな現金収入を得るために牛や羊を一頭と数頭のヤギを持っていた。また、貧農の大群が一定の日数、耕地の所有者が心配そうに見つめる中でその耕地に群がる際の権利、即ち落ち穂拾いの権利とか、林で薪を集め、家畜に草を食ませる権利も彼らにとって重要な意味があった。(84)

上述した社会＝経済変動のもたらした政治的帰結は、農民層の分解と農民共同体の著しい解体であった。それ以前には、誰もが記憶している限りで、古い村落社会は労働の分業を支配し、農民たちの小さな世界の中でつつましいながらも確固たる位置を占めていた。ところが、近代化の諸作用が遠くから古い村落社会に及ぶにつれて、世界の他の地域と同様に、フランスでも比較的貧しい農民たちが近代化の主な犠牲者になったのである。フランスの村落には様々な形態があったが、確かにイングランドの村落と比較すれば多少なりとも遅れて痛手を受け、その程度も軽く、理由も全く違っていた。それでもなお、一八世紀も終わりに近づくと、フランスの村落が攻撃にさらされているのは一目瞭然であった。(85) 農村部の貧農が置かれた状況が、多くの人々を暴力的な平等主義理論へと走らせた。彼らにとって近代化とは主に次のふたつのことを意味した。第一に裕福な農民により、自分たちが土地を(大革命期の没収によって利用できるようになった土地も含めて)分割するのを妨害されること、第二に私的土地所有の形態が近代化される一環として、落ち穂拾いの権利や放牧権が制限されて自分たちが飢えることであった。大革命の頂点において、都市部と農村部の急進主義が手を組み得たという事実が、イギリスでの先例と比較して、フランス大革命の深刻さと暴力とを説明するのに役立つ。単一の農民革命が独自の途を歩み、諸都市や首都における革命とある時は提携し、ある時は対立したわけではない。農民貴族とでも呼べる富農層による革命と、それより大規模かつ広汎な多数の革命という、少なくともふたつの農民革命が存在した。しかも、両者はそれぞれ独自の途を歩みながら、都市における革命の波と時には連携し、時には対立していったのである。

ここで、農民上層部に目を向けると、少なくともその不満は土地を本当には所有せず、保有しているだけという、中途半端な立場から発生していたことがかなり明らかに思われる。(86) よく知られているように、フランス農民の法的・社会的地位は少なくともその上層部において、ヨーロッパ大陸のどの大国と比べても束縛を受けることが少なかった。言い換えれば、彼らの大部分が人間として自由であった。彼らの要求を陳情書に表現された限りで眺めると、主として、旧体制末期に次第に増加した封建制の恣意的側面を除去するように求めていたことがわかる。彼ら農民上層部はブルジョワジーと著しく対照的に、貴族層の社会的地位や特権を攻撃しなかった。それどころか、彼らは貴族の身分や特権を明確に認める場合が多かった。(87) この事実こそは、彼らが貴族特権と自分自身の問題との全体的連関を全く理解し得なかったことを示している。一七八九年の時点では明らかに、農民層を積極的な革命勢力に変えるには更に深刻な衝撃が必要とされた。もっとも、そのような衝撃が起こるまでにさして時間はかからなかった。

ひとつの原動力は全国三部会の集会前後に、貴族層がとった行動と国王の動揺とから生じた。農民は確かに、階層単位で投票するか、個人単位で投票するかという、フランスの他の人々の議論を沸騰させた問題が理解できなかったし、あまり関心も持たなかった。また、彼らはブルボン朝の財政が揺らいでいることや、遠からず財政破綻が起こりそうなことにも、あまり関心を持たなかったようである。様々な階級でどのように税を負担するかも、あまり彼らの興味を引くものになり得なかったようである。つまり、農民は自分の村で自分がどれだけの税割り当てを受けるかに関心があったのであり、しかもその割り当ては地域毎に驚くほど違っていて、専門家でなければ到底、理解できなかったのである(88)。ところが、このような問題すべてについて、大部分の教育ある都市民の議論は明らかに沸騰した。貴族層は全国三部会という機構を通じて国家を継承しようとしたが、それはいわゆる封建反動の時期に彼らが実行しようとしたことの当然の延長であった。彼らがこのような争点について譲歩するのを渋ったために、貴族でも聖職者でもない人すべてに対する法律上の名称にしか過ぎない第三身分(Tiers Ètat)が、しばらくの間、唯一の政治精神とでも言えるものになったのである。

大革命の初期段階に顕著な活躍をした比較的裕福な貴族たち、特にリベラル派貴族の多くは、進んでかなりの譲歩をした。彼らは農業問題に関しても、特に抑圧的な封建的権利のいくつかを代償なしに進んで犠牲にさえした。一方、農村部の小領主は税に依存しており、封建的諸権利を失う代わりに補償を得たとしても、平民として暮らしていくだけの気持ちや能力もなく、そのような機会にも恵まれなかった。従って、第三身分を一時的に連帯させた反動的圧力のほとんどが、そのような多数の小領主から生じたことはほぼ確実であろう(89)。

その他の原動力はより偶然性の高いものであった。フランス政府は既に一七八六年にイギリス製品への関税を大幅に引き下げており、その結果として多数が失業した。それは副業の雇用機会を減少させるか奪うことで、地域によっては農民にも影響した。また一七八七年の法令によって、穀物を地域市場に運び込むよう耕作者に命じた規制を含めて、穀物取引に対する規制が撤廃された。更に、一七八八年秋の収穫は悲惨なほど少なかった。続く冬はいつになく厳しく、春には嵐が来て、洪水が起こった(90)。天災が政治の不安定や人心不安と結びつき、一七八九年までにフランスの到る所で一連のパニックと農民反乱を爆発させたのである。

ここに至って、農民層の潜在的急進性が現われ始めた。大恐怖(Grande Peur)として一括される混乱はフランス各地でそれぞれ異なる形をとったが、封建制に対する反対がどこでも表面に押し出された。農民が蜂起しなかった場所でさえ、彼らは封建的諸義務を拒否した(91)。ありとあらゆる噂が素早く皆に流れた。貴族の陰謀に対する恐怖はすべてが全く根拠のないものではなかったし、この噂によって農民はかなり容易に、都市の比較的貧しい階層の支持を得ることができた。中央政府の権威が低落するにつれ、フランスは小都市と町村《コミューヌ》から成る網状組織《ネットワーク》へと解体していくように見えた。公共秩序が崩壊に近づいたことから、ブルジョワジーの中でも資産を持つ人々はリベラル派貴族を自らの陣営に迎え入れた。一方、より貧しい階級はリベラル派貴族を信用せず、陣営から追い出そうとした。こうして、パニックが拡大した地域では都市部でも農村部でも、貴族の策謀によって野放しにされたと考えられた山賊や「強盗団」から身を護るために、中規模の土地所有者が地域毎に自警団を結成した[92]。

ところが、本当の農村反乱や一揆(jacqueries)が起きた地域に大恐怖は存在しなかった[93]。これらの地域では進軍する農民自身が強盗団であった。従って、強盗団に襲われるのを心配したり、強盗が貴族の手先ではないかと疑ったりする必要はなかった。農民が全面的に暴力をふるったことから、ブルジョワジー、その中でも特に封建的諸権利を他の財産権と同じく神聖なものと考えていた人々は恐れおののき、貴族の陣営に加わった。バスチーユ(Bastille)襲撃の後に、ブルジョワジーはいくつかの地域、特に反乱がことのほか暴力的であったアルザス(Alsace)で、農民を鎮圧するにあたって熱心に特権諸階級に協力した[94]。

革命に終止符を打ちたがっていた社会的諸勢力も、既に大革命によって解き放たれていた。反革命はパリに一種の指導部を持ち、国王に影響力を及ぼした。ほんの一瞬であるが、この動きは成功するかに見えた。まず、一七八九年七月一一日にネッケル（Necker）があわただしく罷免され、フランスから追放された。また、貴族層は第三身分の勝利を受け容れたくないということを明瞭に示した。そこで第三身分は全国三部会とは袂をわかち、聖職者と四七名の貴族を引き連れて憲法制定国民議会（Assemblée nationale constituante）を結成し、同年七月七日に正式発足させた。一方、軍隊がパリ周辺に集結していた。また、農村部は既に述べた理由で動揺していた。飢饉が起こる恐れもあった。更には、国王がクーデターを計画しているという疑惑さえ広まっていた。憲法制定国民議会は最悪の事態を予想した。この時に民衆反乱が起きて、穏健な革命を敗北から救い、前進させたのであった。もっとも、パリの人々には国民議会を救おうとする気持ちはなかった。彼らは「間接的（par ricochet）」に、防御的対応としてそうしたに過ぎない。当時は大恐怖の初期にあたり、パニックが絶え間なく起きていた。市民はパリが国王軍と「強盗団」に包囲されたのを見て、自分たちが砲撃を浴び、略奪を受けるかも知れないと恐れた。そこで多数の市民がバリケードを築いて、武器を探し、廃兵院で三万二〇〇〇丁の小銃を手に入れた。七月一四日の朝、彼らは武器を更に手に入れるためにバスチーユ監獄に向かい、この著名な恣意的権力の象徴を襲撃するに至った。(95)

ルフェーヴルが指摘するように、バスチーユ監獄が占拠され、続いて民衆の復讐の炎が短期的に燃え上った時、フランス大革命における急進的要素の特徴が既にいくつか現われていた。即ち、反革命陰謀に対する恐怖、主として貧しい職人や年期済み職人《ジャーニーマン》から成る大衆による防衛的蜂起、敵を罰し、打ち破ろうとする意志が既に見られたのである。(96)

大革命における主要な民衆争乱のすべてにも、これらの特徴が再び現われた。大革命が貴族側の攻撃と共に始まり、革命が進行するにつれて急進的になったことはよく知られている。ブルジョワジーでも更に急進的な部分が政権に就くと、一層急進的な政策が遂行された。このような急進化はロベスピエール（Robespierre）が失脚したテルミドール九日、つまり一七九四年七月二七日の直前まで続いた。保守勢力——局面が展開する毎に、それぞれ異なるより保守的でない集団から成立していた——が大革命の進行を止めようとする度に、下からの急進化攻勢が起こり、保守勢力も否応なく前進せざるを得なかった。三つの民衆大争乱、即ち三回にわたる「歴史的な日《ジュルネ》」は、このような一連の左傾化を示すものであった。その第一は一七八九年七月一四日のバスチーユ襲撃であった。第二は九二年八月一〇日のチュイルリー宮殿襲撃であり、これがルイ一六世の処刑へとつながった。第三の争乱は九三年五月三一日に、前二者と似ているが更に深刻な状況下で起き、恐怖政治とロベスピエールによる短期支配へと至る一連の出来事のひとつとなった。これらの革命的高揚を支えた原動力は、主にパリのサン＝キュロットたちから生じた。また、どの高揚も農村部から積極的支持を得ることができる限りは成功した。しかし、この支持が尽きた時、つまりサン＝キュロット派の要求が土地を所有する農民層の要求と衝突するに至った時に、急進的革命を支えた原動力は次第に消滅し、都市に残存した原動力も簡単に制圧されたのであった。

従って、農民層は大革命を推進した主要勢力ではなかったにせよ、それを決定した主な勢力であったと考えるのが正しい。更に、たとえ農民層は主要な推進勢力でなかったにせよ、極めて重要な勢力であったし、振り返ってみれば、大革命があげた最も重要かつ長続きした成果である封建制の解体を行ったのも、農民層であったと考えられる。

話を元に戻せば、バスチーユ占領は具体的な政治・軍事上の勝利というより、むしろ象徴的な意味で重要であった。その数週間後、有名な一七八九年八月四日の晩に封建制が受けた致命的な一撃の方が、より重要な意味を持つに至った。しかも、これは前述したように、農民騒乱を直接の契機としていた。憲法制定国民議会は微妙な立場に置かれていた。その議員には、民衆暴動をどうにかくぐり抜けてきた「法と秩序」を重んじる人物が多かった。また一般的に言って、かなりの土地を所有している人ならば、当然に、農民が暴れまわるのを見たくはなかった。しかし、もし彼ら資産家が秩序を回復するために国王とか、君主制の残存機構に頼るならば、彼らは貴族層の非妥協的部分の術中に陥り、大革命の成果を失ったであろう。このような状況の中で、少数派が国民議会を動かし、一連の封建制度廃止法令を首尾よく通過させたのであった。

この宣言の冒頭では、国民議会が封建制を完全に廃止したと主張しているが、それは誇張であった。土地に課される封建諸税の廃止には補償金の支払いが条件とされたし、それはかなり長期にわたって税が残ることを意味した。称号特権など他の遺制も残存した。後に大革命がより急進的な段階に入ってから、ようやく後続の立法によって封建構造の遺物を除去する仕事の大部分が行われ、ド・トックヴィルが強調したように絶対王政の仕事を引き継いだ。いずれにせよ国民議会は、法の下の平等、人に課せられた封建的諸義務の(無償)廃止、処罰の平等、すべての人が公職に就き得ること、官職売買の撤廃、十分の一税の(無償)禁止を可決した。これらの成果を挙げただけでも、大革命という有名な出来事がもたらした結果は、「旧体制の死亡証明」という名称に値すると言える。(97)

特に、これらの改革が自発的寛容から発した突発的行動ではなかった点を強調しておきたい。国民議会は民衆騒乱という形で、銃口をこめかみに突き付けられて行動した。(98)このような時期、即ち上流諸階級が進んで譲歩する意を示した時期を、その文脈から抜き出してしまい、従って革命的急進主義が必要でなかったと論じては、状況を完全に偽り伝えることになるであろう。

第二の急進的段階も再び反動側のある企てを契機として進行した。第一段階と同じことが繰り返されたが、その激しさは更に増した。国王は逃亡を企てたが、ヴァレンヌ(Varennes)で捕えられた(一七九一年六月二〇日から二五日)。この事件によって、大革命を休止させ、イギリスのような立憲君主制と上流階級による支配の範囲内に収める可能性は、すべて断たれた。更に、革命戦争が九二年春に始まった。ジロンド派——この勢力では商業〔生産・流通〕利益と海運利益が強く代表されていた——の指導者たちは、物質的理由だけでなく、革命の福音を広めるためにも戦争に訴えた。他方、ラファイエット(Lafayette)は秩序回復という正反対の目的のために、この戦争を利用しようとした。軍隊によるクーデターが起こる危険も実際にあった(99)。一七九一年一一月以後、農村部の到る所で民衆があいついで蜂起し、厳しい欠乏の時に穀物を輸出することに抗議した。もっとも、フランスの穀物価格が外国よりも高い時に、穀物が国外に持ち出されていると考えるのは確かに馬鹿げていた。これらの暴動はさしたる困難もなく鎮圧されたが、人心が動揺し、混乱が広がっていた状況を物語っている。都市貧民もまたインフレーションの進行により大打撃を受けた(100)。更には軍事的敗北も加わり、フランス社会の雰囲気は爆発寸前にまでなった。これらの暗雲を吹き払ったクーデター、即ち、一七九二年八月一〇日のチュイルリー宮殿の襲撃と名高いスイス衛兵虐殺は、再度、主に貧しい職人や年期済み職人などから成るパリ群衆の仕事であった(101)。民衆的・急進的運動の中心はパリであったが、地方〔州〕からも積極的支持を受けた。この時こそ、ジャコバン派部隊がパリの同志に加勢するためマルセイユからの行軍中に歌った、ルジェ・ド・リール(Rouget de Lisle)の手になる戦いと反抗の歌、ラ・マルセイエーズの時期であった。このように八月一〇日の急進化は、七月一四日のようにパリだけのものではなく、全国的蜂起であった(102)。

この急進化は国政において次のような結果をもたらした。まず、一七九一年一〇月に憲法制定国民議会に代えて置かれていた、立法議会(Assemblée législative)が実質的に廃止された。また、繰り延べられていたルイ一六世の裁判がようやく一七九二年末に行われた。更に、より直接的な結果として、民衆による復讐が九二年九月の虐殺事件として具体化した。この虐殺事件は、大衆行動が常にそうであるように、自然発生的に始まったように見える。待ちかまえた群衆が護衛に伴われた囚人の一団を捕え、即座に処刑した。虐殺は次に拘置所にも拡がった。一一〇〇人から一四〇〇人が命を失ったが、その大部分がありふれた泥棒、売春婦、偽造犯、浮浪者であった。僅か約四分の一だけが司祭や貴族や、何らかの「政治犯」であった(103)。同じような虐殺はフランスの他の都市や町でも起こった。これらの虐殺の意味は主として、民衆による復讐の盲目性と非合理性を明らかにした点にある。もっともそれは次の段階に現われる恐怖政治の幕開けでしかなかった。恐怖政治はより組織的であり、更に明確な目標を持つことになったのである。

上述した一七九一年から九二年にかけての蜂起の結果、農民層は九二年夏までに大きな利益を勝ち取っていた。八月二五日には封建諸税が、〔領地に基づく貴族〕称号は残ったものの、事実上、無償で廃止された。二八日には政令によって、領主が村落の共有地を奪っていた地域では村落がそれを取り戻した。更に別の法令によって、没収した亡命貴族(émigré)の土地を小区画に分けて売ることで、農村プロレタリアートに土地を手に入れやすくした。一方、パリではコミューヌ政府が失業者を防衛工事の作業に就かせた(104)。政府は以上のような方法で努力して、農村部の小土地所有者や土地を持たない者を大革命のもたらす利益に引き付け、貧困に苦しむ彼らの大多数からの要求を部分的に満足させる方向へと一歩踏み出した。しかし、この一歩は熱意のこもったものではなかった。つまり、パリ革命政府は、共有地と亡命貴族の土地を小農に分配するという決定的な問題で二の足を踏んだのである。その結果、富める者と貧しい者との間には更に大きな溝ができた。裕福な農民も立ち上り、土地を持たない者に所有地を与えるのは、土地の共有化を意味する土地均分法(loi agraire)〔八〕と同じことであると宣言したのであった(105)。

そうこうするうちに、政府があまり頼りにならないので、急進的な考え方が農民層に拡まった。農民急進主義の敵は、急進的な考え方をひとからげにして、土地均分法という震えあがりそうなレッテルを貼った。貧しい農民の間ではおそらく土地の平等こそが最も共感を呼ぶ考えであった。しかし、次の最も急進的な段階でさえ革命指導者たちは土地私有に固執していた。一方、土地私有という概念枠組を超える別の考え方も存在した。それはキリスト教的考え方と集産主義《コレクティヴィズム》的考え方の混合物であった。これが農民の反響をどの程度呼び起こしたかは、記録がないだけでなく、厳しく弾圧されたこともあって、はっきりと言えない。カルノ(Lazare Nicolas Marguerite Carnot, 1753-1823)は急進派を嫌っていたから、一七九二年一〇月七日にボルドーから出した手紙で、土地均分法という考えが到る所に恐怖を巻き起こしていると述べていても、そこには明らかに誇張がある(106)。もっとも、政府関係者が農民急進主義を恐れていたのは確かである。バレール(Barère)〔九〕は国民公会(la Convention nationale)において熱弁をふるい、所有権に対してはいかに僅かな攻撃でも許されないことを、農村部で徹底するために行動するよう要求した。翌日、つまり九三年三月一八日に、国民公会は土地均分法を唱える者を死刑に処することを定めた(107)。それにもかかわらず、土地均分法のような考え方は大筋において生き残ったから、それが貧農の要求を汲み上げ、部分的に応えるものであったことがわかる。従って、このような潜在する急進的潮流を注意深く検討することが次の課題であろう。

一七九二年八月一〇日の蜂起の背景となった穀物輸出の噂については既に述べたが、急進派による最初の攻勢もこの噂から生じた暴動と関連して始まった。ボース(Beauce)地方のエタンプ(Étampes)では騒動の過程で、近くの村々から集まった農民がある裕福な皮なめし業者を殺した。この事件はフランス全体に波紋を呼び、この人物の葬式の当日は国の祭日にされた。しかし、現地の主任司祭(curé)でジャコバン派であった、ピエール・ドリヴィエ(Pierre Dolivier)は勇敢にも、全国的な感情に抵抗した。彼は九二年五月に請願を立法議会に提出して、殺害された犠牲者は穀物投機家で、殺されるに充分値したと述べ、この人物を金持の貪欲な男であったと非難した。ドリヴィエはこの時点で、単に貧しい者と飢える者のために物価統制を要求しただけでなく、「ただ国民全体のみが真に国土の所有者である」と述べて、所有権そのものを攻撃する所にまで立ち入ったのであった。[108] もっとも、マチエ(Mathiez)はドリヴィエの考え方に含まれる古めかしい要素を正確に指摘している。つまり、ルイ一四世は既に臣民の財産の支配者たることを主張していたが、今や国民全体が国王となったという訳である。一方、ドリヴィエとその後継者たちには、今日の読者が非常に現代的であると感じる面もあった。即ち、国家には多数の不運な市民が飢えないように注意する義務があり、この義務は私有財産という利己的な権利や利益に優越するというものである。

怒れる農民の暴力行為を擁護し、財産権を非難することで、ドリヴィエは立法議会に衝撃を与えた。しかし、ロベスピエールはこの主任司祭を弁護した。彼の論旨は後の恐怖政治期におけるその行動を予想させるものでもあり、またそれとは著しく対照的でもあった。即ち、大革命を貴族や聖職者に成り代わる手段としか考えず、特権階級が出生を擁護したと同じく冷酷に富を擁護するブルジョワジーという階級全体を、彼は攻撃したのである。(109) このように、過激急進派の考えは、ロベスピエールに集約的に表現される小資産者の考えと必ずしも食い違っていたわけではなかった。

過激急進派に似た考えは、チュイルリー宮殿襲撃の後にパリ以外のフランス各地に現われた。しかも、それらは成功しなかったものの、散発的に実行に移された。ドリヴィエとは別のある主任司祭は教区民に向かって、「富は共有化される。これからは単一の貯蔵所、唯一の穀物庫しか存在しなくなり、そこから誰もが自ら必要とするすべてのものを受け取るようになる。」と述べた。彼は信者に、必要に応じて引き出せる食糧の共同貯蔵を始めて、貨幣を廃止するように教えた。もっとも、これに関しては、インフレーションが既に物価騰貴を招いていた点と、農民の一部が自分の土地で生産する以上の食糧を消費していた点に、留意しなければならない。もちろん、土地を持たない農民には自分自身の食糧を生産する手段は全くなかった。またリヨンでも、ある住民、この場合には都市民が、基礎的な必需品を国有化する詳細な方法を考え出し、それを出版した。この方法によると、国家は収穫物を固定価格で買い上げ、農民が市場変動による損害を受けないように保証して、収穫物を公設穀物庫(greniers d'abondance)に貯蔵し、更にパンを固定価格で配給することになっていた。この考え方は後の時代の「常設標準穀物庫(ever-normal granary)」と似ているが、後者は不足ではなく生産過剰への対応であった。

もうひとつのパンフレットは遥かに宗教的であり、エホバの怒りが高慢な金持たちに下されるよう祈り、エホバの名において「フランク人の……土地均分法!」を願った。このパンフレットの著者は清教徒革命期のイングランドの急進派と同様に、神話の中の過去を振り返り、ガリア人とゲルマン人が土地を毎年、配分し直していたことを証明しようとした(110)。

このような農業に関する急進派からの抗議に、いくつかの主張が共通していることは簡単にわかる。第一に、これらの主張では土地私有の完全廃止か、平等主義の方向に沿う厳格な制限かのどちらかが要求されている。第二に、地域単位での貯蔵庫や生産物の無償分配、更にはより緻密に計画された公設穀物庫といった、市場の動向に左右されないための方策が提案されている。もっとも都市民は、貪欲で扱いにくい人々から生活必需品を無理にでも取り上げる方法として、ギロチンによる派手な見せしめを利用しようと考えがちであったと思われる。[111] この点にこそ、後に分裂を招く萌芽があったのである。しかしここでは、農業における急進主義が明らかに、当時の不穏状況に対する反応であったのみならず、資本主義の農村部への侵入に対する反応でもあったことに、注目しておけば充分であろう。これらの考え方は全面的に、市場を利用して豊かになった人々と対立するものである。民衆が必要としたものを現実に手に入れるには、代償も苦労も大き過ぎたように思われる。だが、貧農は、そしてそれほど貧しくない農民でさえも、都市のサン＝キュロット派と上述の素朴な意見では合意することができた。これらの集団の利益が一致する限りで、急進革命は私的所有と人権のための革命の下で炎を燃やし続けることができた。またブルジョワ革命も、一七八九年七月一四日と八月四日の出来事について既に見たように、急進革命の助けを必要としていた。この二つの革命――実際にはいくつかのより小さな革命が融合して、二つの大きな、簡単に見分けられる潮流になった――は、ある時点まで相互に作用して強化し合うことができた。しかし、二つの革命は資産に関する相容れない態度[112]――資産を持つ者と持たない者との相反性――ゆえに、基本的に相容れなかったのである。急進的潮流が分裂し、資産家が急進派の助けをもはや必要としなくなった時点で、大革命はそのためらいがちな歩みを止めようとした。次に第三段階として分析すべき過程は、これらの急進派と資産家が最終的にどこで一致し、どこで決裂したかである。

最後の急進的前進は一七九三年五月末に、以前のものと同じくパリにおける民衆蜂起から始まった。これは再び真の危機に応酬すべくとられた対応であった。デュムリエ(Dumouriez)〔10〕将軍はオーストリアに敗れた後、三月に反逆者に転じた。彼はパリに進軍して、ルイ一七世を王位に就け、一七九一年憲法を回復しようとして、そのためにオーストリア軍と休戦条約を結んだ[113]。更に、王党派の反乱がヴァンデ(Vendée)で進行中であった。マルセイユは反サン＝キュロット派蜂起の、リヨンは反ジャコバン派蜂起の餌食となり、革命派の支配から抜け出していた[114]。もっとも、この五月蜂起そのものはよく統制された事件、つまり「大革命のうち最もよく組織された歴史的な日《ジュルネ》」であった。また、これによって、ロベスピエールの率いるブルジョワ急進派がジロンド派より優位に立てたのである[115]。

この間、農村部の各地で農村急進主義の拠点が明瞭化するのとほぼ同時に、パリ貧民の急進主義も明確な主張を述べ始めていた。ジロンド派の政策は戦争と革命の最中に、食糧価格を需要＝供給関係で自然な水準に落ち着かせようとしたが、これによってパリの下層職人、年期済み職人、労働者、雑多な浮動民――一括すればサン＝キュロット派――は共に、悲惨な状況に陥った。更に、当時のインフレーションは事態を一層悪化させた。このインフレーションは事実上、戦争の費用を貧しい人々に負わせる方法であった[116]。九三年一月にはジロンド派指導者でさえ、小麦価格はそのまま放置しておいても下がらないであろうことを、いさぎよく認めなければならないと悟った[117]。

　このような状況においてパリでは、ジャック・ルー(Jacques Roux)〔二〕や過激派(enragés)に、世間の関心が集まり始めた。彼らの考え方はどちらかと言えば、既に述べた農村急進派のものより単純であった。それは即ち、①商業の自由が投機家の都合のいいように利用され、貧しい者には非常な苦難の原因となっている、②投機を終わらせる為に暴力を使わねばならない、という二つの主張に要約される。また、彼らの考え方には著しく時代に逆行する面もあった。一七九三年六月のある日、ジャック・ルーは国民公会が開いた法廷において、旧体制下での楽だった生活と、人民のためになされたはずの革命の下で人民を苦しめる困窮とを比較した。温情主義的《パターナル》な統制のお陰で貧しい人々が基礎必需品に三倍もの金を払う必要のなかった時代を、彼はあからさまに懐しがった。ルーの計画は、かりにそれが計画の名に値するとしても、以上のような漠然たる考えの域を出なかった。しかし、それを言うだけでさえ、所有権と大革命全体の正統性を攻撃することになり、確かに勇気を必要としたのである[118]。

こうして、農村部と都市部の急進派は共にこの時点で、大革命から利益を得ていた富裕層と、拘束から解き放された市場の作用とに対して敵意を抱いていた。都市部と農村部の急進主義が一致可能な目標を捜し求めていたことは、一七九三年五月三一日の蜂起に関してマチエが記している重要かつ詳細な事実関係からも、更に明らかになる。蜂起の数カ月前、八三県からの連盟兵(fédérés)〔三〕がパリに来ていた。ジロンド派指導者たちはこの連盟兵を、パリ自治団体(Commune de Paris)や山岳派(la Montagne)に対する闘争に利用したかったが、彼らは過激派の影響下に入ってしまった[119]。ジロンド派が利用しようとしたこれら地方民は、反資本主義的な急進主義が持つ総力をこの重大な時期に示すべきであるというような考えに、染まりやすかったからである。

おそらくこのような理由から、山岳派は一七九三年五月三一日の蜂起の直後に、農民層に対して大きく譲歩する方が得策であろうと気付いた。山岳派は六月三日に亡命貴族の土地を小単位に分割し、十年賦で売却すると宣言した。また一〇日には、村落共有地を居住者ひとりひとりの自由意志で分割すること――もっとも、これが本当に実行されたかどうかはわからないが――を、更に七月一七日には、領主権で残っていたものすべてを無償で廃止することを宣言した[120]。この蜂起とそれにまつわる出来事の意味は以下のように要約できる。即ち、ブルジョワ革命は急進派の圧力を受けて急激に左旋回し、穏健派の切り捨てを強いられた(それは六月二日に三一名のジロンド派議員が逮捕された事件が劇的に示している)が、一方、都市急進派と農民は隊列を乱していたにせよ、まだ一緒に行進していたのであったと。

このような民衆の高揚があればこそ、大革命の英雄的かつ絶望的な時期も、恐怖政治といわゆる公安委員会(Comité de Salut public)の独裁も、新たな軍隊の創設も可能であり、また対仏大同盟軍をライン河を越えて撃退し、ヴァンデにおける反革命を打倒することもできたのであった。もちろん実際には、公安委員会の独裁は二〇世紀の水準から見ると不安定で原始的なものであった。通信・輸送手段が技術的に充分でなく、経済の中央統制は実現不可能であった。全国規模ですべての人に消費物資を配給しようという試みは全くなされなかった[121]。この食糧配給に失敗したことが主な理由のひとつになって、都市のサン＝キュロット派も最終的にはロベスピエールを擁護できなかった。農業面での中心問題は、穀物を第一に軍隊へ、第二にパリやいくつかの大都市へ確保することであり、第三に余剰がある地域から供給が不足している地域へ穀物を確実に移動することであった。この最後の問題は旧体制下から長らく続き、新たな革命状況の下でも解消できなかった。革命政府は以上のような一連の問題を解決するために、徴発と物価統制に訴えた。実際には多くの場合、徴発とは近県への輸送や近隣で従軍中の軍隊への輸送しか意味しなかった[122]。管轄権の争いが常に持ち上がり、複雑な行政組織を蝕んだ。公安委員会の代表は頻繁に、パリと大革命の利益を守らず、地元利益の側にまわった[123]。しかし、強力な抵抗や混乱にもかかわらず、この行政組織は実際に機能したのである。つまり、それは都市と軍隊に食糧を調達し、大革命を救い、飢饉を防いだ。指導者たちは経済的自由主義を熱烈に信奉していたから、理論に反することをためらったが、愛国心に発し、大革命より生じた必要性がそれに打ち勝った[124]。

指導者が経済的自由主義を信じていたにもかかわらず、緊急事態からの圧力を受けて、散発的ながらいくつかの実験がなされた。これらの実験は社会主義的方向を目指しており、二〇世紀の集団農場の先駆としても意義深い。都市に食糧を供給するため、亡命貴族から没収した大所領を、国営農場や様々な形態の共同体事業に転換することが議論された[125]。一七九三年八月二三日に発布された国家総動員法(levée en masse)による徴発の一部として、政府は没収所領の保有者に対して生産物を国家の貯蔵所、即ち公設穀物庫に引き渡させようとした。政府はこれによっておそらく意識的でも計画的でもなく、農業急進主義の根本である考え方を実行しようとした。しかしながら、この試みは失敗に帰したのである[126]。

比較的裕福な農民は自分が必要とするよりもかなり多くの余剰を生産していたので、公安委員会の支配による影響を痛切に感じ、抵抗の中核となった。一部の農民は早くも一七九〇年――即ち、聖職者に関する民事基本法(Constitution civile du clergé)が制定された年――に、この反教権立法に不安を抱いたが、農民の多くを大革命に反対する側に追いやったのは、一七九三年から九四年にかけての食糧供給に関する非常手段であった。農民層は生産者として当然ながら、価格統制機構の網を逃れた。そうするのは比較的簡単であった。なぜならば、ヤミ売買を防止する努力がなされたにもかかわらず、実際に摘発される危険は殆どなかったからである。旧体制下において農民に生産物を市場へ持ち込ませた強制はもはや存在しなかった(127)。政府は自らのやむにやまれぬ必要と農民の脱法行為に対処すべく、締めつけを強めた。徴発が開始されたが、それは農民が家族と種蒔き用に必要な量を留保することを許すという、可能な場合には農民が拡大解釈できる弾力的規制であった。国民公会はすぐ後、ブリュメール二五日(一七九三年一一月一五日)に、この家族留保分(réserve familiale)を禁止した(128)。政府は村落で苦心して穀物を捜し出し、合法的径路と合法的価格で売らせようとした。しかし、これはギロチンによる威嚇と、おそらく司祭層へのあからさまな対抗措置によって支えられていたから、農民がこれを戦時中の臨時措置として受け取るのは難しかった。大革命の急進段階とは、各地において短期的・散発的ながら、裕福な農民層に対する徹底的な攻撃がなされた段階であった[129]。おそらく最悪の事態は、都市民や「よそ者」たち――彼らは君主制下の役人や徴税吏より遥かに冷酷な場合も多かった――が、農村部において政府の主な代理人となり、時には革命軍の助けも借りたことであった。このような「民衆テロル」の絶頂期、即ち、一七九三年九月一五日の一般生活必需品最高価格法(maximum général)の採択から、九四年三月二四日のエベール(Hébert)らサン＝キュロット派指導者たちの処刑までの時期には、敵と戦うよりも穀物を集めることを目的とする革命「軍」の編成を、政府が許したのである[130]。

以上のような急進段階における明白かつ決定的な事実は次のことであった。つまり、都市のサン＝キュロット派はジャコバン派指導者を動かし、大革命を救う政策を採らせるのに成功したが、その代償として農民を大革命の敵に回したのである。もしパリで政府が富裕な農民に敵対する大多数の貧農に頼れたならば、この急進段階は更に深化していたかも知れない。しかし、政府の能力にも限界があり、政府が価格統制を強行したかったこともあって、政府と貧農層が結び付くような形の階級対立は現実のものとはならなかった。物価上昇が続き、売るものを殆ど持たない小農地所有者と、自分の食物の少なくとも一部は買わねばならない農業労働者は困窮した。これらの人々が最高価格法違反で最も多く罰せられた。ルフェーヴルの北部地方に関する詳細かつ徹底的な研究によると、パン価格は賃金より緩やかに上昇したので、彼らの状況はしばらくの間耐えられるものであった。ところが、一七九三年末には、これらの集団は都市民よりも困窮していたとルフェーヴルは記している[131]。この状況が他の地方の農村部にも拡大していたとすれば、それだけ大革命における急進派の支持が減り、農村急進主義の源泉がかれたのであった。

一七九四年、即ちサン＝キュロット派指導者が処刑される直前に、ロベスピエールとサン＝ジュスト(Saint-Just)はいくつかの法案を提出した。この事実が示すように、彼らは貧農への譲歩によって政府を支える必要があることに気付いていた。もっとも、この時の彼らの提案、即ちヴァントーズ法(Décrets de Ventôse)[132]として知られる諸法案が、単なる政治的な権謀術数《マヌーバー》以上のものであったかどうかは、いまだに議論の余地のある問題である。この出来事から言えることは次の点である。つまり、ロベスピエールもサン＝ジュストも農民の抱える問題を殆ど知らなかったし、彼らの提案は請願に表われた農民の要求——革命指導者は当然に内容を知っていたはずである——から見れば全く不充分なものであった[133]。しかし、たとえロベスピエールとサン＝ジュストがそれ以上のことをしたかったとしても、彼らに策を弄し得る余地は殆どなかった。亡命貴族から没収した土地では、貧民の要求に応えるのに充分とは言えなかった。また、手持ちの土地を分割し、それを割賦で多数の小農や土地を持たない農民に譲渡すれば、アシニャ（assignat）紙幣の価値は更に下落したであろう。[134] ブルジョワ・資本主義革命に歯止めをかけずに、比較的貧しい農民から出た要求をかなえることは極めて難しく、おそらく不可能であったろう。歴史的事実が示すように、〔ヴァントーズ法という〕穏健な提案でさえ、国民公会と公安委員会それ自体からの強硬な反対に出会い、無と帰したのであった。

以上のように急進段階において、都市のサン＝キュロットたちの要求と希望は遂に、農村部の全勢力と直接かつ公然と衝突するに至った。それは主として都市部と農村部の交換の衰退、特に都市への食糧供給低下となって現われたが、このような問題は後にロシア革命の径路と結果にも大きな影響を与えるものであった。一七九三年から翌九四年にかけての冬、農民がサン＝キュロット派組織による農村部での略奪に憤慨し、都市への出荷を次第に減らすにつれて、パリのサン＝キュロットたちの経済状態は急激に悪化した。[135] エベールの裁判にあたり政府が行った調査によって、都市民が個人で農村に出かけ、固定価格より高く生産物を買うから、農民はもはや食糧をパリに出荷しなくなったという事実が明かるみに出た。このような脱法行為は当然ながら、いくらか金のあるパリ市民だけが採れる手段であった。一方、農民層は自分の欲しいものがパリでは手に入らないので、パリに行っても意味がないと不平を言った[136]。このような状況はパリに限ったことではなかった。フランスでは他の地方でも、都市はよそ者を締め出し、一方、村の商人は欲しい物を調達できないことに気づいたのであった[137]。

マルクス主義歴史家は、ブルジョワ革命がパリのサン＝キュロット派の要求を満足させられなかったと主張し、それによって急進革命の失敗とロベスピエールの劇的な転落とを説明している[138]。この説明には確かに教えられる点も部分的にあるが、筆者には抽象的かつ一面的と思える。サン＝キュロット派がロベスピエールを擁護すべく立ち上がらなかったこと、及び、ロベスピエール以外の人々はサン＝キュロット派を立ち上がらせようとしたにもかかわらず、ロベスピエール自身は危機に臨んでもサン＝キュロット派の援助を真に求めようとしなかったことは事実である。サン＝キュロット派が愛想をつかしたのが、ロベスピエールの転落を招いた直接原因であったことも充分明らかであろう。確かにロベスピエールに対する大衆の支持は既に消滅していた。しかし、なぜ消滅したのであろうか。この点についてブルジョワ革命とより急進的な革命との対立を語ると、かえって問題点が混乱する。ロベスピエールと公安委員会は、所有権を守るための革命に内在する限界を、自ら進んで超える用意があることを表明していた。従って、問題はこの方針が軍事的勝利を確保するには充分に役立ったものの、農村部を都市貧民と直接に対立させたこと、しかも都市民の悲劇を和らげるよりも、むしろ増すような形で対立させたことであった。

実際、サン゠キュロット派の革命的情熱はロベスピエールの処刑と共に消え去りはしなかった。テルミドールの反動と残存していた経済統制の撤廃の後、パリ貧民の物資事情はどちらかと言えば更に悪化した。一七九五年春〔五月二〇日〕、彼らは暴動〔プレリアル一日の暴動〕によってこの状況に対応したが、これは八九年七月一四日や九二年八月一〇日や九三年五月三一日といった革命史に名高い日々よりも、多分はるかに暴力的であった。[139] 暴徒は国民公会の建物に侵入し、議員一人を殺して、その首を鎗の穂先に高々と掲げた。しかしながら、民衆のこの革命熱は何物をも生み出さなかった。農村部はパリのために動くことを拒否した。革命政府にも急進主義に譲歩すべき理由は全くなかった。国王は既に邪魔にならなかったし、貴族層も邪魔にはならないように見えた。また、革命軍は前線で勝利を挙げていた。従って、秩序と財産の側に立つ諸勢力は軍隊——この時初めて民衆暴動に敵対した——を率いて、サン゠キュロット派による最後の力強い高揚を鎮圧することが可能であったし、実際にそうしたのであった。[140] 引き続いてなされた抑圧は白色テロルの始まりとなった。都市がいかに急進的であったとしても、農民層の支援なしには何もできなかった。以上のようにして、急進革命は終わったのである。

六　大革命に反抗する農民――ヴァンデ県

大革命において急進的原動力が一般的にいかに重要であったかを検討する前に、一息入れて、著名なヴァンデの反革命における農民の暴力的反抗を分析することが有益であろう。この反革命はしばらく表面化しないでくすぶった後、一七九三年三月に戦闘状態へと燃え上がり、時々再燃しながら一七九六年まで続いた。その後の政治危機、即ち一八一五年のナポレオン失脚と、準備不足だった一八三二年の正統王朝派《レジティミスト》による蜂起計画でも、それに類似する反革命が弱い形で再発した。もっとも、ヴァンデ県の反革命は、広く左翼と呼ばれるものに対して向けられた、唯一の大規模な農民蜂起であるから、現在でも特に興味をそそる事件である。反乱民は「国王と司祭よ万歳！　国王、司祭、旧体制よ戻れ！」と叫びながら闘った(141)。このような自然発生的な時期に、彼らが貴族の指導者を受け入れても、貴族層の復帰を要求しなかったことは意味深いと言える。より詳細に観察すれば、保守的な農民革命という外観上の矛盾が解消されることがわかる。この反革命は反資本主義的であり、主要な攻撃目標は近隣都市の商人や手工業者とヴァンデ県中心部に点在する人々であった。ヴァンデの反革命は資本主義の侵入を暴力を用いて拒否した点で、二〇世紀に共産主義が勝利する以前のロシアや中国で、旧体制を打ち破る民衆の主要な力となった農民反乱と似ている。

もちろん、フランスという風土や、マルクス主義による反資本主義運動が起こる前という時期に、特有な性格があった。今しがた見たように、反資本主義はフランス農村部において大きな力であった。どのような要因がヴァンデにおいて反資本主義を可能にし、促進し、現実の反革命という形で爆発させたのであろうか。

この疑問の答を見つけるために、ヴァンデ県の社会が大革命の主流を支持した近隣地域の社会とどのように違っていたのかを、二人の学者が詳細に研究してきた(142)。彼らの研究は社会に相違があったことを納得のいく形で示している。反革命地域には商業的資本主義が浸透していなかった。農民は典型的な条地の形をした周辺耕地に囲まれた村落に住んでいるのではなく、独立した個人農園や散在する小村落に住み、生け垣で囲まれた土地を耕作していた。農耕技術は全く進歩していなかった。また、貴族の不在地主は土地全体の半分以上を所有していた。近隣の「愛国派《パトリオット》」かつ革命的地域では、商業(商品経済)の影響が強かったが、それは村落群や開放耕地という旧来の制度と共存しながら拡大した。更に、貴族の影響力は弱かったし、貴族の数そのものはむしろ増加していた。

現在手に入れることのできる情報によって、ヴァンデ県の社会と、それが大革命に忠実であった近隣地域の社会とどのように違っていたかを、ほぼ完全に描く仕事に取りかかれるであろう。しかし、社会構造の相違が我々の問題に対する解答を与えるであろうか。この点について筆者は大いに疑問を持っている。もし、異なる社会構造の間にある種の本質的対立があったことを文献が示しているなら、社会の相違を検討すれば問題が解けるであろう。例えば、より商業的な地域が常により多くの土地を求めていたことを、それ故にヴァンデが浸食されていたことを示す証拠があれば、遅かれ早かれ非常に激しい闘争が起きたであろうと容易に納得できる。しかし、この問題を研究してきた人々は実際、そのような形で議論をしていない。文献が示しているのはいくつかの相違点が存在したことと、紛争が実際に起こったことだけである。両者の連関、つまり特定の形の社会と反革命の爆発という事実との関連は、少なくとも筆者にとってははっきりしたものではない(143)。次章で、アメリカ南北戦争におけるプランテーション奴隷制と産業資本主義との関連を把握しようとする時、同種のより大きな問題に直面するであろう。社会・経済的相違それ自体は決して、なぜ紛争が起きたかを説明しないのである。

ヴァンデの場合、全体的に考えるとすぐに、この地域の社会動向と反革命蜂起との間にありえた二つの関連が思い浮かぶ。まず当然ながら、フランスでもこの地方は、貴族層という農民層にのしかかる重荷が実質的に軽かったのではないかと考えられる。同様にその状況の中で、ヴァンデ自体か、あるいはヴァンデに何らかの形でくいこんでいたであろう近隣地域のいずれかにおいて、都市民が底辺の人々に対して格別に抑圧的、攻撃的になるような形で、商業と資本主義が次第に発達していったとも考えられよう。しかしながら、史料にはどちらの仮説を支持する根拠も見当たらない。実際、史料から主に読み取れるのは、全く違う関連性である。

　すべての史料がヴァンデの孤立性——君主制や商業的風潮というフランスを近代化していた主要な力から遠く離れていたこと——を強調しているので、商業が浸透して社会的不満が生まれたとする全体的概観は得られそうにない。確かに、ヴァンデの中心部では織物工業がいくつかの町に散在し、他地方の市場に向けて上質の亜麻《リネン》製品を作っていた。そして、一七八九年以前に、織工たちを非常に打ちのめした織物恐慌があった。このような理由から、織工の中には熱烈な反ブルジョワとなった者がいたことを示す手掛かりもある。しかし、そのような織工に関する事実関係ははっきりしないし、矛盾もある[144]。更に、彼らと住民の大多数である農民との関係はほぼ無いに等しい。フランスの他地方と違い、ヴァンデの農民たちは生計の足しにするための職人仕事をしていなかった。つまり、一人の人間が農民と織工を同時に兼ねることはなかった。大体のところ、商品経済——と言っても、それ程のものではなかったが——は、農村経済とあまり接触しないで共存していた。もしこの地方について、農村部でブルジョワによる搾取があったと言うならば、史料を拡大解釈して見る影もなく変えてしまうことになるであろう。都市部の裕福な幾つかのブルジョワ家族がある程度の土地を取得したというのがせいぜいのところである。ただし、ヴァンデの一部地域ではこの土地取得は実際にかなりの量にのぼった(145)。ところが、フランスの他地域では、この過程が反革命を生み出すことなく進行した。概して、大革命勃発以前の都市民と農民との関係からでは、一七九三年の血なまぐさい事件をほとんど説明できない。もっとも、事件の後の出来事は別の話であるが。

領主体制が農民の肩にかけた重さを量るのは更に難しい。ヴァンデでは貴族層が広大な土地を所有し、反革命の中心地での所有面積は六〇%近くにも上った(146)。ほとんどの貴族が不在地主であった。農民の間で暮らし、共に田園生活をおくっていた貴族に対する忠誠心が、農民を動かして反革命の旗を掲げさせたとする議論は、現代の研究によって覆されている(147)。貴族層は土地を農民に貸して収入を得た。彼らの多くはブルジョワである専業仲介人を雇っていた。(この状況がブルジョワジーへの特に強い敵意を生み出したとも考えられようが、ブルジョワジーはフランスの他地域にもいたのだから、それは全くありそうもない推論である。)旧体制末期に地代が上昇したかどうかは定かでない。

この地域の不在地主である貴族は、主に固定収入に関心を持ったとは言われているが、なぜ彼らが他の不在地主と比較して顕示的消費の誘惑に乗りにくかったのかを知ることは困難である。また、領主反動の徴候がいくらかあり、全体として締め付けが強まっていたことを示す様子もうかがえる。[148]

ある史料には重荷が比較的軽かったことが示されているようである。即ち、一七八九年の陳情書《カイエ》を見ると、反革命地域から出された、厳密に「封建的」問題に関する苦情は、近隣地域よりもむしろ少ない。もっとも、ティリー(Tilly)が注意深く指摘しているように、この事実は単に、陳情書を起草するまでの民衆討議において、貴族特権に批判的な集団がほとんど重きをなしていなかったことを意味しているにすぎない。言い換えれば、批判的意見が領主とその代理人の巨大な影の下では大きくなりにくかったのかも知れない。更に、批判は現実に相当あったし、陳情書には、旧体制と密接に関連する別の側面について、地元の不満が特に存在しなかったとは示されていない。つまり、よく見られる不平はほとんどすべて見出せるのである。[149]

反革命地域でも、少なくとも厳密な経済負担に関して、農村の社会関係が農民には決して容易なものではなかったことが、これまでに示されている。我々が今まで注意してきたように、昔の研究者たちによってよく強調されてきたひとつの怪しげな相違点——

ヴァンデ県では貴族が農民たちの中で生活し、同一の文明観を共有していたこと――は、作り話であることが判明した。それにもかかわらず、反革命地域では農村の社会関係に特殊な側面があり、かなりの部分がそれによって説明できそうである。

隣接する愛国派の農村部――そこでは農民たちがかなり大きな村落に住み、条地に区画された開放耕地を耕作していた――とは対照的に、反革命地域の中心部は囲い込まれた土地であった。囲い込みが行われた時期や理由は筆者が調べてきた文献に見当たらないが、大革命が勃発した時点で、独立農園制度が人々の記憶にある限りで既成秩序の一部を成していた。農民は貴族から普通、フランスの標準からすればむしろ広い二〇から四〇ヘクタールの広さで――もちろん、これより狭い場合もあったが――農園を借りた。通常、自分が消費するためのライ麦が主たる作物であった。また、貸借期間は五年、七年、九年間であった。土地所有者ではなく、借地人であったという事実はあったが、農村部の政治的色彩を決定すると考えられる大農は、いとも簡単に契約を更新できた。同一家族が何世代にもわたって同じ土地を保有していることさえよくあった(150)。

以上のような事実の政治的意味をあえて述べれば、後に反革命に走るこの地域の主要な農民は、既に私的土地所有の主な利益を部分的に得ていたということになる。畔を作り、種をまき、刈り入れる時期や、収穫物を集めた後に牛を畑に追い込む時期について、彼らには村落全体の意志決定に従う必要がなかった。そのような決定は農園を借りている農民が自分で下せた。更に、もし良い借地人であるなら、土地を次世代に譲り渡すこともできた。ヴァンデの農民が示す頑固なまでの個人主義と独立性は、おそらく単なる学問上の単純化された概念ではなかった。なぜならば、私的所有に近い土地保有形態と散在する住居により、個人主義と独立性はこの農村部の社会秩序内に強固な根を持っていた。ある人が隣人とかなり長い間、会わないことも多かったようである。[151] 制限を受けない私的所有のための革命の波が、もう貴族に地代を払わなくともよいことを意味するような形で外部からこれら農民を襲ったとすれば、彼らが革命を歓迎したであろうことは充分に考えられる。しかし、そのような革命から彼らは他に何を期待し得たであろうか。また、彼らの下には、革命が一度到来したらそれを左方向に押しやるのを助けるような、土地に飢えたプロレタリアートに近い農業労働者がいなかったことに注目しておきたい。[152] もし逆に、大革命が地代を廃止するのに失敗し、旧秩序よりも高い税金を農民から取り上げるとすれば、どのようなことが起こると予想されるであろうか。もし大革命が実質的にブルジョワによる土地略奪を促進するとしたら、どうであろうか。つまるところ、もし大革命が農民社会への大々的な攻撃として到来するならば、どうであろうか。

これらが現実に起こったことであった。

地代は土地財産の「ブルジョワ的」形態であり、反革命の時期に至るまで、そして多分その後も引き続き徴収された。アシニャ紙幣の価値が下落した時、地主は地代を現物で取り上げ、これによりおそらく地代を増額することもできた。厳密な意味での「封建的」諸義務の廃絶が、農民を助けたようには思われない。一〇分の一税が廃止された時に地主がしたのは、単に地代を相当額だけ引き上げることであった[153]。革命政府は租税の形で旧体制下よりも遥かに多くを徴収した。理論上は地主がこれを負担するはずであった。しかし、実際は彼らがそれを借地人に転嫁したと指摘されている[154]。もっとも、革命政権の租税政策はおそらく決定的要因ではなかった。大まかに見て、同じことがフランスの他地域でも起こったからである。ヴァンデに特有な状況で最も重要な要因は聖職者に向けられた攻撃であった。なぜならば、それが経済的・政治的・社会的な全体攻撃の一部分であったからである。

この攻撃のひとつの側面は、ヴァンデにおいて一七九〇年になされた地方政府の強制的再編であった。その主な結果は、地域社会である市町村《コミューヌ》のための代弁者として、新たに選挙された役人、つまり県知事を置いたことにあった。一方、住民たちは多くの場合、これに対抗して自分たちの要求を明確にし、主任司祭を県知事に選んだ。主任司祭は、遠く離れた農家と点在する集落というこの社会に存在した、相対的に少ない共同作業のための網状組織《ネットワーク》の中心に位置していたので、ヴァンデにおける「自然な」指導者であった。宗教行事はヴァンデにおいて農民が集まるかなり大切な機会となっていた。このような状況は、農民たちが日々、顔を突き合わせている普通の村落とは著しく対照的であった。この地方の人々が所属することのできたほぼすべての公的組織——学校、友愛団、教区会、慈善団体、それにもちろん教会自体——は宗教的なものであった。領主が慈善事業に対していくらの金を出すかも、主任司祭が取り仕切っていた。主任司祭は革命初期になっても、基本的に市町村の内政の支配者であった(155)。そうは言っても、ヴァンデの農民たちが主任司祭に従って反革命に走ったという事実を説明するために、彼らの特殊な宗教感情を持ち出すとすれば、状況を誤って見ることになる。そのような感情がヴァンデで比較的強かったことは大いにありうる。しかし、たとえ強い宗教感情があったとしても、主任司祭がこの特殊な農村社会で特別な役割を果たしていたこと、つまりこの地方の人々が明白な根拠からして欲しいと思ったことを、主任司祭が行ったという事実の他に、一体、何がそのような感情を存続させ得たのであろうか。答は結局、主任司祭への攻撃が農村社会のかなめに対する攻撃であった点にある。

教会財産が没収された。司祭は聖職者に関する民事基本法に従い、フランス新政府への忠誠を要求された。これらが革命による主な攻撃であった。ヴァンデでは一七九〇年に、つまり、市町村に対する攻撃と同時に、この攻撃が実感され始めたのである。教会財産が売却されたので、ブルジョワジーによる大量の土地取得が引き起こされた。裕福な農民も幾分かの土地を手に入れようとしたが、結局、失敗した。買い手の多くはよそ者ではなく、地元の商人、公証人、役人、つまり大革命の改革全体を自らの地域農村社会での変動へと移植する責任がある人々であった[156]。土地の取得は重要であったが、それが決定的であったと信じる理由は全くない。ヴァンデの中心に位置した主任司祭は確かに資産家であったが、普通は一〇分の一税だけで生活していた[157]。従って、眼の前の耕作できる土地が大量に、農民たちの視界から消えたということはあり得ない。

　攻撃の中核となった措置は、主任司祭に革命政府への忠誠を誓うように要求し、もし拒絶されたなら、かわりによそ者をその地位に就けようとしたことであった。誓約はこの地域で一七九一年に施行された。後に反革命の拠点となった場所では、実際、聖職者の全員が誓約を拒否したが、近隣の愛国派地域での拒否者は半分以下であった[158]。誓約をして、外部から送り込まれた新しい司祭たちは、よくとも自分が敵意に満ちた住民の中で孤立していることに、悪くすれば生命の危険があることにすぐ気づいた。住民はその間に秘密集会に集まった。ある場合には閉鎖されてひとけのない教会へ、しかし次第に納屋や空き地へと、地元の愛国派に見つからない場所ならばどこにでも、彼らは集まった。秘密礼拝とは狂信的な礼拝と同義であった[159]。そこには慣れ親しんできた合法性との断絶があった。社会はそれまで当然のものとして受け取られていた世界であったが、それが一瞬にしてそのまま反革命の世界へと変化した。一七九三年に徴兵制を強要しようとしたことは、既に爆発しかけていた状況に火をつけただけであった。こうして、話もいよいよ終わりに近づいたわけである。

革命においても、反革命や内戦におけるのと同様に、自分が全生涯にわたってよく知り、受け入れてきた世界から、徹底的に断絶してしまったことを、人々が突然に自覚するような決定的瞬間が到来する。各々の階級や個人にとって、この驚くほど新しい真実の瞬間は、慣れ親しんでいた体制が崩壊した次にやって来る。また、他のものとは全く異なり、それが起こった後にはもはや引き返すことのできない時や決定――宮殿の襲撃や、国王の首をはねたり、反対に革命独裁者を打ち倒すことなど――も存在する。これらの行為により、新たな犯罪が新たな合法性の基盤となる。多くの民衆が新しい社会秩序の一部となるのである。

ヴァンデの反革命はふつう教区や市町村という小さな規模で起こったが、他の暴力的な社会争乱と同じに上述の特徴を備えていた。比較的特異であると思える点は、合法的かつ受容されていた秩序から反乱の基盤へと、農村部に根づいていた社会組織が簡単に変化したことであった。旧来の社会が浮浪する個人や革命的群衆から成る集団へと分解し、それに応じて、新しい社会組織が成立し、新たな形の団結が形成される――この過程を後世の共産主義者は自らの目的を達成するための試行錯誤から学ぶことになる――という徴候を、筆者は文献から全く見つけられなかった。それにもかかわらず、ヴァンデの反革命は多くの特徴において、資本主義が前近代的な農民社会を侵害する時に起こるであろうことを予告している。我々の目的に関して見れば、ここまで起こったことで充分な材料になるから、実際の戦闘を記述する必要はないであろう。ただ、この反革命の鎮圧がフランス革命というドラマの中でも、国内では最も血なま臭い事件であったことを指摘すれば充分である。その代わりに、革命テロル――その中で農民によって農民になされた復讐が、多大かつ悲劇的な犠牲を生み出した――を、全体的に考察することにしたい。

七　革命テロルの社会的結果

フランス大革命を恐怖政治をも含めた全体として経験したことは、どのような形態の政治的暴力にも反発を感じる西欧政治思想の支配的潮流に、強力な原動力を与えた。現在でも未だに、教養ある人々の中にも、恐怖政治を見境いなく犠牲者を選ぶような群衆暴力の悪魔的感情の爆発として、また後には盲目的憎悪と過激主義、特に二〇世紀の全体主義の根底にある特殊なユートピア的心情の表現形態と考えている人が多いようである。筆者はこのような解釈が歪曲されたカリカチュアであることを示してみたい。

そのような考え方は、いかなるカリカチュアでも同様であるが、幾分かの真実を含んでいて、もしその真実がなければ、結果として描かれるイメージは現実と全く関係ないとしか言えないであろう。九月虐殺の犠牲者──その多くは暴徒が牢獄に乱入した時にいあわせた貧しい人々であった──が示すように、民衆の不満が見境いのない復讐という突発行動として爆発することもありうる。それにもかかわらず、冷静な分析はこの点でただ恐ろしさにたじろぐことはできない。つまり、その原因を見極めることが必要なのである。当時の悪化していた状況と、社会階層の最底辺に位置した多数の人々が被っていた転落と抑圧の歴史に照らしてみれば、原因は明らかである。九月虐殺の暴力行為を描いておきながら、その背後に存在した恐怖心を忘れてしまえば、党派感情の罠に捕われることになる。その意味からすれば、この問題には全く謎がない。しかし、別の点では謎がある。後にインドを考察する時に明瞭にわかるように、ひどい苦しみがあるからといって、いつも必ず革命感情が爆発するわけではないし、おそらく革命状況が生み出されるわけでもない。もっとも、この問題は後回しにしよう。当面、民衆の絶望と怒りは状況に対する理解できる様々な反応であると、考えておけばいいであろう。

恐怖政治が政策遂行の有効な手段となる、つまりそれが意味ある政治的結果を生み出すには、民衆の原動力がある程度、合理的・集権的な統制の下に置かれる必要があった。この原動力は主としてサン＝キュロット派から出てきた。まさに当初から、ギロチンを要求する声には単なる憤り以上のものが存在したのであった。それは言葉に表わせない悲惨さを生み出していた市場の働きへの抗議であり、また裕福な投機家に買いだめした物資を吐き出させるための原始的方法であった。確かに、貧農の状況や要求はしばらくの間、都市貧民の状況や要求と共通していたが、一七九三年から一七九四年にかけての組織的な恐怖政治のテロルの背後に存在した重要な勢力は農民ではなかった。農民による暴力は、特に封建慣習を除去する際に存在した背後勢力として、フランス大革命において決定的役割を果たしたが、それも主に初期段階のことであった。

やがて明らかになったように、民衆的原動力と官僚的原動力は一部で合致し、一部で相反していた。実際に起こったのは基本的に、サン＝キュロット派の綱領を大規模なテロルも含めて採用した、ロベスピエールと山岳派がこれを自分たちのために利用しようとし、やがて民衆勢力に敵対する武器にしたことである。[160] その結果は大筋において、理にかなうものであった。恐怖政治は主に反革命勢力に対して使われ、反革命が最も強力であった地域で非常に苛酷であったと、研究が詳細に示している。[161] 確かに例外や不正はあった。しかし、恐怖政治はその主要点において、流血の喜びに酔いしれたという事件ではない。

フランス国内で反革命勢力はヴァンデ県と、リヨン、マルセイユ、トゥーロン、ボルドーといった商業・港湾都市という、二つの顕著な地理的基盤を持っていた。この二つの反革命の焦点を対照すれば、大革命の社会的性格それ自体が理解できる。まず、ヴァンデはフランスでも商業的・近代的影響力が最も浸透しなかった地域であった。一方、南部諸都市はこの影響が最も浸透した地域であった。おそらく予想できるように、ヴァンデでの恐怖政治による犠牲者数は最大であった。南部での状況は全く正反対であり、特に、職人の仕事がなくなるまでに絹織物工業が発達し、現代プロレタリアートの前身を生み出していたリヨンでは全く状況が違っていた。フランス南部ほぼ全域で、都市部の豊かな商業勢力は、ジロンド派や連邦制運動を君主制に復帰するためのくさびに利用しようと考えていた貴族層や聖職者層と、提携する傾向が強かった。大革命が一層、急進的になるにつれて、いくつかの都市では一進一退の闘争が激化した。リヨン、マルセイユ、トゥーロン、ボルドーは特権階級と提携した裕福な勢力の支配下に入り、大革命に反抗し始めた。革命側の再征服はその地方の事情や指導者によって異なる形をとった。ボルドーでは平穏に進んだが、リヨンでは激しい戦闘がなされ、後にテロルの中でも非常に血なま臭い事件が起こった。(162) もっとも、ヴァンデとこれらの港町での強権発動は、相対的に見れば、赤色テロル全体のごく一部分でしかない。革命派権力の行った死刑執行では一万七〇〇〇人弱の人々が犠牲となった。牢獄などでどの位の人が死んだか、また大革命の本当の犠牲者は何人であったかは知るべくもない。グリア(Greer)は革命派による鎮圧の直接的結果として、全部で三万五〇〇〇から四万人が命を失ったであろうと計算している。(163) この数字は確かに推測の域を出ないが、ルフェーヴルもほぼ妥当なものと見なしている。このようにして流された血の海には、物事を真剣に考える人なら誰も否定できない、悲劇的かつ不正な側面があった。だが、この流血を評価するにあたっては、それが対抗した社会秩序の持っていた抑圧的側面を心に留めねばならない。支配的な社会秩序は常に、毎年必ず、不必要な死という悲劇的犠牲を機械的に生み出すものである。もし可能であれば、防ぎえたかもしれない飢饉や不正といった要因を考慮して、旧体制下での死亡率を計算してみるのも興味深い。大雑把であるが、約二四〇〇万という推定人口——これはグリアが引いているうちでも最少の数字である——に対して、四万人という数字を使って得られる全人口の約〇・一六%という大革命での死亡率よりも、旧体制下での死亡率が遥かに小さくなるとは考えにくい。(164) むしろ、筆者は旧体制下の死亡率の方が非常に大きくなるであろうと考えている。もちろん、数字そのものには議論の余地がある。しかし、数字が示す結論、つまり、革命暴力に対する恐怖を強調しながら、「平常」時の暴力を忘れ去るのは党派的偽善でしかないという結論は、かなり確実なものである。

それでもなお、上述した冷酷な数字の比較について、何かしら非人間的なものを感じる読者も決して間違っていない。もし数字の比較が完璧であるとしても、それだけでは最も重大かつ難しい問題のいくつかに答えていないであろう。大革命のテロルと流血は必然的なものであったのか。それがもし何かを成し遂げたとしたら、何をしたのであろうか。このような点についていくつか付け加えて本節を締めくくることにしたい。

急進革命はかなりの程度、ブルジョワ革命への否定的対応であり、それ故に私有財産と人権のための革命からは分離できない部分であった。サン゠キュロット派の革命と貧農からの抗議とに内在した反資本主義的要素は、旧体制後半期と大革命期において、資本主義的特徴が経済機構において着実に普及したことから生じた困難に対する、一種の反発であった。急進派を過激集団、即ち、自由主義・ブルジョワ革命に付随した無用な要因とみなしては、この事実を正面から否定することになる。一方が存在しなければ、もう一方も実現不可能であった。また、ブルジョワ革命に急進派からの圧力がなければ、それが実際に到達した地点まで行き着かなかったことも明らかである。これまで見てきたように、その時々の保守派が大革命を停止させようとしたことも何度かあったのである。

保守派が失敗したのが真の悲劇であったと、暴力に反対する民主主義者はすぐに指摘するかも知れない。穏健性に肩入れするそのような議論を続けると、もし保守派が勝利し、イングランド革命の原動力が一六八九年に達成したような妥協〔名誉革命〕に、フランス大革命も到達したならば、フランスは不必要な流血やその後の争乱を経験しないで済み、デモクラシーがほぼイギリスと同一の形で達成されたであろう、ということになる。究極的には論証不可能な主張であるとしても、これには真剣に答えなければならない。反論は既にかなり詳細になされている。つまり、基礎となるフランスの社会構造が根本的に異なっており、従って、イギリスが一八世紀と一九世紀に経験した平和的変容——我々が見たように、実際にはまったく平和でなかった——がなされる可能性は全然なかった。

一言でいえば、いやしくもフランスがデモクラシーを経由して近代世界に入るとすれば、暴力的かつ急進的な面も含めて、大革命の炎に焼かれなければならなかったことは否定できない。歴史家がそれぞれ異なる信条を持つ限り議論の的になるであろうが、筆者には少なくとも、そのような連関がこれまで歴史研究が確立してきたことにほぼ近いように思える。この結論を受け入れる人ならば誰にでも、これらすべての流血と暴力が民主的制度に対してどのように顕著な貢献をしたのかという、第二の疑問を提出してよいであろう。

フランス大革命においては、暴力が清教徒革命と同じように、漸進的なデモクラシーに貢献したとは誰も強く主張できない。ナポレオン戦争を挙げるだけで、そのような解釈は成立しないことがわかる。また別の点を挙げれば、大革命によって生じた亀裂がフランスの政治制度を不安定にしている主な原因であると、二〇世紀のフランス研究者たちが指摘している。それにもかかわらず、大革命がもたらしたフランス社会のいくつかの変化が、最終的に、議会制デモクラシーを発展させるにあたって好都合な要因となったのである。

様々な貴族特権は相互に支え合い、複合して、君主制、地主貴族層、領主特権といった旧体制の根幹を形成していたが、大革命はそのすべてを致命的に傷つけた。しかも、大革命は私的所有と法の下の平等の名において貴族特権を破壊した。大革命の成し遂げた主要な前進とその結果がブルジョワ的、資本主義的ではなかったと言うのは、陳腐なごまかしでしかない。それがブルジョワ革命であったとする見解の中に疑問があるとすれば、次のような趣旨の議論の場合である。即ち、商工業利益から成る比較的強固な集団が、一八世紀最後の四半世紀に充分な経済権力を握り、産業発展の時代を開始するために、主にそれ自身の力で封建制の束縛から抜け出したとする議論である。このような主張は商工業利益が独自に持っていた影響力を強調しすぎることになる。したがって、たとえ目新しくなくとも、否定できない真理は以下の点にある。第一に、作用したすべての力が最終的に生み出したものは、西欧議会制デモクラシーの基本的特徴である、私有財産制という経済体制と法の下の平等に基礎を置く政治体制の勝利であった。第二に、大革命はこの発展全体において決定的な役割を果たした。

王政復古期には確かに、ブルボン家の国王が一八一五年から一八三〇年までの一五年間を支配し、大革命前の地主貴族も一度は失ったもののかなりの部分を、再び手中におさめた。彼らが大革命で失った土地財産の約半分を回復したと推計する研究者もいる。彼らは確かに有力な、フランスで事実上唯一の政治集団であった。しかし、彼らが解体しつつあったこともまた事実であった。彼らが上層ブルジョワジー(haute bourgeoisie)と権力を共有できなかったこと、即ち、上層ブルジョワジーを同盟者とするのに失敗して敵に回したことが、一八三〇年革命の主な原因であった。この時点で旧来の貴族層は、たとえその後、長期にわたり相当な社会的威信を持ち続けたにせよ、凝集性のある効果的な政治集団としては政治の世界から姿を消したのである。(165)

本書で提起された問題から見れば、地主貴族の政治権力が崩壊したことは、フランスが近代化の径路を歩む際の最も意味深い過程であった。完全とは言えず大まかであるが、この過程は最終的に、次第に商業営利化する社会において、フランス貴族層が農地問題にどう対応したかという点にまでさかのぼることができる。独立した経済基盤を確立するにあたって困難を感じていた貴族層を、絶対王政は手なずけて統制することができた。ド・トックヴィルがかつて気づいたように、大革命がブルボン朝の始めた仕事を完成した。この近代化がもたらした結果は、進歩した産業による衝撃を受けて遂にはファシズムとなる傾向の強い右翼的権威主義体制にとって、不可欠な社会基盤のひとつを破壊したことであった。このような非常に広い視野に立てば、フランス大革命が、前産業的色彩を払拭した商業営利的農業が発展することに代わる部分的代替物、あるいは歴史上の選択に見える。ブルジョワ革命の背後にある原動力が弱かったり、成熟していない所では、近代化の帰結が他の主要国におけるように、ファシズムか共産主義のいずれかになっている。そのような結果をもたらした主要原因、即ち、地主貴族層を近代世界にまで生き残らせず、一八世紀末に彼らを消し去ることによって、大革命はフランスで議会制デモクラシーが発展する上で主要な貢献をしたのであった。

このように、大革命は地主貴族層の崩壊に貢献したし、また、この貢献が決定的であったと思われる。しかし、地主貴族層を破壊したのと同じ過程が、小農的土地所有をも作り出した。この点において大革命の結果は非常に両義的である。教会と亡命貴族から没収した土地を売却したことは農民的土地所有の原因ではなかったし、その原因がフランス史の遥か以前にあることはルフェーヴルも指摘している。地域によっては農民的土地所有が顕著に増加した例もあったが、実際にこの売却で利益を得た主な階層は大体においてブルジョワジーであった(166)。同時に、一握りの裕福な農民——農民貴族とでも呼べる階層——も大革命の主な受益者であった。しかし、大革命の急進段階に徴発を経験し、更に、穀物の最高価格を定めようとしたこと、小借地農と農業労働者に有利な政策が行われたことから、農民の上層部は第一共和制と決定的に対立するようになった。この遺産は長期にわたって悪影響を残したのである(167)。

一九世紀、更に二〇世紀の農民社会については、一八世紀と比較してあまり確実な情報がない(168)。それでもなお、次の一般論を支持すべきであろう。第一に、影響力を持つ農民たちはデモクラシーそのものにはほとんど関心を払わなかった。彼らは所有権と自分の村落における社会的地位とに対する有効な保証を求めた。この要求は具体的に、元来、貴族のものであった国有財産の売却によって得られた所有権に対する、強力な挑戦ならばどのようなものにでも、つまり土地の再配分をほのめかす急進的な考え方にはどのようなものにでも、反対するという保証を意味した。第二に、資本主義的産業が引き続き進歩したことにより、市場向けの生産には不利である小農的土地所有が弱体化する傾向があった。農民の代弁者はこの点で、売買の条件が自分たちには不利であると、よく不満を訴えた。このような理由が重なって、農民的土地所有に両義的な結果がもたらされた。即ち、農民的土地所有は大土地所有——それは資本主義的形態と前資本主義的な貴族的形態という二つの形をとる——にとってひとつの脅威となり、また、大土地所有を護る外壁ともなった。二〇世紀に農民層がフランス共産党を支持した地域で、この両義性が最も鮮明に出てきたのである。

もっとも、このようなパラドックスは、実際には、現実のものと言うよりは見かけ上のものである。農民たちは前資本主義的集団として、強い反資本主義的傾向を何度も示した。本研究の中で、そのような傾向が反動的な形と革命的な形のいずれをとるかに関する諸条件を、筆者は明確にしようとしているのである。

八　概括

フランス大革命の起源、径路、結末について、筆者が判別できたメッセージの核心は、旧体制の暴力的破壊が、デモクラシーへの長い道程の途上にあったフランスにとって、重大な一歩であったことにある。デモクラシーがフランスで直面した障害がイギリスでの障害と違っていたから、この一歩がフランスにとって決定的であったと強調する必要がある。フランス社会は、イギリスのようなブルジョワ的色彩の濃い地主議会を生み出さなかったし、おそらく生み出すこともできなかった。大革命以前にフランスが示していた傾向は、上流諸階層をデモクラシーのかなめではなく、自由主義的デモクラシーの敵にしてしまった。かくして、デモクラシーがフランスにおいて勝利するためには、いくつかの制度が取り除かれなければならなかった。それがフランス社会と大革命の連関であると主張しても、決してフランス史において必然的に自由主義的デモクラシーが花開いたとか、大革命が何らかの意味で必然であったとか断言しているわけではない。反対に、フランス史の過程全体が、全く違う方向に動いたかも知れないことを裏づける充分な根拠があり、それ故に大革命はいよいよ決定的な出来事であった。

絶対王政という状況の下で、フランスの地主上流諸階層は農民に更に強い圧力を加え、その一方で、農民が事実上の所有権に近い権利を持つ状況を放置することによって、資本主義の漸進的侵入に適応した。フランス社会の近代化はほぼ一八世紀半ばまで、国王によって行われた。この過程の一環として、イギリスとは全く異なる貴族層とブルジョワジーの合同が生じた。この合同は君主制に対抗する形ではなく、むしろそれを通じて行われ、便利ではあるが、不正確かも知れない表現をここで用いれば、ブルジョワジーのかなりの部分の「封建化」を招いた。その結果として、国王の行動の自由が、即ち、社会のどの部分がどのような負担を背負うかを決める国王の能力が、厳しく制限されることになった。あえて言えば、この制限がルイ一六世の性格上の欠点により増幅されて、階級や集団の線にそった非常に激しい利害対立ではなく、大革命が起こった。大革命が起こらなかったならば、貴族層とブルジョワジーの合同が継続し、フランスは大筋においてドイツや日本で起こったと同一の、一種の上からの保守的近代化へと進んだであろう。

大革命は現実にそのような近代化の経路をすべて閉ざした。経済権力の指揮権を既に得ていたブルジョワジーによって政治権力の奪取がなされるという限定された意味に照らせば、大革命はブルジョワ革命ではなかった。ブルジョワジーという階層の中にその種の集団が存在したが、それまでの絶対王政の歴史は彼らが充分強力に成長し、自身でかなりの事を成し遂げるのを妨げた。その代わり、秩序と君主制の崩壊によって解放された都市群衆による急進的運動の応援を得て、ブルジョワジーの一部が権力に近づいた。急進勢力は同時に、大革命が後退したり、そのような一部ブルジョワジーに都合のよい地点で停止したりすることを妨害した。その間に、農民たち、この時点では主として上層部分が状況を利用して、大革命の主要な成果となる領主制度の破壊を強行した。農村と都市の急進主義には小規模所有と歴史逆行的な共同主義的目的という相矛盾する混合物が含まれていたが、大革命の最も急進的な段階までしばらくの間は歴史が示すように両者が協力して働くことができた。しかし、貧しい都市民衆と革命軍に食物を与える必要があり、その結果比較的裕福な農民の利益との対立が生じるようになった。農民たちの抵抗が次第に強くなったので、パリのサン＝キュロット派は食物を奪われ、それによって民衆のロベスピエールへの支持が失われて、急進革命が停止した。サン＝キュロット派がブルジョワ的な大革命を成し遂げ、また農民層が大革命がどの程度まで前進できるかを決定したのである。大革命の不徹底性——一八世紀末期フランスの社会構造にまで大筋を辿れるような不徹底性——は、フランス社会で十全に発達した資本主義的デモクラシーが確立され得るまでには、まだ長い時間がかかるであろうことを意味していた。

第三章　アメリカ南北戦争——最後の資本主義革命

一　プランテーションと工場——必然的対立か

アメリカ合衆国が近代資本主義デモクラシーに向かった径路と、イギリスやフランスがたどった径路との主な相違は、アメリカの出発が相対的に遅れたことから生じている。封建的形態であれ、官僚制的形態であれ、複雑かつ定着した農業社会を解体するという問題に、合衆国は直面しなかった。ヴァージニアのタバコ栽培プランテーションに見られるように、商業営利的農業はごく初期から重要であったし、植民が進むにつれて急速に有力になった。前商業的な地主貴族層と君主との政治闘争はアメリカ史と無縁であった。また、アメリカ社会では、ヨーロッパやアジアに匹敵する膨大な農民層も、存在したことがなかった(1)。以上の理由から、清教徒革命やフランス大革命、更には、二〇世紀におけるロシア革命や中国革命と比較できる革命が、アメリカ史には見あたらないと主張できるかも知れない。それでもやはり、独立革命と南北戦争——後者はそれまでの近代史上で最も血なま臭い紛争のひとつであった——という、二つの大きな武力争乱がアメリカ史に存在している。合衆国が二〇世紀中葉までに、世界に冠たる産業資本主義デモクラシー国家になる道程において、これらの争乱が共に重要な要因であったことは明らかである。一般に南北戦争は、アメリカ史における農業時代と産業時代を暴力で区切った分割点と考えられている。それ故に、本章ではその原因と結果を検討し、それが旧来の社会構造を暴力で打ち壊し、政治的デモクラシーの確立につながるものであったかどうか、その意味で清教徒革命やフランス大革命と比較し得るものかどうかを論じたい。より一般的に述べれば、とりあえず一六世紀ドイツの農民戦争から始まり、清教徒革命、フランス大革命、ロシア革命を経て、中国革命や現代の諸闘争へと至る、歴史上発生した主要な争乱を順番に並べた場合に、南北戦争がどこに位置するのかを明らかにしたい。

不確実な点はあるが結論を先取りすれば、都市的、あるいはブルジョワ資本主義的と真に呼ぶことのできるデモクラシーの中で、アメリカ南北戦争は最後になされた革命的攻勢であった、という主張に行き着く。あらかじめ指摘しておくが、南部のプランテーション奴隷制は、産業資本主義が発展する際に経済的拘束とはならなかった。むしろ、真実はその逆であったかも知れない。つまり、プランテーション奴隷制は初期段階において、アメリカ産業の成長を促進するに役立った。しかし、奴隷制は政治的・社会的デモクラシーに対する障害であった。もっとも、この説明はいくつかに解釈できよう。証拠となる事実の特徴から生じる両義性については、分析を進める際に詳しく論じる。ただし、その他の両義性は更に根深く、本章末で述べるつもりであるが、どのような事実が明かるみに出ようとも、消え去らないであろう。

読者と筆者が自由にできる紙幅や時間の制約は別として、アメリカ独立革命をいくつかの短い論点を指摘するだけで済ますについては客観的な理由がある。独立革命は社会構造に何の根本的変化も引き起こさなかったので、革命と呼ぶに値するかどうか疑問視するに足る根拠がある。独立革命ではいくつかの高尚な争点も確かに一定の役割を果したが、それは根本的にイギリスとアメリカの商業〔生産・流通業〕利益相互の戦いであった。アメリカが反植民地革命を行ったという主張は、プロパガンダとしてはうまいかも知れないが、歴史学・社会学的には誤りである。なぜならば、二〇世紀の反植民地革命に際立つ特徴は、実質的に社会主義的要素を持つ新たな形態の社会を確立しようとした努力にあり、外国支配から抜け出すことはこの目的を達成するためのひとつの手段だからである。アメリカ独立革命にどのような急進的潮流があったにせよ、それは殆ど表面に浮上しえなかった。その主な結果として、諸植民地が単一の政治単位に一体化し、この政治体がイギリスから分離することが促進されたのである。

アメリカ（または、時にアングロ＝サクソン）人の妥協と和解の才能を示す好例として、アメリカ独立革命が時々、自慢げに引き合いに出されることもある。一方、南北戦争はそのような例にはならない。なぜならば、その記録が全体に血なま臭い傷を残しているからである。南北戦争はなぜ起こったのか。アメリカ人の誇る意見の相違を妥協と和解で解決する能力が、なぜ南北戦争では役立たなかったのか。聖アウグスティヌスが人間悪とローマ帝国の没落の問題に関心を持ったと同様に、そのような問題がアメリカの歴史家たちの心を捉えてきた。熱っぽい——そうなる気持ちもわからないではない——関心が、多くの議論の底流にあるように見える。ある時期、戦争が避けられたかどうかという形で議論がなされたこともあった。もっとも、現世代の歴史家はそのような問題設定に我慢しきれなくなっている。つまり、いずれかの側に戦闘に訴えずに降伏するつもりがあったなら、戦争はなかったはずであるから、多くの人が上述のように設定された問題を単なる意味解釈上のものにすぎないと考えている(2)。しかし、それを意味解釈上の問題と片付けるのは、一方の側、または双方の側になぜ降伏したくない気持ちがあったのかという、真の問題点から眼をそらすことになる。

問題を提起する際、あまり心理学用語を使わない方がよいであろう。北部社会と南部社会の間には、客観的意味における何らかの致命的対立があったのであろうか。問題に理論的な検討を加えるよりも、個別的事実に基づいて答えようとする時に、この疑問の意味が全体として明らかになるであろう。我々が基本的に問いかけているのは次の問題である。即ち、奴隷制に基礎を置いたプランテーション経済を動かすために必要とされた制度上の必要条件が、それに対応する資本主義の産業体制を動かすための条件と、何らかの点で深刻に衝突したかどうかである。生物学者がどのような生命体についても、特定の栄養分や水分量といった再生産と生存の必要条件を発見できるのと同じ客観的な意味で、それらの必要条件がどのようなものかを少なくとも原理的には見出せると筆者は考える。また、プランテーション奴隷制や初期産業資本にとっての必要条件、あるいは構造的必須条件《ストラクチュアル・インペラティヴ》が、経済構造それ自体を遥かに超えて、政治制度の分野にまで間違いなく拡がっていることも明らかにしなければならないであろう。確かに、奴隷制社会は自由労働に基づく社会と同じ政治形態をとらない。しかし、我々の疑問の核心に立ち帰れば、そうだからといって彼らが戦わなければならない理由があろうか。

一般論から出発して、奴隷制と形式上は自由な賃労働に基づく資本主義体制との間に、本質的な矛盾が存在するという議論をする人もいるであろう。しかし、これは後に重要な点であると判明するにせよ、このような一般論は南北戦争を一例として論じる場合の前提とはならないであろう。すぐ後に述べるように、奴隷労働によって生産された綿花は、アメリカ資本主義だけでなくイギリス資本主義の発達でも決定的な役割を果たした。奴隷を極限まで働かせ、転売して利益をあげ得る限り、資本家は奴隷が生み出す財を手に入れることに全く反対しなかった。厳密に経済的な観点からすれば、賃労働とプランテーション奴隷制との間には、潜在的に矛盾する要因と同程度に、潜在的な交換関係と相互補完的な政治関係とがある。従って、上述の疑問には一応、否定的な形で答えられる。即ち、北部と南部が戦わねばならなかった一般的・抽象的な理由は何もない。言い換えれば、特定の歴史的状況が存在したからこそ、自由でない労働に基礎を置く農村社会と発展しつつある産業資本主義との間で、合意が成立しえなかったのである。

この状況がどのようなものであったかを調べる手掛かりとして、上述した二種類の下位社会が単一のより大きな政治単位の中で合意に達した事例を見ておいた方がよい。何が合意を可能にするかがもしわかれば、合意が不可能となる状況についても何かがわかるであろう。ここで再度、ドイツの歴史は有益であり、示唆に富んでいる。一九世紀ドイツ史は、進歩した産業が極度に抑圧的な労働体制を持つ形態の農業と、非常にうまくやっていけることを明確に示している。言うまでもなく、ドイツのユンカーは奴隷所有者そのものではなかった。また、当然ながら、ドイツと合衆国は違う国であった。しかし、決定的な相違は一体どこに存在したのであろうか。ユンカー層は独立農民を自分の保護の下に引き込むことに、更には大企業の一部――彼らは抑圧と温情主義《パターナリズム》をないまぜにして、産業労働者をその地位に留めておくために、ユンカー層からの援助を喜んで受け入れた――と同盟することにどうにか成功した。もっとも、この結果が長期的にはドイツのデモクラシーにとって致命的なものとなったのである。

もし北部と南部の対立が妥協により解決されたなら、その後の合衆国ではデモクラシーの発展が犠牲にされたであろうという可能性――これは筆者が知る限りどの修正主義《リヴィジョニズム》歴史家も探求していない――が、ドイツの経験に示されている。同時にドイツの歴史と比較すれば、どの点に注目すれば得るところが多いかもわかるであろう。北部資本家はなぜ、合衆国で産業資本を確立し、強化するために、南部の「ユンカー」を必要としなかったのか。ドイツに存在した政治的・経済的結合がはたして合衆国には欠けていたのか。また、ドイツの農民層と同じ位置を占める他の集団、例えば独立した農場主《ファーマー》が、アメリカ社会にはいなかったのか。アメリカの状況において主要な諸集団はどこで、どのように提携したのか。以上のようなアメリカの情勢を更に詳しく検討することにしたい。

二　アメリカ資本主義の三つの発展形態

合衆国では一八六〇年までに三つの非常に異なる形態の社会が、国土のそれぞれの地域に発達していた。即ち、綿花栽培に基礎を置く南部、自由な農場主《ファーマー》の西部、そして急速に産業化していた北部という三つの社会があった。

もっとも、分裂と協力の分割線が常にこのような方向に沿っていたわけではない。確かに、ハミルトン(Hamilton)やジェファーソン(Jefferson)の時代から、農業利益と都市の商業・金融利益の対立が見られた。国土が西部へ拡大したことにより、一八三〇年代には一時、ジャクソン(Jackson)大統領の下で、農業社会的デモクラシー〔いわゆるジャクソニアン・デモクラシー〕の原則——実際には、中央権力の極小化と、債権者よりも債務者の味方をする傾向——が、アレクザンダー・ハミルトンの〔中央集権と産業・金融資本の〕原則に対して永遠の勝利を収めたかのように見えた。しかし、ジャクソンの時代でさえ、農業社会的デモクラシーには厳しい困難があった。密接に関連する二つの発展、つまり北東部において産業資本主義が更に発展したことと、南部の綿花輸出市場が確立したことによって、農業社会的デモクラシーは後に破壊されることになった。

綿花が南部にとって重要であったことはよく知られているが、資本主義の発達全体に対して綿花が持った意味はあまり知られていない。一八一五年から一八六〇年にかけて、綿花業はアメリカ経済の成長率に決定的影響を与えた。特に、一八三〇年頃までは綿花が合衆国の製造業を発達させた最も重要な原因であった。(3) 綿花が国内で果たした役割も依然として重要であったが、輸出がこの頃の著しい特色となった。(4) 一八四九年には、綿花の全収穫高の六四％が外国、主にイギリスに輸出された。(5) 一八四〇年から南北戦争期に至るまで、イギリスは綿花の総輸入量の五分の四を南部諸州から供給されていた。(6) このように、奴隷制によって運営されたプランテーションが、産業資本主義にとって時代錯誤から発した無用の長物でなかったことは明らかである。奴隷制プランテーションは産業資本主義体制に必要不可欠な部分であり、世界規模におけるその重要な原動力のひとつであった。

南部社会の内で、プランテーションと奴隷の所有者は完全な少数派であった。一八五〇年に奴隷所有地域において、白人の全人口が約六〇〇万人を数えたのに対し、奴隷所有者は三五万人以下しかいなかったようである。(7) 奴隷所有者は家族を計算に入れても高々、白人人口の四分の一にしかならなかったであろう。この奴隷所有者の集団の中でも、ごく少数が奴隷の大部分を所有していた。一八六〇年の統計によれば、白人の僅か七％

が黒人奴隷の四分の三近くを所有していたことがわかる(8)。彼らの手中には自然に、実質的な政治権力だけでなく、最も良い土地さえ集まりがちであった(9)。

社会階層に眼を転じると、プランテーションを所有するこのエリートを頂点とし、順次、奴隷を数人使って土地を耕す農場主、更に奴隷を持たない多数の小土地所有者がいて、底辺には辺地の白人貧農《プア・ホワイト》——彼らは荒れ果てたトウモロコシ畑を悲嘆のうちに耕すような農業に従事していた——がいた。もっとも、白人貧農層は市場経済の外にいたし、小農場主の多くも市場経済の周辺にたむろするだけであった(10)。より豊かな農場主は、奴隷の数を何人か増して、大プランテーション所有者になろうと夢見ていた。このような古き良き南部のヨーマンや「平民《プレイン・フォーク》」を理想化して、民主的社会秩序の基盤と考える南部歴史学派はいるが、このような中間集団の影響力はジャクソン時代以降に低下したようである(11)。筆者はこの南部歴史学派の考え方を、全く馬鹿げたものと確信している。いつの時代、どの国でも、反動主義者や自由主義者や急進主義者は、平凡な村人を各々の理論に合わせて描いてきたものである。ただし、この南部歴史学派の特殊な考え方の背後にも重要な真理の一面が含まれている。それは南部の小農場主が多かれ少なかれ、大プランターの政治的リーダーシップを受け入れたことである。マルクス主義の色彩が濃い著述家は、白人カースト内でのこのような団結は小農場主の現実の経済利益に反するものであり、ただ黒人への恐怖から白人の団結が達成されたと主張する。それはあり得ないことではないが、疑わしい。多くの場合、小土地所有者は、明確な代替案がない時や、大土地保有者になれる機会が幾分かある時には、大土地所有者に従うものである。

　南部の社会の中でプランテーション奴隷制は動かしがたい事実であったので、それが北部との深刻な摩擦を引き起こしたかどうかを見極めるには、この体制の動態を検討する必要がある。ただし、検討すべき問題のひとつは即座に片付けることができる。国内的理由から奴隷制が死滅に瀕していなかったのはかなり確実である。南北戦争の結果は遅かれ早かれ平和的手段によっても達成されたであろうと考えて、この戦争が「不必要」であったとか、それゆえ本当の対立が存在しなかったとする説は、まず主張しがたい。たとえ奴隷制がアメリカ社会から消え去る運命にあったとしても、それを実現するには武力が必要とされたのである。

　この問題に関する最良の証拠は、実際に、北部から得られる。南北戦争中、北部では奴隷を平和裡に解放する試みが殆ど克服しがたい困難に[二]直面したからである。リンカーン(Lincoln)が所有者への補償を規定した穏健な奴隷解放案を議会に提出しようとした時に、北部連邦内で奴隷制を採っていた諸州は二の足を踏み、深い憂慮を隠さなかった。それ故、リンカーンはこの計画を諦めなければならなかった[12]。奴隷解放宣言(The Emancipation Proclamation)(一八六三年一月一日)はよく知られているように、北部連邦内の奴隷州〔三〕と北軍占領下の南部諸州を除外していた。即ち、イギリスから来た当時のある観察者(ラッセル Russell 伯、バートランド・ラッセル Bertrand Russell の祖先)の言葉を借りれば、奴隷解放宣言とは単に「合衆国政府が全く司法権を及ぼすことのできない地域」の奴隷を、解放しただけであった[13]。平和的解放は北部でもこのような困難に直面していたのであるから、南部での困難については言うまでもあるまい。

　以上の考察から、奴隷制が経済的に利益のあがるものであったという結論が示されよう。最近のある個別研究《モノグラフ》の著者は、奴隷制が経済的に引き合ったからこそ南部で存続したと、説得力ある議論を展開している。奴隷制を維持することで経済的損失をこうむっていたとする南部側の主張を、その著者はしりぞける。彼によれば、そのような議論は南部の代弁者が奴隷制を擁護するためにより高い道徳的根拠を見出そうとした合理化の一部、即ち、白人の文明化義務(the white man's civilizing burden)の初期の形態であった。南部人は露骨に経済的な理由から――それは自らを金銭亡者のヤンキーに似せることになるので――奴隷制を正当化することを恥じ、奴隷制が奴隷と主人の双方に有益な人間社会の自然な形態であると好んで主張した[14]。最近になってもまだ、二人の経済学者がそれ以前の研究が依拠した史料――初期のプランテーション活動に関する、大部分は断片的で不完全な記録——に不満を持ち、より全体的な統計情報を検討して答を見つけようとした。奴隷制が他の企業形態と比較して利潤のあがるものであったかどうかを明らかにすべく、奴隷価格の平均値、優良商業手形(prime commercial paper)の利子率、奴隷の維持費用、有能な農業奴隷(field hand)一人当たりの生産高、綿花のマーケティング費用、綿花価格の統計と、その他関連する事実を彼らは集めた。彼らの調査の源となった統計の信頼性や代表性にはやや疑問が残るが、彼らの結論は他の考察の基本線にも沿い、我々が得られるこの種の成果としては、最もよく現実を描いていると筆者は考えている。彼らの結論でも、プランテーション奴隷制は利益になったとされ、更に、綿花などの特殊生産物の生産に最適な、この地域で発達した効率的な体制であったとされている。ただし、南部でも生産性のあまり高くない地域では、奴隷の生産が相変わらず続けられ、奴隷の増加分は主要商品作物を生産する中心地域に売られていた(15)。

プランテーション奴隷制が全体として利潤を生む事業であったと知ることは重要であるが、それだけでは充分でない。プランテーション所有者が政治的に重要な意味を持ったかどうかも、時と場所により違いがあった。戦争が勃発した時点で既に、プランテーション奴隷制は低南部《ロワー・サウス》の特徴となっていた。一方、プランテーション奴隷制は大規模経営にはあまり有利でなかったから、一八五〇年以前にタバコ栽培プランテーションから姿を消していた。また、メリーランド(Maryland)、ケンタッキー(Kentucky)、ミズーリ(Missouri)の各州では、南北戦争以前に「プランテーション」という言葉さえもがほぼ時代遅れになっていた。(16) 一八五〇年頃には、本当に高いといえる収穫は主に、初めはアラバマ(Alabama)やミシシッピ(Mississippi)、そして一八四〇年以後はテキサス(Texas)といった新開地でしか得られなくなった。その新開地においてさえも、金儲けをする最善の道は土地が痩せ衰える前に売り払って移住することであった。(17)

プランテーション奴隷制が南部から西部に移動することによって、深刻な政治問題が生じた。西部のかなりの地域では、移住民がまだ全くいないか、所々にしかいなかった。綿花栽培のできる気候と土壌に限界があるのは明白であったが、その限界がどこにあるのかは誰にもはっきりしなかった。もちろん、奴隷制を採る社会と採らない社会との相違が問題になる限りでの話ではあるが、奴隷制が拡大すれば奴隷州と自由州の均衡が崩れる恐れもあった。既に一八二〇年に問題は尖鋭になっていた。ミズーリ協定(the Missouri Compromise)〔三〕により妥協がなされて、メイン(Maine)州が自由州に加わり、ミズーリ州が奴隷州となるという均衡がとられた。しかし、それにもかかわらず、その後もこの問題は時々表面化した。国益を考えた厳粛な政治取引がなされ、問題が最終的に解決されるという期待も持たれたが、すぐ失敗に終わった。合衆国領地《テリトリー》——まだ州になっていないが、部分的に入植がなされていた地域——における奴隷制の問題が、戦争を引き起こすにあたって主要な役割を演じた。以上のような状況に内在する不確実性により、経済対立が実際以上に拡大したようである。

上述の点の他にも、プランテーション経済が移動する傾向には重要な意味があった。〔建国時の〕旧南部で綿花栽培が衰退するにつれて、状況に対応するために奴隷を生産しようとする傾向が多少見られた。この種の奴隷生産が行われた規模を確定するのは困難であるが、少なくとも需要に充分には応じられなかったことが、かなり明確に示されている。奴隷にかかる費用は一八四〇年代の初めから戦争の勃発まで、ほぼ一貫して増大していた。綿花価格も上昇傾向にあったが、奴隷価格より遥かに乱高下が大きかった。一八五七年の金融恐慌の後、綿花価格は下落したが、奴隷価格は引き続き急上昇した(18)。また、奴隷を合法的に輸入することはできなかったし、この禁輸措置はほぼ有効であったと思われる。このような事実は、南部で奴隷貿易の再開が論じられた——この議論は戦争が勃発する直前に、相当、活発なものとなっていた——ことと並んで、プランテーション体制が深刻な労働力不足に直面していたことを示している。ただし、それがどの程度に深刻であったのかはかなり断言しにくい。一般的に言って、資本家はほぼ常に労働力の不足を予測して心配するから、この点に関する南部人の嘆きを疑ってかかる方が賢明であろう。このように見てくると、プランテーション体制が北部からの経済的締め付けにより消滅しかけていたとは考えられないのである。

これまでのところ、プランテーション経済に内在する条件が、産業社会である北部との経済紛争の原因であったとする議論には、あまり説得力がないことがわかる。結局、プランテーション所有者も別種の資本家に他ならなかったのではないか。ネヴィンズ(Nevins)は次のように正確な観察をしている。「広大なプランテーションを経営するのは、複雑な近代的工場を管理するのと同じ程度に難しかったし、両者は主要な点で似かよっていた。行き当たりばったりのやり方は許されず、絶えざる計画と細心の注意が要求された。[19]」それでは、プランテーション所有者が同程度に計算高い仲間である北部資本家と、うまくやっていくことは完全に不可能であったのか。筆者の推測によれば、もし厳密に合理的な経済的算術だけが問題であったならば、可能性は大いにあったであろう。しかし、マックス・ウェーバーには失礼であるが、合理的かつ打算的な考え方、即ち、世界を勘定と帳尻で見る観点は、様々な社会で存在しうるし、社会によっては算術以外の問題で相争う場合もある。[20] フランス貴族層を検討した時、既に注目したように、この種の考え方はそれだけでは産業革命を生み出すことができなかった。南部ではこの考え方が存在しても産業革命は起こらなかったし、ニューオルリンズ(New Orleans)やチャールストン(Charleston)といったいくつかの主要集産地を除けば、国内の他地域と比べて都市の発達も遅れていた。端的に言うと、南部には資本主義文明はあったが、ブルジョワ文明は殆どなかった。南部の基盤は疑う余地なく、都市生活にはなかった。しかも南部プランターは、ヨーロッパのブルジョワジーが貴族の支配権に挑戦した時のように、出生に基づく身分という考え方に挑戦しないで、世襲による特権を擁護した。ここに真の相違と争点があったのである。

すべての人間が平等に創られたという考え方は、南部人の大多数が親しんできた日常体験に基づく事実——それは彼ら自身が充分な理由があって創り上げてきたものである——と矛盾した。北部からの批判を受け、更に、奴隷制から脱しようとする世界的傾向に直面して、南部の人々は奴隷制を擁護するために、ありとあらゆる教義《ドクトリン》を作り出した。ブルジョワ流の自由概念、つまりアメリカ独立革命とフランス大革命の自由概念は、南部体制の中枢である奴隷所有と衝突したから、南部にとって危険な破壊的教義となった。もっとも、当時の南部プランターがどのように感じていたに違いないかを理解するためには、二〇世紀の北部人はそれなりの努力をしなければならない。全く仮定の話ではあるが、ソヴィエト連邦がカナダの位置にあり、日毎、明らかに勢力を増していったら、一九六〇年代のアメリカに暮らす堅物のビジネスマンがどのように感じるかを考えてみたらいい。更に、この人物に次のような状況を想像させてみればいい。もし共産主義の巨人が体中から独善性を発散し(一方、政府はその独善的な声明が現実の政策に反映してはいないと言い)ながら、国境を越えて次々に中傷を浴びせ、スパイを送り込んでいるとしたら、どうであろうか。そう考えれば、南部の苦痛と不安が、単に無鉄砲な少数派の感情の発露ではなかったことがわかる。よく引かれる声明であるが、南部穏健派のなかでは最も著名なヘンリー・クレイ(Henry Clay)は、北部・西部・南部の各地域《セクション》の妥協を呼びかけた際に次の声明を出した。「あなたがた北部人は安全無事な場所から傍観しているが、その間に私が今しがた述べた大火災はすべての奴隷州に拡大している。……ある観点からは、ただ感情、感情、感情、それだけしか見えない。ところが他の観点では、財産、社会組織、生活、それに生活を望ましく幸福なものにするすべてが見える。(21)」

産業資本主義が北部で次第に優勢になるにつれて、南部言論人は自らをかえりみて、自分の社会に見出せる貴族的・前産業的な特徴のすべて――礼儀正しさ、気品、洗練、北部のものといわれている守銭奴のような考え方とは正反対の幅広い視野――を、見つけ出して強調した。南北戦争直前には、南部が綿花によってアメリカの富の主な源泉を作り出し、北部がそれを収奪したとする考えが有力になった。このような考え方はネヴインズが指摘するように、製造業《マニュファクチュア》と流通業の利益が土地から生じるとする農本主義の教義と共通性がある。(22) この考え方は産業化が進行した場所ではどこでも、また、産業化が全く起こらなかった場所でもある程度は見られる。前商業社会において商業営利的農業が拡大すれば、アテネがスパルタを讃えたように、またローマ共和国末期に初期の伝説上の美徳が讃えられたように、様々な形の神秘的な郷愁《ノスタルジア》を生み出すものである。

南部による奴隷制の合理化は幾分かの真理を含んでいた。北部と南部に文明形態の違いがあると言われたが、それは現実に存在した。更に、北部人は綿花を売買し、実際にかなり大きな利益をあげていた。もっとも、南部の合理化にはかなりの虚構もあった。貴族趣味を持ち、前商業的・反商業的なプランテーション貴族制が美徳をそなえていると主張されたが、そのプランテーション貴族制はまさに商業営利的な奴隷制からあがる利益に依存していた。何が真実であり、何が虚構であるかの線を引こうとするのは非常に難しいし、おそらく無理であろう。そのような線引きは我々の目標に照らせば不必要でもある。実際、真偽の線をあえて引くことで重要な諸連関を消してしまい、問題の焦点をぼかす場合もあろう。戦争を奴隷制に関する道徳的な対立の結果として語るのが不可能なように、単なる経済要因だけを戦争の背後にあった主要原因として語ることも不可能である。即ち、道徳問題は経済的相違から生じた。そして、奴隷制は双方の感情を強く刺激した道徳問題であった。奴隷制に対する理念が直接に衝突したことを考慮しなければ、戦争とそれに至るまでの出来事は全く理解できない。もっとも、経済要因が国土の各々の地域で対照的な理念を持つ社会組織を生み出したのと同様に、南部に奴隷経済を生み出したことは火を見るより明らかである。

以上のように論じたとしても、それは、単に相違が存在したという事実を、ある程度必然的な戦争の原因であったと考えることではない。南部でも北部でも大多数の人々は共に、奴隷制を気にかけないか、あるいは気にかけていないふりをしていた。一八五九年選挙の分析から、ネヴィンズは次のように断言している。即ち、ほとんど最後の土壇場と言えるこの時点でさえ、全国民の少なくとも四分の三が、奴隷制に賛成であれ反対であれ、過激な考え方に反対していたと(23)。彼の推測はこのような中立的感情の強さを過大評価しているにせよ、南北戦争について最も反省と考察を必要とする側面のひとつは、この民衆の無関心が戦争を防止できなかったことにある。更に、このような世論の大勢を見て、ビアード(Beard)のような知的な歴史家たちでさえ、奴隷制は争点として重要ではなかったと考えるようになった。彼らは間違っているし、極めて重大な誤りを犯していると筆者は考える。それでもやはり、穏健派が失敗し挫折したことは、南部に共感を抱く研究者が光を当ててきた、貴重な歴史の重要な部分になっている。つまり、戦争が起こりそうな状況が作られるには、南部以外の地域で変化が起こらねばならなかったのである。

一八三〇年代に成長した北部資本主義を支えた主な原動力は、既に見てきたように、綿花から出ていた。一八四〇年代には産業発達が加速し、北東部はついに製造業地帯と言えるまでになった。産業の拡大により、アメリカ経済が単一作物に依存する状態に終止符が打たれた。北東部と西部はかつて南部に食糧の大部分を供給しており、当時も供給を続けていたが、次第に南部に依存しなくなり、両者が相互に依存するようになった。綿花は依然として北部経済にとって重要であったが、もはや北部経済を支配してはいなかった(24)。生産高を価格でみると、一八六〇年に木綿はまだ北部製造業の第二位にあった。一方、北部はこの時点で、全体から見れば確かに小工場が多かったが、各種の製品を生産していた。この生産のかなりの部分は農業社会からの需要に応える品物――製粉機、木材、靴類、男物衣料、鉄、皮製品、毛織物、酒類、機械類――であった(25)。もっとも、後述するように、北部製造業による生産は、西部地方が急速に発展するにしたがって、大きく方向転換したのであった。

主な傾向として、北部は南部綿花への依存度を弱め、経済的対立がある程度、進行していたが、その他にも注目すべき点がある。分裂傾向を強調しすぎては、あまりよくないであろう。プランテーション経済との関係において、北東部は金融、輸送、保険、マーケティングといったサーヴィスを提供した。[26] 綿花が輸出される場合、その大半が北部の港から積み出され、中でもニューヨークが最も重要な港であった。このようにして、綿花を売るためのサーヴィスを買ったり、プランテーションで必要だがすぐには作れない物を買ったり、また軽視できないこととして、金持のプランターが避暑に行くために、南部の収入の大部分が北部で使われた。これこそが摩擦の原因であった。更に、北部も西部も未だに製品と食糧を南部に売っていた。一八五〇年代はミシシッピ河の蒸気船交易の全盛期であった。[27] ここで何よりも重要な点は、一八二〇年から戦争勃発までの間に、ニューイングランド(New England)地方の綿織物工場が、対外競争における相対的効率を向上させたことにある。これにより、一八三〇年以後、合衆国は輸出市場に参入できるようになった。[28] かりに、輸出力がより強かったならば、北部と南部の利害関係がより一致したものとなり、戦争もあるいは起こらなかったかも知れない。いずれにせよ、北部の実業利益には、奴隷解放のために、更には連邦統一のためにさえ、戦争を始める気持ちは全くなかった。もっとも、北部企業家の政治態度や政治行動に関して研究した適当な書物はまだ書かれていない。[29] しかし、北部企業家が純粋に自分の経済的利益のために、連邦政府を道具として利用したがっていたと考えては、かなりまとはずれになるであろう。

北部資本家がどんな政府にでも要求したことは、私的所有を保護し、合法化することであった。いくつかの特殊状況がなければ、南部のプランテーションと奴隷の所有者も、そのような制度に対する脅威にはならなかった。また、北部資本家が望んだものは、資本を蓄積し、市場経済を営む過程で、政府がいくばくかの援助をする――より明確には、何らかの保護関税を導入し、輸送網を作るために援助し（もっとも、後に鉄道に関する大スキャンダルが生じたが、すべての援助が厳密に倫理的である必要はない）、健全な〔兌換〕通貨制度を作り、中央銀行制度を創設する――ことであった。北部で最も有能な指導者たちは何よりも、州や地域の境界線に煩わされることなく、事業活動が行えるように望んだ。彼らも他の人々と同様に、大国の市民であることを誇り、南部の分離が目前となった危機の最終段階では、アメリカの小国割拠化《バルカン》を防ぐように行動した[30]。

世論を最も刺激した経済争点は関税であった。一八四六年以降、アメリカ産業は比較的低い関税の下で飛躍的に発展したのであるから、北部が高率の関税を要求し、南部がそれに反対したのは、まず見せかけの争点――何かで腹をたてている人が別のことで争うといったこと――のように見える。北部産業が好景気にめぐまれていたとすれば、一体どのような必要があって政治的保護を求めたのであろうか。この疑問を提示するとすぐに、南部が北部の産業発展に対し、何らかの拒否権を行使しようとしたという主張が、極めて疑わしく思われてくる。この問題は他の関連する事実を明らかにした後に、再度、論じる必要があろうが、出来事の前後関係を詳細に検討すれば謎は殆ど消えうせる。一八五〇年以後、産業は急激に発達した。しかし、戦争が起こる数年前に、鉄鋼や織物といった業種で摩擦が大きくなった。一八五四年末には鉄鋼の在庫が世界のあらゆる市場で過剰となり、アメリカでも過半数の製鉄工場が操業を停止した。織物に眼を向ければ、ニューイングランドの工場より、イギリスのランカシャー(Lancashire)が普及品を安く生産するようになり、一八四六年から一八五六年までに、柄もの綿布の輸入量は一三〇〇万ヤードから一億一四〇〇万ヤードに、無地綿布の輸入量は一〇〇〇万ヤードから九〇〇〇万ヤードにと急増した。一八五七年には深刻な金融恐慌が起こった。同年に議会を通過した関税法は南部からの圧力を反映して、鉄鋼業と織物業にとって何の救済にもならなかったばかりか、実際に関税額を軽減した[31]。北部産業界が繁栄と急成長の時期に慣れていたことも重なって、このような出来事が北部産業界に重苦しい憤りを引き起こしたのであった。

同時に、北部の資本家は自分たちが支払える賃金で働く、適度に豊富な労働力をも必要としていた。もっとも、これには重大な障害があった。西部に拡がる〔ホームステッド法による〕無償地は労働者を吸収しがちであった。あるいは多数が少なくともそう考えていた。更に、ジャクソン体制を支えた主要な力はプランター、「職工《メカニックス》」あるいは労働者、自由な農場主《ファーマー》から成る、北東部の金融業と産業に対抗する連合体であった。それでは、労働力はどこに求められたのであろうか。また、北部資本家階級はどのようにして、この政治的・経済的な包囲状態から抜け出したのであろうか。北部の政治・経済指導者たちは、西部農場主を南部から引き離し、自分たちの主張に引きつけることのできるひとつの解決策を見出した。西部において生じた経済と社会の著しい構造変動により、政治的連合の組み換えが可能になった。このような変化をより詳しく検討することがそのうちに必要となるであろう。ただ、変化の意味はすぐに理解できる。即ち、この変動傾向を利用することで、北部資本家には、労働力を確保するために南部の「ユンカーたち」に依存する必要が全くなくなった。おそらくこの傾向によって、他のどのような要因より、人間としての自由が部分的ながら勝利できる形で、武力闘争の舞台が作られ、それぞれの陣営に戦闘員が集まったのであろう。

ナポレオン戦争終結から南北戦争勃発までの間に、現在は中西部と呼ばれ、当時は単に西部と呼ばれていた地域は、開拓者の土地から商業営利的な農場経営の土地へと成長した。実際、荒々しい開拓時代を生き抜いた人々の多くは、すぐに時代から抜け出して、他人が開拓時代を賛美するままにしたようである。第一に、市場に出荷できる余剰食糧をごく初期の段階から得ることが可能であったから、僅かな必需品や、生活を快適にする少数の品物も買うことができた。この余剰の大部分は一八三〇年代まで、南部の単一作物により特化された経済の食糧をまかなうために移出され、それは後に東部市場がより重要になるまで続いた[32]。第二に、一九世紀初めの三分の一世紀には、小独立農場主がまだ自己資産を拠りどころとしていたので、ワシントンの政治家から公有地の支配権を奪いたがっており、一方、その政治家たちは大規模な土地投機を行うか、さもなければ西部の主張や要求に無関心であった。西部の小独立農場主は地方自治を求め、時には合衆国とつながる細い絆さえ犠牲にしようとした[33]。これらの理由から彼らは、東部の富の牙城に対してアンドルー・ジャクソンが行った攻撃に共感を寄せ、当時、国を支配していた表面上は庶民的な連合の一翼をなしていたのであった。

東部で製造業が発達し、その結果として、西部の穀類と肉類への有効需要が増加したため、上述の状況が一変した。一八一六―一八年、一八三二―三六年、一八四六―四七年、一八五〇―五六年と、西部への膨張が次々になされたのは、小麦、トウモロコシ、及びそれらの加工食品が次第に儲かるものになったことを反映している[34]。一八三〇年代以後、西部の生産物は徐々に東部海岸地帯に向けて出荷されるようになった。「輸送革命」、即ち、運河と鉄道の進歩により、山脈を越えて運搬する際の問題が解決され、西部農産物は新たな販路を得た。もっとも、西部と南部の通商は絶対量で減少したわけではなく、実際には増加していた。通商量の相対的比率が変化したから、西部が東部に接近したのであった。[35]

農場の産物に対する需要が増したので、西部の社会構造や心理的態度が次第に変化し、新しい政治的提携が可能となった。北東部の特徴である個人主義的・小資本家的な考え方が、西部農場主のなかでも有力な上層部分に拡がった。当時の技術条件の下では、家族農場は小麦、トウモロコシ、豚などの市場向け生産のための効率的な社会機構であった。[36]「輸送が迅速に行われて農産物が東部市場に運ばれ、引き換えに現金収入がもたらされるにつれて、……また鉄道、人口増、道路整備により土地価格が上昇するにつれて、煉瓦や木造の家が丸太小屋に取って代わった。繁栄が訪れたので、すぐ使える現金を求める気持ちが薄れ、昔からの銀行嫌いも和らげられていた。しかも、それは重大な政治的意味を持っていた。遂に、山のかなたから白人貧農の嘆きを消すように、成功した農場主の凱歌が聞こえてきた……。」[37]以上のように、ビアードは基本的な社会変動の本質を把握した文章のなかで述べている。農産物への需要が引き起こしたもうひとつの結果は、反奴隷制感情の拡大と強化であった。これは多分、冒険的な側面を持つ商業的な家族農場が成功し、西部の大地に根付いたことを遠因としていた[38]。もっとも、ここにいくつかの疑問が生じる。奴隷を使わずに営まれた家族農場――ただし、それは商業的営利を求めるものと言うより、生活のための営みと言う方が正確なようであるが――なら、南部にもよく見られたからである。いずれにせよ、西部の農場制度はプランテーションの影響の外で成長し、主に家族労働に依存していたから、奴隷制と競争することを恐れていたのは明らかである[39]。

南部プランターは、かつて、西部農場主を北部の金権政治に対抗する同盟者として歓迎したが、一九世紀中葉までに、独立農場の拡大を奴隷制と自分たちの体制に対する脅威と考えるようになった。西部の土地を小農場主に有利な条件で分割しようという当初の提案は、東部の沿岸地域からだけでなく、移住が促進されて労働力が不足するのを恐れた、ノースカロライナ(North Carolina)のような南部の数州からも反対された。他方、土地の無償払い下げを率先して支持する動きは南西部から出ていた。しかし、西部地域で商業的農場が確立すると共に、この提携関係が変化した。南部では多くの人々が、南部での「奴隷制廃止」につながりかねない、農場主に土地を分け与えるという「急進的」な考え方に強く反対し始めた[40]。上院のプランテーション利益は一八五二年のホームステッド法案(Homestead Bill)を葬り去った。更に八年後、ブキャナン(Buchanan)大統領は同じ法案に拒否権を発動し、議会での通過を阻止できなかった南部選出の下院議員のほぼ全員を喜ばせた[41]。

西部農村社会の変化に対する北部側の反応は一層複雑であった。北部の工場主は自動的に欲しい人なら誰にでも土地を与えようとしたわけではない。そのようなことは工場の扉をたたく雇傭希望者の数を減らすかも知れなかったからである。南部が西部に敵意を持っていたので、北部には農場主と連合する機会が訪れたが、北部人はその機会をなかなか利用しなかった。この連合は、一八六〇年の共和党選挙綱領――一般投票では過半数から反対票を投じられたリンカーンを、ホワイトハウスに送るのに役立った――が発表される当日の夜になって、ひとつの政治勢力になった。その際なされた歩み寄りは、実業家ではなく、政治家とジャーナリストの仕事のように見える。西部の土地を貧しい開拓民に開放しようと提案したことで、財産と教育ある人々の利害に密着していた政党に、大衆、とりわけ都市労働者の支持を集める手段がもたらされたからである[42]。

政治的取引の要点は単純かつ直接的であった。即ち、実業界は関税を高くすることと引き換えに、産業労働者階級にも人気のあった農場主の土地要求を支持した。「農場に投票を、関税に投票を」が、一八六〇年の共和党の標語になった[43]。このように――ここで再度、ドイツ産業界とユンカー層の結合を振り返ると――「鉄とライ麦の結婚」がなされたが、アメリカの結合は地主貴族とではなく、西部の家族経営農場主となされたので、まさに正反対の政治的結果を伴った。もっとも、南北戦争が始まった時でも、この結婚に反対したり、離婚を求める声があった。一八六一年になってもなお、小農場主の代弁者であるC・J・ヴァランディガム(C.J. Vallandigham)は、南部の人々は農業に携わっているから、「農園の国たる南部は、北部の、それ以上に西部の民主党にとって自然な同盟者である」と、主張できたのである。(44)

しかし、そのような議論は過去からの声でしかなかった。提携の再編を可能にした要因は、西部農村社会の性格が変化したことに加えて、北東部の産業発展が特殊状況を抱えていたことにあった。即ち、無償払い下げ地が存在したので、アメリカ資本主義の初期段階――ヨーロッパでは暴力的急進運動の発生を特徴とする段階――において、資本家と労働者の関係に独特の歪みが生じた。ヨーロッパでは労働組合の設立や革命綱領の作成に向かったであろうエネルギーが、アメリカではすべての労働者に、望むか否かにかかわらず、無償払い下げ農場を与える計画へと流れた。当時、このような提案を一部の人々は破壊的なものと考えた。(45) しかし、西部への移住が果たした実際の効果は、土地所有がもたらす利益を拡大し、初期の競争的・個人主義的資本主義の力を強化したことにあった。ビアードによれば、共和党は国有地を飢えたプロレタリアートに、「パンやサーカスより重要な無償の贈り物」として投げ与え、それ以後、社会主義運動が背景に後退したと言う。(46) もっとも、このビアードの表現は誇張がすぎるし、彼が言ったことがすべて起こる時間的余裕も殆どなかった。南北戦争自体が、彼もすぐ後に述べているように、急進主義に向かう傾向を阻んだ。更に、南北戦争以前に、東部労働者にとって西部の大地がどの程度の救いとなったかにも疑問の余地がある。投機家は既に、西部の土地の大部分を手に入れかけていた。東部の都市に暮らす本当の貧民が炭鉱や工場を後にして、小さな農場を買い、簡単な道具をそろえて利益のあがるように経営することは、たとえ他の人々ならそうできるという夢だけが僅かな希望となったとしても、非常に考えにくい。

上述の留保をすべて考慮しても、アメリカのデモクラシーにとって辺境《フロンティア》が重要な意味を持ったという、ターナー(Turner)の名高い主張には一片の真理がある。即ち、少なくとも一時的に開放された西部が生み出した、社会階級と地域《セクション》の提携の再編成がそれである。北部産業界と自由な農場主が結合したことによって、産業主義の発達という問題に対して、古典的かつ反動的な解決は当面、採れなくなった。このような解決を採る提携関係があったとすれば、それは北部産業界と南部プランター層による、奴隷と小農場主と産業労働者に敵対する提携となったであろう。これは決して現実性を欠く空想ではない。南北戦争以前にはその方向に相当の力が働いていたし、それは再建時代(Reconstruction)の終了以後、今に至るまでアメリカの政治風景の中の顕著な特徴となっている。一九世紀中葉のアメリカ社会の状況では、いかなる平和的解決も、また中庸や良識や民主的手続きのいかなる勝利も、反動的解決にならざるを得なかったであろう(47)。更に、もし百年以上も前に北部人も南部人も共に奴隷制を諦めて、黒人をアメリカ社会に組み込む用意があったと真剣に考えるだけの〔現実離れした〕覚悟がなかったならば、この解決はいずれにせよ結果的にそうなったように、黒人を犠牲にするものにならざるを得なかったであろう。一方、北部産業界と西部農場主との連合は、確かに突然に成立したが、長い準備期間を経ていた。また、この連合にはしばらくの間、反動的方向——経済・政治に関する国家問題を有力な経済階層の利益にかなう形で、直接に解決するような方向——が実現する可能性を小さくするだけの力もあった。もっとも、この連合は全く同じ理由から、国家を南北戦争という危機にまで引きずり込んだのである。

三　戦争原因の説明を求めて

一八六〇年のアメリカ社会における主要社会集団の提携関係を検討することは、この戦争の性格、あるいは表面化しえた争点や、表面化しえなかった争点――より平明に言うと、戦争が何に関するものであったのか――を説明する助けとなる。また、提携関係によって、戦いがもし起こるとすれば、どのようなものになりえたかがわかる。もっとも、提携関係だけを検討しても、実際に戦いが行われた理由はあまりはっきりしない。我々の前には、いくつかの重要な事実が提示されているから、北部と南部との間に致命的な摩擦が内在していたのかどうかを論じることができるし、それにより得るところは大きいであろう。

まず、二つの体制の経済的必要条件をそれぞれ、①資本の条件、②労働力の条件、③最終生産物を市場で売買する時の条件、という順に取り上げてみたい。

議論の余地は幾分あるが、プランテーション経済には明らかに拡張主義の圧力が見出せる。それが最大利潤をあげるためには、新たに処女地が必要であった。このように資本の条件という立場からはいくらかの圧力が存在した。これに対応して、労働力の供給が逼迫する兆しも見えた。奴隷がもっと多ければ大いに助かったであろう。最後に、体制全体が機能するためには、綿花が、それに重要度はやや低いが他の主要産物も、国際市場において高値で売れなければならなかった。

他方、北部産業は政府からある程度の援助を必要としていた。この援助とは資本形成における間接費用とでも呼びうる支出をすること、及び、有利な制度環境——輸送体系、関税、債務者や庶民が通常は過大な利を得ない程度に通貨供給量を引き締めること(もっとも、物価を常に押し上げる適度なインフレーションは、現在と同じに当時でも歓迎されたようである)——を創設することであった。次に、労働力の条件を見れば、産業は制度として自由な賃金労働者を必要としていた。ただし、誰かが金《かね》を持っていなければ産業が生産した物を買えないという事実を除けば、工場制度において自由労働が奴隷制より必然的に優っていることを証明するのは難しいが、おそらく、優っていると考えた方が適当であろう。最後に当然ではあるが、産業が発展途上にあり、それ故に市場の拡大を強く必要としており、当時の市場は大部分がまだ農業部門から提供されていた。西部はこの市場の相当な部分を提供していたから、ここで描いている簡単な図式のなかでは北部の一部と考えられよう。

筆者は基本的な経済的必要条件の対立を分析しようとして、わざと偏った図式を描こうとしてきたが、それでもやはり、真に重要な構造的、または「致命的」摩擦があったとは断言しがたい。ここで、南北戦争に関する修正主義派歴史家が正しく指摘するように、大規模な国家はどのようなものでも利害対立に満ちていることを思い出さねばならない。押したり引いたり、争ったりかすめ取ったりは、著しい不正や抑圧と共に、有史以来、人間社会によく見られる状態である。従って、南北戦争のように激しい争乱の直前に見られた、上述のような事実に光を当て、それが戦争の決定的原因であると言うことは明らかな誤りである。繰り返しになるが、妥協は状況の性質から不可能であったことを示す必要があろう。もっとも、ここまでの分析では、妥協が実際に不可能であったようには見えない。その線に沿って言えることはせいぜい、奴隷制地域が拡大したとすれば、西部の自由農場主を非常に傷つけたであろうという程度である。特定の農業形態が特定の地域で経済的に引き合うかどうかは、そこの気候や地形によって決まるが、実際に試してみなければ誰にも確かなことはわからなかったであろう。それでもやはり、この要因だけで、戦争を充分に説明できるとは思えない。経済的利益だけが考慮されたとすれば、北部産業は他のどの市場とも同様に、西部のプランテーション市場にも満足したであろうし、対立もおそらく解消されたであろう。経済的なもの以外の紛争は潜在的なものであれ現実のものであれ、あまり深刻ではなかった。北部が資本形成の分野で出した要求、即ち、国土開発や関税などの要求は、南部経済を脅かすような重荷とは考えられない。もちろん、最底辺に位置したプランターの多くは痛手を受けたであろうし、これはかなり重要な要因である。しかし、南部社会が比較的成功したプランターによって動かされていたとすれば、また、彼らの影響力が無視できないものであったとすれば、取るに足らない小プランターは取引の犠牲にされたかも知れない。奴隷労働対自由労働という問題について言えば、各々の地域が地理上明確に分離していたから、真の経済対立は存在しなかった。更に、筆者が目を通した記述にはすべて、北部労働者が奴隷制反対という争点に対して、無関心であったか、敵意を持っていたことが示されている。

　西部の自由な農場主とプランテーション体制の間に摩擦が存在したことに加えて、厳密に経済的な側面で戦争の原因になったと主張できる要因がひとつある。北部が本当に提供する必要のあったものの殆どを、南部が必要としていなかったことが主な理由となり、南部にとって分離を目指すのは非合理的ではなかった。短期的には、それまで買っていた以上の量の綿花を買うことが、北部にはできなかった。北部に提案できたのは、高々、奴隷貿易の再開を提案することであったろう。キューバを奴隷制のために接収することも話し合われ、思いつき程度ではあったが実行にも移された。最近の出来事(四)にも示されているように、状況こそ違っても、そのような動きは全国民の大きな人気を博したかも知れない。もっとも、当時においてはキューバ侵攻は現実的でも、得策でもなかったように思われる。

　要約すれば、厳密に経済的な争点なら交渉次第で解決された可能性が極めて高い。それでは一体、なぜ戦争になったのであろうか。戦争は何をめぐるものであったのか。厳密に経済的な説明は明らかに適切でない――もっとも、筆者はすぐ後で根本原因がやはり経済的なものであったと、論じるつもりである――から、歴史家はその他の原因を探し求めるようになった。これまでの文献を見ると、大別して三つの解答が出されている。ひとつは南北戦争が基本的に、奴隷制に関する道徳的な衝突であったという解釈である。しかし、北部と南部の社会で影響力ある大多数の人々が、奴隷制に賛成であれ反対であれ、急進的な態度をとることを拒否したのであるから、この説明は困難に突き当る。それは実際、ビアードたちが経済的原因を検討した際に回避しようとした困難と同一である。第二の解答は、すべての争点が本当は交渉で解決できたことと、政治家の失敗が北部でも南部でも大部分の人が望まなかった戦争を引き起こしたことを前提として、経済的要因と道徳的要因によって説明する際に生じる両方の困難を避けようとするものである。第三の解答は、第二の解答が示した方向をもう数歩進めて、アメリカ社会で合意を形成するための政治機構がどのように崩壊し、戦争勃発を許したかを分析することに行き着く。もっとも、この種の議論で歴史家は道徳的原因論に舞い戻る傾向がある(48)。

経済的要因を強調するものを含め、どの説明もそれぞれ多くの事実を論拠として挙げることができる。各々の説明が真理の一部をついているとも言える。しかし、そこまでで考察をやめてしまえば、知的混沌に甘んじることになる。部分的真理の連関と意味を理解するためには、真理の各部分を相互に関連づけ、全体を見通すことが課題となる。このような探求には限りがないとか、発見された諸連関それ自体は単なる部分的真理でしかないからといって、この探求を断念すべきであるという理由にはならない。

経済的要因に話を戻せば、それと政治、道徳、社会などの伝統的に強調されてきた要因とを別に扱う考え方は、時には必要であっても、誤解を招きやすい。また、問題を包括的に理解するためには、争点を何か他の系列に――例えば奴隷制そのものとか、合衆国領地《テリトリー》における奴隷制、関税、通貨、鉄道、その他の国土開発、南部が北部に貢いでいるという宣伝とに分けるように――丹念に分類することも不可欠である。もっとも、このように争点を別個の項目に分割することは、同時に、その争点が意味したことを幾分偽ることにもなる。なぜかと言えば、個々の人間はすべての争点を同時に経験していたのであり、ある争点には無関心な人も、他の争点には強い関心を示す場合もありえたからである。争点間の関連が明らかになるにつれて、言論人の間で関心が高まってきた。個々の争点は交渉可能であり、議論する余地があったとしても、いくつかの争点を一括した全体は交渉がほぼ不可能であった。更に、当時の諸争点は一体であり、少なからぬ人々がそのように認識していた。その訳は、それらの争点が社会全体を反映したものだったからである。

このような視点に留意して、もう一度、最初から分析を始めよう。アメリカの社会構造は、主として経済的・地理的理由から、一九世紀にそれぞれ異なる方向に発展した。プランテーション奴隷制に基礎を置く農業社会は南部で成長した。北部では産業資本主義が確立し、西部の家族労働農業を基盤にした社会と結びついた。北部は西部と共に社会や文化を創り出したが、そこでの諸価値は次第に南部の諸価値と衝突するようになった。この価値の相違の焦点が奴隷制であった。そう考えると、道徳問題が決定的であったという点で、ネヴィンズの意見に同意してもよい。ただし、このような道徳問題はそれを創り出し、支えた経済構造を無視しては理解できない。奴隷制を廃止しようという感情が南部でも高まった場合に限り、道徳感情を単独で重要な説明要因と考える根拠ができるであろう。

根本的な争点は次第に、どちらの社会を支持するために連邦政府の機構が使われるべきかという点に収斂した。この背景を考えて初めて、関税のように外観上は地味な問題や、北部に貢物をしているという南部側の主張を支えた情熱の意味がわかる。中央権力の問題もまた、合衆国領土における奴隷制という争点を決定的なものにした。ある州を合衆国に編入する際に奴隷州にするか自由州にするかが、均衡をどちらかに崩すことを政治指導者たちは知っていた。更に、西部に未定住地や部分定住地があるため、状況に不確実な要因が内在したという事実が、妥協に至る前に超えなければならない困難を著しく増した。双方の政治指導者は相手に有利となるような動きや手段に、ますます敏感にならざるを得なかった。このように大きな文脈に照らせば、南部が北部の進歩に拒否権を発動しようとしたことが、戦争の重要な原因になったと充分に理解できよう。

修正主義派は、南北戦争が第一義的に政治家の戦争、おそらく扇動家の戦争でさえあったと主張するが、上述の視点に立てば、彼らの主張も――これらの名称が単に悪意から出たと受け取られないならば――評価できると考えたい。分業の進んだ複雑な社会、特に議会制デモクラシーを採る社会では、政治家やジャーナリスト、それに度合いは低いが聖職者にとっても、社会内の権力配分に影響する出来事に敏感であることは特別かつ必須の任務である。また、彼らは社会構造を変えるためや、現状を維持するために、善し悪しの区別もなく論争を始める人種でもある。他の人々が生活のための仕事に没頭しているのと対照的に、彼らの仕事は潜在的変化に敏感なことにあるから、政治家がしばしば騒ぎたてて対立を深めることはデモクラシー体制の特色である。現代デモクラシーにおける政治家の役割は、少なくとも表面上、極めて逆説的なものである。政治家は大部分の人が政治に煩わされる必要のないように自分の仕事をしている。同様の理由から、政治家は世論を真の危険や偽りの危険に対して、目覚めさせる必要があると時に感じるものでもある。

以上の見地からしても、現代のような形の世論では戦争へと押し流されるのを阻止できないことが理解できよう。北部でも南部でも、資産家は穏健な意見の中核を形成していた。彼らは平時には地域社会の指導者であり、現代の世論研究者ならば「オピニオン・メイカー」と呼ぶであろう人々であった。彼らは当時の既存の社会秩序の受益者であり、また主に金儲けに関心があったので、いずれにせよ大きな困難を伴う構造改革に手をつけるよりも、奴隷制問題を抑えつけようとしていた。一八五〇年のクレイ＝ウェブスター協定(The Clay-Webster Compromise)は、このような集団の勝利を意味していた。この協定では、逃亡奴隷の送還について北部において従来より厳しい規定が定められ、また、新たに合衆国に編入される数州について、カリフォルニア(California)は自由州として、ニューメキシコ(New Mexico)とユタ(Utah)は、将来の編入の時点で州憲法によって奴隷州か自由州かを選ぶことが決められていた。(49) しかし、奴隷制問題を明るみに引きずり出し、新しい解決が模索されると、それがどのような形のものであれ、穏健派集団内の多くは穏健派でなくなった。上院議員、スティーヴン・A・ダグラス(Stephen A. Douglas)が、合衆国領土における奴隷制問題を再燃させ、一八五〇年の妥協をわずか四年後に反故にした時に起こったことが、まさにそれであった。定住者自身が奴隷州となるか自由州となるかを決定するカンザス＝ネブラスカ法(Kansas-Nebraska Act)を提案することで、彼は少なくとも一時的には、北部世論のかなりの部分を穏健派から奴隷制廃止論者に近いものへと変えた。一方、南部での彼に対する支持はあまり熱心なものではなかった。(50)

大雑把に言えば、デモクラシーが機能するためには、多数の人が持っているありふれた美点――自ら進んで妥協し、対立する側の観点を理解するような実用主義的《プラグマティック》なものの考え方――をそなえた穏健派が必要である。そのような人々は教条主義者の対極に位置した。教条主義とはつまるところ、事実をありのままに見ることを拒むことであった。穏健派は主として奴隷制問題を棚上げしようとしたが、状況の根底から派生した一連の出来事を動かし操ることはできなかった。(51)「血塗られたカンザス」をめぐる抗争〔一八五五―一八五六年〕、一八五七年の金融恐慌、ジョン・ブラウン(John Brown, 1800-1859)が芝居気たっぷりに指揮しようとした奴隷反乱〔一八五九年一〇月〕などの危機によって、穏健派は立場を弱め、解体へと向かい、混乱するままとなった。争点を辛抱強く無視することで解決しようとする実際性、つまりアングロ＝サクソン的な穏健性の中核として、よく自己満足気味に考えられている態度が、全く通用しないことが明らかになった。態度とか心の持ち方というものは、現実的な分析と計画がなければ、たとえ大多数がその考え方を共有していても、デモクラシーを機能させはしない。合意それだけでは殆ど何も意味しない。それが何についての合意であるかが問題となるのである。

最後に、この戦争の原因と意味を把握するために、アメリカ社会を総体的に認識しようとする場合、意見が衝突した原因を捜せば必然的に、問題の大部分が不明確になることを思い起こすのは大切である。政治的統一がもし長い期間にわたって存在してきたなら、それがどのようなものであれ、統一を生み出した原因があるに違いない。避けがたい相違点を超えて、人々が調和を求めた理由がなければならない。二つの地域がそれぞれ正反対の原理に基づいた経済体制を発達させながら、それでもなお、両地域に真の権威と権力を保持している中央政府の下に留まっている実例を、歴史の中に見出すのは難しい。筆者にはそのような例が全く思い浮かばない(52)。そのような状況には、分離傾向に対抗して働く、極めて強い凝集力があるに違いない。現実に南北戦争が起こってしまったので、凝集力の強さを過小評価するおそれは常に存在するが、一九世紀中葉の合衆国では、実際に凝集力が弱かったに違いないと思われる。

通商は国内の様々な地域を結ぶつながりを生み出しうる明確な要因である。従って、南部の綿花が主にイギリスに出荷された事実は、ほぼ確実に重大な要因と考えてよいであろう。それは北部とのつながりがそれだけ弱かったことを意味していた。戦時中、イギリスが南部の主張に肩入れしたのもよく知られている。しかし、不統一を示す側面として、通商関係を重視しすぎるのはあまりよくないであろう。前にも指摘したように、北部の工場は綿花をより多く使うようになっていた。一八五七年不況の後、西部市場が急速に衰えた時に、ニューヨークの商人は当面、それまで以上に南部の取引先に頼った。(53) 一言で言って、通商状況が変化しつつあった。従って、もし戦争が回避されたとすれば、経済的原因をまず追求する歴史家は、何の苦労もなく戦争が起こらなかったことを説明できたであろう。

綿花が当時、北部よりもイギリスと南部を結びつけていた事実は重要であるが、当時の状況で残る二つの側面は更に重要であったかも知れない。第一は既に述べておいたが、北部の産業資本主義的所有に対する、強力かつ急進的な労働者階級からの脅威が全くなかったことである。第二に、合衆国には強大な敵対国がなかった。この点で、状況はドイツや日本が直面したものと全く異なっていた。この両国は共にやや遅れて――ドイツは一八七一年に、日本は一八六八年に――政治的近代化の危機をそれぞれの形で経験した。アメリカでは上述した二つの理由が結びついて、農業エリートと産業エリートの間に特有の、保守的妥協を進める力がそれほど強くなかった。北部の工場所有者と南部の奴隷所有者を、所有の不可侵の旗の下に結集させる力がほとんどなかったのである。

あえて要約すれば、異なる文化――奴隷制に関して相容れない立場をとる(ただし、双方共に資本主義的な)――をもたらすような、それぞれ異なる経済体制が成長したことに、戦争の究極的原因が求められるはずである。北部資本主義と西部農業の結合が、当面の間、都市エリートと地主エリートの典型的に反動的な提携を、従って戦争を回避できた唯一の妥協(それはまた結果として、戦争をありえないものにする妥協でもあった)を、不必要にすることになった。更に、次の二つの要因が妥協を著しく困難にした。第一に、西部の将来は確定的ではなく、それゆえ中央の権力配分も不確定であったから、不信や論争の種となるあらゆる原因が強化、拡大された。第二に、今しがた述べたように、アメリカ社会に内在する主要な凝集力は強まっていたとはいえ、未だに極めて弱かったのである。

四　革命原動力とその挫折

南北戦争がもたらした最も重要な政治的結果である奴隷解放宣言については、既に述べてあるから、南北戦争それ自体に関して、特に付け加えることは僅かしかない。この戦争は、アメリカ社会の支配階級がはっきり二つに――清教徒革命時のイングランド支配層や、大革命時のフランス支配層より遥かに明瞭に――分裂した事実を反映していた。英仏の大変動においては、支配階級が分裂したために、急進的傾向がより下の階層から噴き出すことができた。この傾向はイングランドよりフランス大革命の方にはっきりしている。ところが、アメリカ南北戦争ではこれと比較できるような急進的高揚が全く見られなかった。

少なくとも大筋において、その理由は明白である。第一に、アメリカの都市には抑圧された職人や潜在的サン＝キュロット派がほとんどいなかった。また、間接的要因でしかなかったとしても、西部の土地が存在したことが潜在的な爆発力を減らした。第二に、農民に燃焼力が欠けていた。南部で社会階層の最底辺に位置していたのは農民ではなく、主に黒人奴隷であった。彼らには反乱を起こす能力、あるいは意志がいずれにせよなかった。我々の目的にとって、それがどちらでも大差はない。奴隷暴動は散発的にあったが、政治的重要性は全くなかった。従って、奴隷暴動からは革命の原動力が全く出てこなかった。(54)

革命原動力、即ち、社会の既成秩序を力で変革しようとする試みとなり得たものは、北部資本主義から生じた。急進共和派(the Radical Republican)として知られる集団は、奴隷制廃止の理念を工業利益と融合し、一瞬だけ革命の炎をあげたが、後に腐敗の泥沼の中に消えた。この急進派は戦時中、リンカーン陣営にとって苦労の種であったが、リンカーンは合衆国の統一を守ることを基調として、すなわち、南部の所有権に大きな脅威を与えることなしに、戦争を勝利に導くことができた。ところが、戦闘終了から約三年間の短い期間(一八六五年から一八六八年)には、勝利した北部の権力を急進共和派が握り、プランテーション体制と奴隷制の遺物に対する攻撃に着手したのであった。

この集団の指導者は南北戦争を、進歩的資本主義と奴隷制に基礎を置く反動的農村社会との革命闘争とみなした。北部と南部の対立にそのような性格が本当にあった限りにおいてであるが、その対立の中で最も重要ないくつかの闘争は実際の戦闘が終わった後に生じた。それが急進共和派による闘争であった。百年後の視点から見れば、彼らは厳密にブルジョワ的かつ資本主義的な革命の最後の輝きのように、即ち、大封建領主に対して反乱を始めた中世都市民の最後の継承者のように見える。南北戦争後の革命運動は、反資本主義的であるか、たとえ資本主義を擁護しても、ファシズム的かつ反革命的であるかのいずれかである。

一握りの共和党政治家が、奴隷制廃止論のイデオローグと自由土地党(Free Soil Party)急進派から、奴隷制は時代錯誤であり、「「領主と農奴――貴族と奴隷」という死にゆく世界の遺物」であるとする考え方を受け継いだ。彼らは南北戦争自体を、民主的かつ進歩的な北部――「言論の自由、労働の自由、学校、投票箱」に基礎を置いている――を模範として、南部を再建するために抑圧的な時代錯誤を根絶し破壊する機会として捉えた。下院での急進共和派の指導者、サディアス・スティーヴンズ(Thaddeus Stevens)は、大衆向けの演説ではやや穏健であったが、法律事務所の共同経営者に宛てた私信では当時、次のように書いている。国が必要としているのは、「理解力と道徳的勇気を充分に持ち、今の事態を急進革命として扱い、我々の制度を作り直すような」権力を持った(即ち、リンカーンではない)人物であり、「……それは南部を荒野とすると同時に奴隷を解放し、更には我が大陸の半分に再び植民することを意味するであろう。」この運動を盛り立て、単なる机上の空論の域を抜け出させたものは、これが北部社会の重要部分の利益と一致していたという事実であった(55)。その利益とは、第一にまだ揺籃期にあったペンシルヴァニア(Pennsylvania)の製鉄業であり、第二に一群の鉄道利益であった。スティーヴンズはこの二つの利益のために議会での仲介者として行動し、当時の政治倫理にかなう範囲で双方から現金を受け取っていた(56)。また、急進共和派は北部労働者からもかなりの支持を集めていた。北部の労働者は黒人との競争を恐れており、ニューイングランド地方の奴隷制廃止論者を、工場所有主の偽善的代理人とみなしていた。彼らは従って、奴隷制廃止を主張するプロパガンダには非常に冷淡であったが、急進派の保護関税という考え方を熱狂的に歓迎しており、インフレ状態にある北部通貨を縮小することには警戒心を強めていた(57)。他方、金融利益と商業利益は急進派を歓迎しなかった。それ故に、戦後、原則を重んじる急進派は「北部の金権政治」に背を向けたのである(58)。

このように急進派の攻撃は、プランテーション体制に対する資本主義の一致した攻撃を代表するものではなかった。その一致した攻撃とは労働者と産業家と、当時、権力の頂点にあった一部の鉄道利益とから成る連合体によるものであった。それでも、この連合体を企業家的資本主義とか、思い切って進歩的資本主義と名付けても、誤りではないであろう。この連合体は後にヴェブレン(Veblen)が好んだ、アメリカ社会の主要な創造的(そして実利的)勢力を引きつけ、彼が嫌った紳士気取りの資本家たち――作ることではなく、売ることで金儲けをした人々――を離反させた。この連合体は、サディアス・スティーヴンズとその一派という、熟練した政治的リーダーシップと二流の才能を得て、そこから全体戦略の提供を受けた。彼ら急進派は、社会がどこに向かっていて、その事実を自分たちはどのように利用できるかを説明することができた。南北戦争は彼らにとって、少なくとも可能性としては、ひとつの革命であった。軍事的勝利とリンカーンの暗殺――彼らはこれをあからさまに喜んだ――によって、彼らは南北戦争を真の革命にしようとする機会を短期間ながら得ることができた。

サディアス・スティーヴンズは日常の政治的リーダーシップを担っただけでなく、分析にも長じていた。彼の基本戦略は自分が代弁する集団のために、連邦政府機構を掌握することに収斂した。そのためには、プランテーションを代表する旧来のリーダーシップが議会に復帰して、自分の計画を挫かないように、南部社会を変化させることが必要であった。このような必要から、当時僅かながら存在していた、闘争全体を革命的にしようとする原動力が出てきた。また、スティーヴンズには、問題が何であるかを見極め、可能な対応策を考え出せるだけの社会学的洞察力と同時に、その対応策を試すだけの度胸も備わっていた。

スティーヴンズは一八六五年の演説で、一般大衆と議会に向けて、驚くほど一貫した分析と行動計画を次のように示した。南部は、何かの理由で合衆国を離れ、今や歓迎を受けて復帰する諸州としてではなく、征服された民として取り扱われねばならない。「彼らの制度の基礎は、政治的なものも、自治に関するものも、社会的なものもすべて解体され、作り変えられねばならない。さもなければ、我々の血と富はすべて無意味に費やされたことになる。彼らを征服された民として扱い、制圧することによってのみ、根本的な変革が可能となる。[59]」彼は更にこう主張した。「憲法がその作成者の意図したものとなるように、あるいは合衆国の政党による永続的支配を確保するために、憲法が改正されるまで」、これらの州は復帰を認められてはならない。彼がここで「合衆国の政党」と言ったのは、とりもなおさず共和党のことであった[60]。

もし南部諸州が「再建」――上からの革命を婉曲に表現した含意の多いこの言葉は、当時から現在まで使われている――されなければ、北部をやすやすと圧倒するかも知れないし、そうすれば南部は敗戦の後でも以前の秩序を回復できるかも知れないと、スティーヴンズは注意深く率直な予測を述べた[61]。

以上のような考慮から、南部を上から下に向かって再建しようとする計画が立てられた。スティーヴンズはプランテーション所有者の権力を打ち破ることを求めて、「たとえ(南部)貴族層を追放することになっても」、二〇〇エーカーを超す大農場を没収すべきであると主張した。彼は更に数字を挙げて、この措置によってすべての黒人家族に約四〇エーカーの土地を与えられるだけの土地が、連邦政府の手に入るであろうと論じた[62]。「四〇エーカーとラバ一頭」はやがて宣伝文句になったが、結局、新たに解放された黒人がおそらく抱いていたユートピアへの希望は裏切られることになった。しかし、急進共和派は、スティーヴンズでさえも、決してユートピア主義者ではなかった。彼らが徹底的な土地改革の要求を出したのは、それ以外の何物もプランターの権力を打ち破れないであろうという、現実認識の反映であった。プランターは既に他の手段を用いて、即ち、黒人が経済的に困窮していることにつけ込んで、以前の権力を実質的に回復し始めていた。少なくとも数名の急進派が、このような状況をすべて明確に見抜いていた。更に、旧プランテーションを分割し、黒人に小農場を与えるのが可能であったことを示す実例もある。一八六四年と一八六五年に、北部占領軍の政府は数千人の困窮した黒人を抱えて、この難しい問題を解決するために上述した方向で二つの実験を行っていた。占領軍政府は没収や放棄された土地を、四万人以上の黒人に引き渡した。後にジョンソン(Johnson)大統領が土地を白人の旧所有者に返還するまで、彼らは小農場主として立派に土地を耕していたという(63)。それでもなお、黒人には奴隷制下での経験しかなかったので、農村の小資本家として仕事をやっていく準備が全く不足していた。スティーヴンズはそれに気づき、黒人たちにはその後、長期にわたって、議会内の友人による監督が必要であると感じた。同時に、最低限の経済的安定と、投票権を含む最低限の政治的権利なしには、黒人が自分自身と北部利益にとって、ほとんど何もできないことを彼は知っていた(64)。

要約すれば、急進派の再建案は、北部の軍事力を使用してプランテーション貴族層を破壊し、黒人の所有権と投票権を確保することにより、資本主義デモクラシーの複製を創り出そうとするものとなった。それは当時の南部の状況から見れば、実際に革命的であった。例えば、一世紀後に黒人が市民権を求めた運動でも、経済的要求が控えられているため、この再建案を超える要求はもちろん、同一の要求さえなされていない。もし時代に先んずることが革命的ならば、スティーヴンズこそ、正にそれであった。もっとも、共感を抱く北部人ですら動揺は隠し切れなかった。ニューヨーク・トリビューン紙（*the New York Tribune*）の編集者、ホレイス・グリーリー（Horace Greeley）は長い間、奴隷制廃止論に共感を寄せていたが、一八六五年九月六日になされたスティーヴンズの演説に関して次のように書いた。「……南部の所有権に対するどのような闘争にも我々は抗議する。……南部でも比較的豊かな階級は、無知で下品な人々よりも文明的で人間的であり、黒人への敵意もそれ程は持っていないからである。(65)」北部と南部の資産家が互いの溝を乗り越え、歴史に残る妥協をもうひとつして、黒人に自由を与えて後はしたいようにさせれば、次に何が起こるか。グリーリーが抱いた不安は、そのような方向を暗示するものであった。

従って、急進派が北部の資産家利益と衝突するとすぐに敗北したこと、より正確には彼らの計画の急進的要因が敗北したことは当然であった。急進派には、共和党穏健派の希望に反してまで、一八六七年再建法に無理やり没収条項を挿入することができなかった。スティーヴンズの「四〇エーカー」法案は下院で僅か三七票しか得られなかった(66)。北部の支配的感情は、たとえ、反逆者の資産であっても、また、資本主義デモクラシーの名の下であっても、所有権に対する徹底的な攻撃を許すものではなかった。ネイション誌(*the Nation*)は次のように警告した。「富者の土地を持たざる者に分け与えることは……我々の社会と政治の全体系に打撃を与えるであろうし、自由を犠牲にしなければ、その打撃から立ち直るのは難しいであろう。」土地改革に失敗したことは決定的な敗北であり、急進派の計画は骨抜きになった。土地改革のない計画は、全体として生ぬるいか、刺激が強過ぎるかのいずれか——その人の見方による——であった。もっとも、この計画が失敗したから、南部の白人地主や他の資産家層が最終的に支配権を確立したと言っては、言い過ぎになるであろう(67)。事実、資産家の支配権が確立される途を、急進派はさえぎることもできなかった。彼らがこの時点で失敗したことで明らかになったのは、アメリカ社会が革命原動力に課した限界なのである。

プランテーション体制は土地の没収と再配分をまぬがれたので、新たな労働体系を得て再生した。初めは賃労働が試みられた。しかし、黒人が農閑期に給料を貰い、綿花を摘み取る時期になると逃亡することが多かったことも理由のひとつとなり、賃労働は失敗した。従って、プランターが労働力を思うがままに管理できる小作制に、かなりの地域が転換した。この変化が持つ意味は大きかった。後に見るように、アジア各地の小作制は、政治的手段よりも経済的手段——もっとも、前者は後者を支えるために必要なことが多い——を用いて、農民から余剰生産物を搾取するひとつの方法であった。従って、それと基本的に同一の形態を採る小作制が、従来は農民層が存在していなかったにもかかわらず、アメリカに出現したことは非常に興味深い。

農村部の商人が存在したため、アメリカには独特な状況が生まれた。もっとも、似たようなやり方は中国などでも行われていた。農村部の商人が大プランターであることも多かった。彼らは借地農や小作農に食料雑貨類を掛け売りし、通常の小売り値よりもはるかに高い代金を請求することで、労働力を支配した。借地農や小作農は他の店では信用貸しをしてもらえなかったし、普通は現金をあまり持っていなかったから、他の店で買い物をすることができなかった(68)。このように多くの黒人にとっては、経済的束縛が奴隷制の束縛に代わっただけであった。この変化がどの程度の——もし、あったとすれば——改善を意味したかは断定しにくい。しかし、プランテーション所有者が新体制の下で非常に繁栄したと考えたら、間違いになるであろう。新体制がもたらした主な結果は、銀行家が簡単に現金化できる作物を栽培するようにプランターに押しつけ、プランターは小作人に圧力をかけたので、南部がそれまで以上に単一作物経済に傾いたことであろう。[69]

政治の復興は経済的復興と並んで進んだ。もっとも、両者の関係は原因と結果という単純なものではなく、むしろ相互に強化し合っていた。南部において戦前の支配集団の後継者が政治権力を手に入れる際に、どのようないきさつがあったかをここで述べる必要はない。もっとも、「スキャラワッグズ(scalawags)」——今ならば白人の北部協力者とでも呼ばれる人々——には、プランターや商人、産業指導者さえが多くいたことは注目に値する。[70] 大量の暴力——おそらく、良識ある人々は反対したであろうが、ここではあまり良識に期待しない方がよい——が黒人に「分をわきまえ」させ、白人の全面支配を再び確立するのに役立った。[71] このような事態が起こっている間、産業家と鉄道関係者が南部の状況に対する影響力を強めた。[72] 一言で言えば、北部と同様に南部でも、穏健な資産家が権力と権威と影響力のある地位に復帰しつつあった。過去の戦線を超えたこの提携のために、着々と舞台が準備されていた。北部による占領の遺制を取り除く見返りとして、共和党員ヘイズが大統領に就任するのを認めるという形で、ヘイズとティルデンが争い、激しい論争を展開した選挙が結着を見た一八七六年に、この提携は公式に結ばれた。北部の富と所有と特権の政党は、西部の急進的な土地均分論者と東部の急進的労働者から攻撃されていたので、財産もなく抑圧された黒人労働者階級の諸権利を擁護するかのように見せかけてきたが、この最後の仮面を自ら脱ぎ捨てた[73]。南部の「ユンカー層」がもはや奴隷所有者でなくなり、都市型実業家の色彩を身につけた時に、そして、北部資本家が急進的要求に直面した時に、古典的保守連合の実現が可能になった。このようにして、「第二のアメリカ革命」を消し去るためにテルミドールの反動が到来したのである。

五　戦争の意味

南北戦争は革命であったのかどうか。確かに、圧政者に対抗する民衆蜂起という意味では、革命ではなかった。南北戦争の意味を評価すること、即ち、それを現在でも進行中の歴史の中に位置づけることは、その原因と経過を説明するのと同じように難しい。一般的に述べて、革命が持つひとつの意味は、政治制度が暴力的に破壊され、それ故に社会が新しい進路を採るようになることにある。南北戦争以後、産業資本主義は急速に発展した。これは明らかに、チャールズ・ビアードが「第二のアメリカ革命」という表現を用いた時、心に描いていたものであった。しかし、産業資本主義が爆発的に成長したのは、南北戦争の結果であろうか。また、革命という言葉から連想される要因の中で、最も穏健なものと言える人間としての自由に対しては、どのように貢献したのであろうか。憲法第一四条修正条項では、いかなる人の生命、自由、財産を奪うことも各州に禁じているが、歴史を見ればこの規定が様々な解釈を許してきたことは明白である。教養ある人なら誰もが知っているように、修正第一四条は黒人を守るために殆ど何もしてこなかったが、企業を守るためには極めて多くのことをしてきた。ビアードはこの修正条項の起草者が本来持っていた意図はそこにあったと主張しているが、その意見に反対する人も何人かいる(74)。もっとも、立法意図がどこにあったかはあまり重要でない。ただし、結果がどうであったかについては、疑問の余地がない。詰まるところ、南北戦争の評価は、現代アメリカ社会の自由をどう評価し、先進産業資本主義の諸制度と南北戦争との関連をどう評価するかによって決まる。もっとも、このような問題は書物をもう一冊書いたとしても、論じ尽せないであろう。それ故、筆者は比較的重要な考察をいくつか簡単に述べるだけにしたい。

北部の勝利と同時に、またその後にも、いくつかの非常に重要な政治変動が現に生じていた。この変動は次のように要約できるであろう。つまり、連邦政府は所有、特に大所有を守る防壁となり、「持てる者は更に与えられる」という聖書の一節を実行する代理人となった。防壁とはまず、合衆国の統一それ自体が堅持されたことであった。戦後に西部が移住者で満たされたので、合衆国は世界最大の国内市場のひとつとなった。この市場は同時に、合衆国の歴史始まって以来、最も高率の関税で守られた市場でもあった。(75) 各州政府は修正第一四条を用いて、所有権を不合理なまでに手厚く保護した。同様に、通貨も国立銀行《ナショナル・バンキング》制度と正貨支払いの再開によって、しっかりと足場を固めた。もっとも、以上の政策が、かつて考えられていたほど、西部農場主に損害を与えたかどうかは疑わしい。彼らが戦時中と戦後しばらくの間、かなりうまくやっていたことを示す証拠もある。(76) 彼らは少なくとも、西部の公有地開放(一八六二年のホームステッド法)によっていくらかの埋め合わせを得た。政府が既に引用した聖書の一節の代理執行人になったと言うのは、まさにこの点を指している。また、鉄道は莫大な補助金を受け、製材業や鉱業も公有地払い下げにより繁栄の基礎を得た。最後に、以上の政策により労働力を失う可能性がある産業に対する埋め合わせとして、連邦政府は引き続き移民に門戸を開いていた(一八六四年の移民法)。ビアードが述べたように、「フェデラリストとホイッグが二世代にわたって試みたすべてが、四年という短期間に勝ち取られ、更にそれ以上のものも得られた。(77)」ただし、「四年という短期間」は誇張である。上述の政策のいくつかは南部再建(一八六五—一八七六年)の一部でもあり、正貨支払いは一八七九年まで再開されなかったからである。もっとも、再建は明らかに闘争の一部であるから、これは些細な問題であろう。過去を振り返り比較して、一八六〇年にプランターが立てた計画――連邦規模で奴隷制を施行し、高率保護関税に反対し、補助金にも、金がかかるので税負担を増す国土開発にも反対し、国立銀行制度と国家通貨制度に反対するもの(78)――が実行されたとしたら、一体、何が起こったかを考えれば、次の議論は実際に強い説得力を持ってくる。それは即ち、南北戦争が、プランテーション経済という束縛に対する産業資本主義の勝利であり、この勝利を得るためには血と鉄が必要であったという議論である。

しかし深く考えてみると、そのような確信は大部分、消え去るかも知れない。ビアード自身の立場も極めて曖昧であることに注目する必要がある。先に要約した北部資本主義の勝利を語った後に、「これまで述べた第二のアメリカ革命がもたらした主要な経済的結果は、武力紛争が起こらなかったとしても達成されていたであろう……(79)」と彼は述べている。もっとも、ある一流歴史家が書いた挑戦的な著作でこの問題に光が当てられているのを除けば、ビアードのこの見解は全く議論の対象になっていない。南北戦争が産業資本主義デモクラシーの革命的勝利であり、その勝利にとって戦争が必要であったという主張に対しては、次に挙げるように、相互に関連する三つの批判が加えられよう。第一に、南北戦争とその後の産業資本主義の勝利との間には、真の関連が全くないと言えるかも知れない。つまり、関連があると論じるのは、時系列を因果律で置き換えるという過ちを犯すことになるかも知れない。第二に、南北戦争以後の変化は、通常の経済発展が進行することによって自然に起こりつつあったから、変化を生じさせるために南北戦争は必要でなかったと言えるかも知れない。(80) 最後に、本章で先に詳しく述べた事実に基づいて、北部と南部の経済が本当はそれほど深刻な競合関係になかった、即ち、両者は良くて相互補完的であり、悪くても、南部が綿花の大部分をイギリスに売っていたというように、偶然の出来事により結びつかなかっただけであったと、論じることもできるであろう。

これらの批判に対しては、プランテーションに支配される南部社会が、産業資本主義デモクラシーが確立するにあたって極めて大きな障害となっていたことが示される場合にだけ、有効な反論がなされるであろう。プランテーション奴隷制がデモクラシーの障害であったこと、即ち、人間の平等——たとえ、それが機会の平等だけに限定されていても——と人間の自由を最低限目標としているデモクラシーであればいかなるものにとっても、障害であったことは事実に現われている。もっとも、この点を認めても、プランテーション奴隷制が産業資本主義自体の障害となったことは立証されない。また、比較検討することで、前述の民主的目標を掲げない——より慎重に言えば、それが後回しにされる――社会においても、産業資本主義が確立され得ることは明らかである。一九四五年以前のドイツと日本は、その主張を支える主な実例である。

ここでもう一度、政治的諸問題と、南部の文明と北部及び西部の文明という、二つの相異なる文明の両立不可能性の問題に目を向けたい。労働抑圧的な農業、特にプランテーション奴隷制は、特定の歴史段階において特別な形態の資本主義――他に適当な用語がないので、競争デモクラシー的資本主義と呼ばねばならない――の障害になる。奴隷制は清教徒革命、アメリカ独立革命、フランス大革命を実際に継承した社会にとって、脅威であり障害であった。南部社会は、人間価値の基準としての世襲的地位に確固たる基礎を置いていた。一方、北部では西部と同じに、変わりつつあったとはいえ、まだ機会均等という考え方が根強かった。いずれの地域においても、経済的諸制度が理念に魅力や勢いを与え、理念はその経済的諸制度を反映したものであった。ひとつの政治体の内で、両方の理念を満足させる政治・社会制度を確立することは本質的に不可能であったと、筆者は考える。かりに両者が地理的に離れていたなら、また、かりに南部がたとえば植民地であったなら、黒人を犠牲にして、当時、この問題を解決することはおそらく容易であったろう。

北部の勝利――その結果が極めて両義的であったにせよ――が、南部の勝利が意味したであろうものと比較して、自由の政治的勝利であったことは議論を更に必要としないほど明らかであろう。もっとも、一九世紀半ばに南部プランテーション体制が西部でも確立して、北東部を包囲したとすれば、何が起こったであろうかということだけは考えるべきである。そのような場合、アメリカ合衆国には大土地所有制経済《ラティフンディウム》、有力な反デモクラシー的貴族層、弱体かつ依存的な商工業階級が見られ、合衆国は政治的デモクラシーの方向に前進することができないし、また、その気もないような、今日の近代化途上にあるいくつかの国々と同じ立場にいたであろう。大まかに言って、それがロシアの状況であった。ただし、一九世紀後半のロシアの農業には、アメリカと比較して商業営利的要素はあまり強くなかった。そのような状況では、しっかり根づいた政治的デモクラシー——たとえ欠点や不備があるにしても——よりも、ある種の急進的爆発や長期にわたる半ば反動的な独裁制が生じる場合が多い。

　奴隷制を打倒することは決定的な一歩、即ち、イングランド内乱やフランス大革命で絶対君主制を打倒したことと、少なくとも同じ位に重要な行為であり、後の発展にとっても必要欠くべからざる準備であった。南北戦争で成し遂げられたことは、イギリスやフランスの暴力争乱と同様に、言葉の広い意味で政治的なものであった。アメリカにおいては、後の世代がこの政治的枠組に経済的内容を盛り込もうとした。彼らはそのために自身の運命を決定する物質的手段を手に入れさせることにより、人々の水準をある種の人間の尊厳という概念に向けて引き上げようとしたのである。その後に起こったロシア及び中国の革命も、これまでのところは大体において手段が目的に優先し、目的が歪曲されているとしても、アメリカと同じ目的を持っていた。アメリカ南北戦争を適切に評価して位置づけるならば、このような文脈から見なければならないと、筆者は確信している。

連邦政府が奴隷制を実施しなかったのは決して些細なことではない。奴隷制という障害が取り除かれていなかったならば、例えば、組織労働者が後に法的・政治的承認を勝ち取ろうとした時に、大きな困難に直面したであろうことは想像に難くない。もっとも、南北戦争が終結して以来、様々な運動が自由の範囲と意味を拡大することを目指したが、数多くの障害にぶつかった。その主な理由は、一八六五年の勝利が不徹底な性格を持ち、その後、次第に北部と南部の資産家層による保守連合が形成されたことにある。更に、このような不徹底性は産業資本主義の構造に組み込まれた。南部では戦前に存在した抑圧の大部分が、新たにより純経済的な装いをまとって戻ってきたし、産業資本主義が成長、拡大するにつれて、南部のみならず合衆国全体にも新たな形態の抑圧が現われてきた。連邦政府は、もはや逃亡奴隷諸法の適用に関わらなかったにせよ、新たな形態の抑圧に対しては、沈黙するか、その手段として働くかのいずれかになった。

黒人問題に関してだけは、連邦政府はごく最近になって、以前と逆の方向に動き始めた。この文章を書いている時点〔一九六五年ごろ〕で、合衆国は黒人市民権をめぐる激しい闘争、今後も盛衰を繰り返すと思われる闘争の真っただ中にいる。この闘争は黒人だけでなく、更に多くの人々をも巻き込んでいる。アメリカの歴史的特殊性ゆえに、アメリカ社会最下層の中核をなしているのは黒い肌を持つ人々である。黒人層はアメリカ社会の中で積極的な不満を抱く一大勢力であり、世界最強の資本主義デモクラシーの性格を変革しようと努力できる、現時点ではほぼ唯一の潜在的土壌である。ただし、この潜在力が将来、何物かに成長するか、分裂して消滅するか、または、他の不満と合体して有意義な結果をもたらすかどうかは、全く別の問題である。

黒人とその味方である白人による闘争がどのような推移をたどるかは、根底において、現代資本主義デモクラシーが自ら掲げた崇高な宣言――これまでいかなる社会も実行したことのないもの――に基づいて行動する能力があるかどうかという点に関係する。このように考えると、南北戦争の評価と解釈の根底に内在する両義性に近づくことになる。もっとも、この種の両義性は歴史の中に繰り返し現われるものである。例えば、二人の著名な自由社会の指導者が戦死者への追悼演説をする際に、時は二〇〇〇年以上も離れていながら、共に自らの理念を表明した事実は決して単なる偶然ではない。ペリクレスとリンカーンが行ったことや当時実際に起こったことを、彼らが述べたことやおそらく望んだであろうことと、批判的歴史家が比較しようとする時、その歴史家にとってペリクレスもリンカーンも両義性を秘めた人物となる。彼らが言明したことを実現するための闘いは、まだ終わっていないし、人類が地球上にある限り終わらないかも知れない。歴史の両義性を解き明かすために、これまで以上に深い洞察を加えても、歴史の中で化石化したと思われている事実だけでなく、自分自身や仲間の中にも、結局は両義性を見出すことになろう。我々は好むと好まざるとにかかわらず、両義的な出来事の動きのただ中にいるのであり、個人としての役割がいかに小さく、無意味であっても、過去が未来にとってどのような意味を持つようになるかを決定するために、一定の役割を演じているのである。

第二部　近代世界に向かうアジアの三つの道

覚書　ヨーロッパとアジアの政治過程――比較に際しての諸問題

つい最近まで、聡明な思想家の多くが、近代産業社会すなわち資本主義と政治的デモクラシーに至る主要な道はただひとつしかない、と信じていた時期があった。最近五〇年間の経験によって、こうした見解は誤りであることがわかったが、それにもかかわらず、単系発展的な見解の強固な痕跡が、マルクス主義理論においてのみならず、経済発展に関する西欧の著作のいくつかにおいても、依然として存在する。しかし、西欧のデモクラシーは産業社会に至る発展の結果のひとつにすぎず、特殊な歴史環境から生じたものなのである。前三章で論じた革命と内戦とは、自由主義デモクラシーに至る過程の重要な要素であった。既に明らかにしたように、ひとしく資本主義的デモクラシーに至る一般的な発展の道筋と言っても、イギリス、フランス、アメリカでは明確な相違があった。しかし、デモクラシー国家群の中にある相違以上に、大きな相違が存在している。ドイツの歴史はファシズムにおいて頂点に達するような発展のひとつの型を示しているし、ロシアの歴史は三つめの型を示している。この三つの型のすべてが結果的に一致しうる可能性を、安易に放棄してはならない。すべての産業社会を相互に似たものとし、しかも農業社会と違ったものにする道が確かにいくつか存在しているからである。それでもやはり、本書を執筆している一九六〇年代を我々の観察点とすれば——歴史をふりかえるのに好都合なあらゆる時点と同様、それを恣意的に採用したことを認識している限りにおいてであるが——、非デモクラシー的な、反デモクラシー的でさえあるような近代化が進展している、という一面の真実がみえてくる。

以下の数章で一層明らかになる理由により、この主張はファシズムでよりも、共産主義で頂点に達する近代化の型にあてはまるかもしれない。しかし、それは後になってみないとわからないし、またここでの問題ではない。確かなことは、極めて異なる手段によってではあるが、ドイツもロシアも共に強力な産業国家になるのに成功したということである。プロイセンのリーダーシップのもとで、ドイツは一九世紀に上からの産業革命を遂行することができた。そこに存在したブルジョワ革命に向かう原動力は——革命的だったのはブルジョワではなかったのであるが——一八四八年に消滅した。一九一八年の敗北によってさえ、前産業的な社会システムの基本的な特徴は損われずに残った。不可避的ではなかったにせよ、その窮極の結果がファシズムであった。ロシアにおいては、一九一四年以前には近代化の原動力はほとんど効果をあげなかった。周知のように、そこでは主要な破壊力の源泉を農民とする革命が、旧来の支配階級――一九一七年に至るまで、なお主として農業社会的階層であった――を打倒し、共産主義型の上からの産業革命へと道を開いた。

これら周知の事実すべては、デモクラシーやファシズム、そして共産主義(また独裁制、全体主義、封建制、官僚制も)という言葉が、ヨーロッパ史の文脈の中で生まれたという点を、痛切に感じさせるに足るものである。では、これらの言葉を見分けがつかないほど歪めることなしに、アジアの政治制度に適用することができるであろうか。歴史的な術語を、ひとつの文脈や国から別の文脈や国に置き換えることができるか否か、という一般的な問題を論ずる必要はさしあたりない。もっとも、ある程度置き換えることができなければ、歴史的な論議は無関係な挿話の無意味な叙述に陥ってしまう、ということには注意する必要があるが。厳密に哲学的に言えば、これらの問題は不毛であり解決不能である。このような問題にかかわると、現実に起こったことを観察しようという努力はなおざりにされ、単なる退屈な言葉の遊びになってしまう。客観的な基準とは、歴史的類似を皮相なものと有意味なものとに分けるためにこそ存在すると思われるから、ここでそれらについてわずかでも述べておくことは有益であろう。

皮相的で偶然的な類似とは、他の意味ある事実とは無関係なもの、あるいは真の状況について誤解を生じさせることになるものである。例えば、ドゴール将軍とルイ一四世の政治スタイルの類似――エチケットとしてきちょうめんに相手を尊重する態度をとることなど――を強調する著述家が、単なる冗談以上のものとしてこれを言うとすれば、ささいな事柄を述べたてて誤解を生じさせることになろう。彼らの権力の社会的基盤の差異や、一七世紀のフランス社会と二〇世紀のフランス社会との差異は、これら皮相的類似よりもはるかに重要だからである。(1) 他方、一九四五年以前のドイツと日本の双方に、その構造と起源を同じくする、一連の因果関係のある制度化された営みがあったことに注目するならば、こうした営みから成る複合体を共にファシズムという名称で呼ぶことは正当であろう。同じことはデモクラシーや共産主義にもあてはまる。各々の制度化された行動とその呼び方との関連の性格は、経験的調査により実証されなければならない。共産主義、ファシズム、あるいは議会制デモクラシーをつくりあげている基本的な特徴それ自体には、中国や日本、そしてインドの主要な政治的特質を適切に説明するものは、まずないであろう。分類可能などんな種類の関連とも一致しないような、特殊な歴史的因果関係の連鎖は、説明するのに大変な苦労がいるであろう。こうしたことは西欧社会の研究にもあてはまるが、そうである以上、これがアジア研究にあてはまらないと考える理由は何もない。

第四章　中華帝国の衰退と共産主義型近代化の起源

一　上層階級と帝制

かなり昔、中国には「名を正すこと」の追求を教義とする哲学者の一派があった。明らかに彼らは、事物をその正しい名称で呼ぶことから、政治的・社会的英知が始まると信じていた。今日、中国研究者は同様の作業で忙しいが、彼らが論議しあっている名称は、「紳士《ジェントリー》(郷紳)」とか、「封建制」とか、「官僚制」とかいう言葉である。こうした術語に関する論争の基底にある問題点は決定的に重要であり、我々の問いもそこから始めなければならない。即ち、圧倒的多数が耕作者であったこの社会で上層階級と土地との関係はいかなるものであったのか、彼ら上層階級の権力と権威とは究極的に所有地の支配に基づいていたのか、それとも彼らが官僚の地位をほとんど独占していたことの結果なのか、もしこれら両者の結合が原因であったとすれば、その結合の性格はいかなるものであったのか、ということから始めなければならないのである。しかし、こうした議論には現代的な政治的含意がつきまとうという厄介な問題があるから、中華帝国の社会が実際に作動していた様子を正確に把握したければ、まずそれらを明らかにすることが賢明であろう。

西欧の研究者の中には、中華帝国の官僚制的特質を強調しながら、帝国の官職と土地所有との関連を強調しない者もいる。そのような解釈は、次の二重の目的に役立っている。ひとつは、政治権力が経済権力から生じるというマルクス主義者の考え方を批判するためであり、もうひとつは、現在の共産主義国家はいわば東洋的専制(1)の一形態への先祖返りである、と批判するためである。一方、マルクス主義者、特に中国の共産主義者は、帝制期そして国民党統治期をも、小作料を主たる収入源とする地主によって大半の土地が所有されている社会という意味で、封建制の一形態とみなしている(2)。マルクス主義者は、中国社会の官僚制的特質を強調しないことによって、共産党による権力の掌握以前と、それ以後の実践との不愉快な類似を隠蔽しているのである。どちらかといえば封建制と特徴づけることは、官僚制とするよりも一層適切でない。中華帝国には何ら主従制がなく、軍役の見返りとしてはごくわずかの土地しか授与されなかった。それにもかかわらず、以下にみるように、マルクス主義者が地主制を重視することは全く正しい。要するに、西欧の研究者は土地所有と政治的官職との連関を否定しようと絶望的な努力をしており、その一方、マルクス主義者はこのような連関を確立しようと同様に絶望的な試みをしているように思われる。

それでは、その連関とは一体何であったのか。最後の大王朝、即ち清朝(一六四四—一九一一年)時代の中国社会の決定的特徴は何であったのか。その構造的特徴は、二〇世紀半ばの共産主義者の勝利に至るその後の中国の発展に、どのような方向づけを行ったのか。そして、帝制崩壊時になぜ議会制デモクラシーに向かう強い力が存在しなかったのかを説明するのに、中国の地主上層階級がもついかなる特徴が役立つのであろうか。

広く合意が存在し、かつ予備的な位置づけを可能とするような、二、三の簡単な論点が浮かんでくる。まず第一に、我々の論議が対象とする時期が始まるよりもかなり以前に、土地と結合した横暴な貴族制という問題は、中国の政体から取り除かれていた。こうした巨大な転換がなしとげられた諸行程は我々の関心外にあるが、ただ次のことだけは言及しておこう。それは、有名な科挙制がこの転換に一定の役割を果したということであり、この制度は貴族制と闘う官僚制を皇帝が養成するのに役立ったのである。この科挙制は西暦九〇七年に崩壊した唐王朝の時に、よく機能した。次の宋王朝期には、古代の貴族制はほとんど残存していなかった。(3) この貴族制が封建制であったか否か、また紀元前三世紀の秦王朝による最初の統一に先立つごく初期の段階の中国社会が、封建制という名称に値するか否かということは、幸いにも我々が触れなくてよい問題である(4)。

しかし、中国研究者にはよく知られているように、満州族統治期、あるいは清朝時代に、「地主貴族」が行政の中央集権化に直面してもなお存在し続けたか否かという問題には、充分な注意を払う必要がある。富裕な地主階級が存在したことについては意見が一致するであろう。もっとも、大金持ということと単に何不自由なく暮らしているということとの間の、一体どこに線を引くのかという問題は生じるであろうが。同様に、官僚であり、かつ読書人である階級が存在したことも広く認められており、そしてまた、学問的教養を少しでも有している者とそうでない者とを分ける線は明確であっても、この官僚＝読書人集団の中に線を引くべきか否かという問題は存在している。更にまた、こうした二つの集団、即ち地主階級と官僚＝読書人階級とは、全く同一というわけではないが、かなり重複しているという点についても、合意が存在している。しかし、学問的な資格を全くもたない、少なくとも中程度の金持が存在したし、所有地をもたない資格保有者もいた。重複の正確な度合いは不明なのである(5)。

しかしながら、こうした合意のある事柄にとどまっていることは、その本質をあいまいにすることになる。たとえ二つの集団の双方に属する人々の、即ち地主でもあり、官僚＝読書人でもある人々の正確な割合について情報が得られたとしても、我々はたいして多くを知ったことにはならないであろう。いかなる生理学者も、人間の体の何パーセントが骨で、何パーセントが筋肉であるかを知っただけでは満足しないであろう。それよりも彼は、体が動く時に骨と筋肉とがどのように連動するかを知りたがるであろう。中国における土地所有、資格保有、そして官職の間の連関を理解するためには、これと同種の知識が必要である。

これらすべてを連関させているメカニズムが、家族、あるいはより正確には父系出自集団《リネージ》(lineage)〔宗族〕であった。農業生産の多い地域、とりわけ南部では、リネージはより広範囲にわたっており、それは同族《クラン》(clan)として知られている。社会的メカニズムとしての家族は以下のように機能した。まず、帝国の官職を通じて得られた富は土地に投資された——この行為は現代に至るまで続いた。この財産はリネージのために蓄積された。「貴族」になりたいと望む家族はどれもが次々に、資格保有者ないしは、そうなる望みのある者を抱えることによって、それを実現しなければならなかった。家族は、彼らが将来官位につき、それを利して家族の物質的富を増やしてくれるであろうという全くもっともな望みから、彼らを養ったのである。帝国の官位を通して、読書人は自分のために費やされた家族の富を取り戻し、あるいは増やし、またリネージの地位を維持し、そうすることによってこの円環を完結させた。より大きな集団としてのクランは、かなりの数の正真正銘の農民を含んではいたが、同様の方式で機能した。官位は理論上、最も身分の賤しい農民であっても能力と野心のある者には開かれていたが、広汎な普通教育制度が欠如していたから、学生は長い年月をかけた困難な勉学をするために富裕な家族の支援を必要とした。時には、学問的に見込みのない子供をもつ富裕な家族が、貧者出身ではあるが利発な子供を養育することもあったであろう。このように、官職と富とのリネージを通した連関は、中国社会の最も重要な特質のひとつであった。これらの理由から、こうした読書人＝官僚および地主の上層階級を紳士と呼ぶことは正当であろう(6)。さらに、この連関には他の重要な諸側面も存在しており、それらは後にひとつずつ検討することで明らかになるであろう。

地主の役割が官僚の役割よりも重要か重要でないか、何れとも仮定せずに、地主について論議を始めよう。まず生じてくる疑問は、封建的強制もなしに地主が彼のために働く農民をどのようにして調達できたのか、ということである。詳細な情報が欠如している上に、研究者がまだ調べなければならない年代確定の問題はあるが、一般的な答えはかなりはっきりしている。即ち、それは現在の資本主義のもとにおけるものと本質的には何ら変わりのない小作契約によってであった。地域によりいくらかの違いはみられるが、小作は本質的に、少なくとも一九世紀初頭には、賃金労働によって補われた一種の刈分小作となっていた。[7] 地主――地域によってその重要度には疑いもなく差異があったが――は土地を供給し、農民は労働力を供給した。収穫は両者の間で分配された。農民が労働をうみだすのと同じようなやり方で地主が土地をつくりだすということはまずありえないから、帝国の官僚制が地主に提供した便益について、我々は既にひとつの格好の手掛かりをもっているといえよう。即ち、帝国の官僚制は地主の土地支配を保証したのである。[8] 自ら学問的教養を身につけたいとは思わないが、息子にはつけさせたいと望む富裕な農民であれば、彼も他の農民と同様に田畑で働くであろう。しかし、読書人は自ら手を下して働くことはなかった。読書人＝地主は郷村に住んだが、[二] イギリスやドイツの地主とは(またロシアやフランスの地主のあるものとさえ)異なって、実際の農耕作業においては、何の役割も――監督の役割すら――果たさなかったようである。[9] こうした中国の地主の社会的地位は、後述するように、日本の領主とはすべての面できわだった対照を示している。中国と日本との政治的運命の違いの多くは、現代においてもそれ以前と同様に、この差異に由来しているのかもしれない。

かなり大規模な米の売買が行われていたことは、しばしば言及されるが、地主が金銭ではなく穀物で(南部では米で、北部では麦や他の穀物で)持分をうけとる刈分小作が優越的形態であったと推論してよいであろう。皇帝でさえ臣下から穀物を徴集する超大地主であった[10]。帝国がこれほどまでに現物穀物の徴集に多く依存していたとすれば、他でもこの刈分小作がかなり広く行われていたことは確かであろう。また、富裕な地主であれば、小作料として集めた米のすべてを食べることはできなかったであろうから、その余剰部分を売るのも当然であった。しかし、これは二次的なことであり、しかも利を博する道でなかったことは確かである。

こうした制度のもとでは、いわゆる人口過剰の状態が明らかに地主にとって有利であった。農民人口の過剰は、地主の得る小作料をつりあげることになったからである。一人の腹をすかせた農民が耕作地を得るために、進んで収穫の半分を小作料として出すとすれば、それ以上にひもじい農民は、少しでもそれより高い小作料を出そうとするであろう。もちろん、このような競争が当時の地主＝小作関係のすべてであったわけではない。慣習と、小作人の質についての地主自身の関心とが共に、地主が小作人を搾り上げるのを可能な限り妨げる方向で働いた。それでも、少なくとも潜在的に小作人たりうる農民が沢山いる方がよいという地主の利害関心が、こうした状況では決定的な要素であった。

特別な注意に値するのは、次の二つの特徴である。第一に、人口が過剰であることは、秩序を維持し、地主の所有権を保証し、かつ小作料の徴集を確実にしてくれる強力な政府が存在する限りにおいてのみ、地主の利益になるであろう。こうしたことが帝国の官僚制の職務であった。それ故、人口過剰は土地と人との間の単純な算術比率の問題ではなかった。中国でも、日本やインドと同様に、人口過剰には特殊経済的・政治的な原因があったのである。第二に、人口過剰の制度的な原因は、西欧の衝撃に先立つかなり以前から存在していた。人口増加の大波が中国社会の築きあげた堤防を突き破ったり、あるいは全制度を一掃したりするのではないか、という帝国の危惧は、一七五〇年以前に早くも現われ始めている(11)。従って、土地に対する人口の圧力は、マルクス主義者の何人かが主張しているように、単なる西欧の衝撃の結果であるとか、あるいは工業化が妨げられ、その一方、土着手工業が破壊されて、その結果、人が土地に「つなぎとめ」られることになったとかいうことではない。これらのことはすべて起こったが、それは既に存在していた状況を大幅に強めただけである。それでも、寄生地主は、中国においてもまた――日本やインドの、これとは異なる形態や異なる発展段階の寄生地主については、後でふれることになろう――西欧の衝撃の以前に発生していたのである。

既に指摘したように、地主は、その所有権を保証してくれ、かつ現物納にせよ金納にせよ、小作料の徴集を強制してくれる帝国の官僚制に依存していた(12)。官僚制はまたいくつかの他の重要な方法によっても、地主の目的に役立っていた。地主は小作人が多くの収穫を得られるように、灌漑事業の整備に強い関心をもっていた。(三) そこで、地方の地主層は政府に対し常に治水設備の建設を求めたが、それは彼らの成員の一部が学問的資格をもち、その資格によって可能となる官僚との接触がある場合にのみ、効果的に行えるものであった。(13) こうした形の裏面工作が、一連の農作業を直接に監督することの代わりに、地主が果たした主な経済的貢献であるように思われる。省規模のより大きな事業は、省の地主集団〔閥〕の仕事であった。帝国規模の事業は、国家的視野をもつ、さらに一層強力な集団〔閥〕の仕事であった。オーウェン・ラティモア(Owen Lattimore)が述べているように、それぞれの帝国規模の事業の背後には一人の強力な大臣がおり、そしてそれぞれの大臣の背後には一つの強力な地主集団〔閥〕がいた。これらの事実は、治水や東洋的官僚制といった概念に正しい位置付けを与えることになると思われる。(14) 次に土地それ自体よりも、むしろ官僚制が最大の物質的諸利益を提供したことに注意を向けよう。(15) 長子相続制ではなかったために、富裕な家族であっても相続における均等分割によって、数世代の間には窮乏化を免れえなかったであろう。こうした不幸な事態を防ぐ主な方法は、学問的才能をもった誰かを官僚組織に送りこむことであった。こうして送りこまれた者は、公的には非合法だが、社会的には許容されていた収賄によって自らの富をつくることにより、家族の富を増やすことができた。投資の対象として土地を購入しておき、官職を経歴した後にそこに隠居するというのは、極めてありふれたことであった。このように、官僚制は農民から、そしてまた都市居住者から、経済的余剰を引出すもうひとつの方式を構成するのであるが、その対象となる者たちについては後で詳述しよう。大体において、官僚制は土地所有よりも強力で効果的な権力手段であったように思われるが、後者は前者なしには存在しえなかった。つまり、土地財産は官僚制によって形成され、その存在を官僚制に負っていたのである。この点は、単純化されたマルクス主義者の見解を批判する者にとって有利である。最後に、地主にとっては、儒教の教養と科挙制とが、少なくとも地主自身からみて、自分が優越的な社会的地位を持ち、肉体労働を免れていることに正統性を与えた。もちろんそれは、家族の成員の誰か、あるいは養子にした利発な若者が何とか資格を手に入れることができる限りにおいてであるが。

実際に行われた帝国の官僚制の主要な職務は、既に述べた灌漑事業を主たる内容とする公共事業に加えて、平和の維持と税の徴収とであったが、その税たるや、書物、絵画、詩作、蓄妾など、他の文明でも、上層階級の生活に潤いを与えるものに費やされた。[三]平和の維持という問題は、西欧の侵入以前の中国では、主として国内問題であった。因みに、西欧の侵入は、中国の内部崩壊が既に周期的にみられるようになった一九世紀の中葉に、本格的に始まっている。[16]外からの脅威は概して異民族によって周期的になされる征服に限られていた。しかし、これらの異民族が充分な領土を征服し、新王朝を樹立するや、彼らは漢民族による既存の社会形態に適応した。帝制期には中国の支配者は、他国の支配者と多少とも同じ条件のもとで、絶え間ない軍事的競争を行わなくてはならないという問題に直面することはなかった。従って、常備軍が社会的資源の相当部分を費消することはなく、フランスでそしてプロイセンではより一層みられたように、常備軍が国家の発展に歪みを与えるということもなかった。また、平和の維持の問題は、国内の強力な「貴族たち」を抑制することを意味するものではなかった——もっとも、衰退期にはそのような問題がいくつか生じてはいるが。平和維持の問題とはむしろ、農民が逃亡して匪賊となったり、上層階級の不満分子の指導する暴動を農民が支持するようになるほどには、農民を搾取しないということを意味したのである。

こうした搾取を防ぐための有効なメカニズムが何ひとつなかったことが、体制の基本的な構造的弱点のひとつであったかもしれない。税を公平かつ効果的に徴収することが、王朝に利益をもたらすものであった。しかし、そのような徴税を確実にする手段はほとんどなかったし、人員も極めて限られていた。一方、個々の官僚はできる限り私腹を肥やそうという強い動機をもっていた。そのような公然たる収賄や不法徴収を控えさせたのは、それが醜聞の原因となり自らの経歴を傷つけては困るということだけだったのである。この点はより詳しく調べるに値しよう。

いかなる前産業社会においても、大規模な官僚制を確立しようとする試みは、俸給を支払い、それによって官僚を上司に従属させるに充分な資源を人々から引き出すことが極めて難しい、という障害にぶつかる。この障害を支配者が切り抜けようとするその方法が、社会構造全体に対して巨大な影響力をもつのである。フランスの解決法は官職の売買であり、ロシアの解決法は、その領土の広大さに見合って、帝制ロシアの官界での勤務の代償に農奴つきの領地を与えるというものであった。中国の解決法は、多かれ少なかれ公然たる収賄を黙認することであった。マックス・ウェーバーは、官僚の法規外の収入が正規の俸給の約四倍に達するという概算を引用しているが、現代の研究者によれば、この額は正規の俸給の約一六ないし一九倍という、はるかに高い額に達しているという。[17]正確な額はおそらく歴史上の秘密にとどまるしかない。従ってここでも、それが莫大であったという保証で満足することにしよう。

時期によって大きく異なっているが、こうしたやり方は当然の結果として、中央からの統制の効果を実質的に減少させた。官僚制の階梯の最低の地位にいる官僚は、通常城壁で囲まれた一都市とその周囲の農村からなる「県」を管理しており、理論上は少なくとも二万人を、しばしばそれより多くの人々をあずかっていた。[18]これらの官僚は一時的な滞在者でしかなかった——通常の任期は三年であった——から、地方の状況を知るようになることは、おそらくありえなかったであろう。何かをなそうとしても、それには地方名士、即ち資産をもつ地主＝読書人であり、結局のところ「彼と同類である人々」の同意と支持とが必要であったろう。農民との直接的な接触はほとんどなかったようである。行政官庁〔衙門〕の使い走り〔胥吏《しょり》〕は、科挙を受けて自分の運命を好転させることのできない下層階級の人々であったが、税の徴収という足まめな仕事をし、その途中で彼ら自身の取り分をかせいだ(19)。資源を社会から引き出す方が職務の形で還元するよりも多い、という厳密に客観的な意味で、この体制は高度に搾取的であったと言ってよいであろう。一方、この体制がそもそも作動するためには搾取的にならざるをえなかったから、下層の人々は全く放任され、自分の才覚によって生きていかざるをえなかった。現代の全体主義政権がするように、あるいはより程度は少ないが、形式的には民主的な政権でさえ国家的緊急事態が長びく際にはするように、人々の日常生活を再編成するという可能性は全くなかった。もっとも、すぐ後で述べるように、人々の生活を統制しようとする無駄な試みは存在した。しかし、怠慢や利己主義は別として、大規模な計画的残酷さは、その体制の中には含まれていなかった(20)。

この体制の最終的な崩壊に関するより特殊な問題を論ずる前に、日本と比較して興味深いこととして、ひとつのやや構造的な特徴に注目しておく方がよいであろう。科挙制度は、とりわけ後半になると、有望な官僚の供給過剰という事態をひきおこしがちであった。(21) 公的な等級制度の底辺には、在職資格のある者と平民との間の過渡的集団である多くの資格候補者(生員)がいた。彼らを正規の紳士の一員として数えるべきか否かということに関しては、専門家の間で論争がある。(四) 特権の階梯の底辺にいた彼らの困難な立場は、一九世紀日本の下層のサムライの困難な立場を想起させる。彼らは共に既存の体制に対する反対の核となって力があった。しかし日本では、この集団内の重要な少数派が近代化に向かう原動力の多くをもたらしたが、中国ではこうしたエネルギーは、主として既存の枠組の中での不毛な反乱や暴動の中で消散してしまった。(22) 科挙制度のもつ拘束的効果が、部分的にせよ日中両国のこうした差異に影響を与えたことは疑いない。しかし、その原因ははるかに深いところに存する。それは、中国社会が漸進的に近代化をとりいれるには遅すぎる時まで、近代化を抑制していた方式と無関係ではない。それでは、こうした大問題に関する、より後期の側面のいくつかに眼を向けることにしよう。

二　紳士と商業世界

中華帝国の社会は、西欧では封建制の後期に成長した都市の商業・手工業階級に比すべきものを生み出すことはなかった――もっとも時としてその方向に向かう端緒はあったのであるが。こうした相違を説明する比較的明確な理由のひとつとして、中国が統一に成功したことがあげられよう。ヨーロッパでは、教皇と皇帝との間に、また王と貴族との間に紛争があったために、都市の商人は伝統的な農業社会の殻を打ち破ることができた。というのは、商人がこうした多方面にわたる競合において、貴重な力の源泉になっていたからである。その意味では逆にヨーロッパにおいて、封建制が概して他より弱かったイタリアで、農業社会の殻が最初に打破されたのは注目してよい(23)。中国の科挙制度はまた、野心ある人々を商業世界から別の方向へそらす役割をも果たした。後に失敗に終わった一五世紀の商業拡大気運の高まりにおいて、この側面は容易にみてとることができる。あるフランスの歴史家は、この時「大金融ブルジョワジー」が最高の地位を求めて紳士と競い合ったとまで述べているが、しかし意味深長にも彼は、この新しいブルジョワジーが彼らの子弟に科挙を受けさせたと付け加えている(24)。別の歴史家は、印刷物の普及が中国官人層の知的吸収力を増大させたであろうという、興味深い説を提示している。印刷物によって、比較的零細な商人の一部は、官職を得るに充分な読書人的教養を身につけることができた。科挙を受けるための費用は依然として重大な障壁であったが、それでも官職に近づくことは以前よりもやや容易になった。この歴史家は帝国の公務の魅力について、以下のような印象深い証拠を提出している。こうした商人の中には、宦官となって玉座に近い位置を享受するために、去勢する者も多くいた。去勢したこのような商人には特に有利な点があった。それは、彼らは普通の宦官(宮廷では読書人＝官僚の主たる競争者であった)には禁じられていた教育を、既に身につけていたことである。(25)

少し詳細に調べれば、営利活動が読書人＝官僚にとって大きな脅威を意味したことが、容易に理解されるであろう。営利活動は、威信の別の階梯を、そして高い社会的地位を正統化する別の根拠をなしていたからである。いかに儒教的言辞を弄しても、またいかに奢侈禁止令を頻発しても、多くの金を得た者は人生に幸福をもたらすものを——かなりの程度の敬意をも含め——買うことができるという単純な事実を、永久に隠し通すことなどは到底期待できない。一方、そうした状況が手に負えなくなるまで放っておけば、苦労して身につけた古典の教養はすべて役立たずの時代遅れのものとなるであろう。こうした教養ないし価値体系間の紛争の背後には、そしてまさにその根本には、強い物質的利害関心があった。伝統はそれだけでは商業に対する強い障壁にはならなかった。見つけようと思えば、儒教の古典の中に商業に対する正統化の根拠を見出すことができたからである。(26) いずれにせよ紳士は、そうした状況が手に負えなくならないよう、短期的にではあれ対処できる程度には聡明であった。彼らは自ら利益を吸収すべく、商業に課税した。さもなければ、彼らは商取引を禁じ国家の専売にすることによって、彼らにとって最も利益となる状況を維持した。塩の専売は最も重要なものであった。官僚の態度はここでも、もっぱら搾取的であった。商業は、土地と同様に、教養ある上層階級の利益のために搾り取られるべき対象であった。ここでもまた帝国の官僚制は、人々から資源をはきださせ、それを支配者の手に帰せしめる道具として働いた。その間、支配者は、彼らの特権を脅やかしうるいかなる発展に対しても、注意深い統制を続けたのである。

一八世紀末までに顕著となった帝制の諸機構の衰退につれて、その商業的要素を吸収し統制する能力は不可避的に減退した。たとえ帝制が最盛期にあったとしても、それを覆えそうとする新しい力を食い止めることはほとんどできなかったであろう。なぜなら、その新しい力の背後には西欧の軍事的・外交的圧力が迫っていたからである。その圧力が鈍ることがあるとすれば、それは西欧列強が互いに貪欲を抑制しあう時だけであった。

一九世紀後半には、読書人＝官僚の伝統的支配は沿岸諸都市では崩れていった。そこには、権力と社会的地位がもはや古典的教育を受けた者の手には確保されていない、新しい混成社会が既に出現していた。(27) 一八四二年のアヘン戦争終結後には、買弁が中国の条約港すべてにはびこった。これらの人々は様々な能力を発揮して、衰えつつある中国の官界と外国人商人との仲介者として働いた。彼らの立場はどっちつかずであった。彼らはいかがわしい方法によって莫大な富を蓄えることができ、それによって文化的な安楽な生活を送った。一方、多くの中国人は彼らを、中国社会の土台を破壊しつつある外国の悪魔の手先であると非難した。(28) この時点以降、中国の社会史および外交史の多くは、こうした混成社会を食い止めようとする中国側の試みと、それと正反対の諸列強の努力、即ち混成社会を自らの商業的・政治的利益のために中国に打ち込むくさびとして使おうとする努力との、歴史の記録になるのである。

中国の工業が一八六〇年代に目立たない形ながらも自前で勃興した時には、それは地方の影響力の大きい紳士の庇護のもとで起こった。彼ら紳士はこの時期、近代的技術を彼ら自身の割拠主義的目的に振り向けようと望んだのである。軍事上の問題が焦眉の急であったため、初期に作られた設備は兵器廠や海軍工廠等々のような、もっぱら軍事に関するものであった。表面的にはこうした状況は、西欧の社会史における重商主義者の時代を想起させる。それは支配者たちが共に、自らの権力を増すような類の産業に関心をもっていたからである。しかし、中国とヨーロッパとの差異の方がはるかに重要である。ヨーロッパでは政府は強力であり、更に強力になりつつあった。中国では満州王朝は弱体であった。また、商工業的要素は外来のものであり、概ね帝国の統制の枠外にあったから、コルベール流の重商主義政策は不可能であった。工業化に向かう中国の主たる推進力は、権力の地方的な焦点から生じたものであり、帝国政府からはほとんど生じなかった(29)。それ故に、この推進力は統一要因というよりは分裂要因であった。形成途上の商工業的要素が、いかなる政治集団――それが真の権力をもってさえいれば――に対しても保護を求めることは、予期しうることである。もし、それが国王ならばそれはそれでよろしい。その場合には国王の権力は増すであろう。それが地方官僚であれば、反対のことがあてはまろう。マルクス主義者たちは、西欧の帝国主義者が中国の工業発展を抑えたことを過大に評価している(インドの民族主義者もこの都合のよいスケープ・ゴートを用いている)。しかし、それ以前に純然たる国内の力によって工業発展が抑えられていなかったとすれば、中国で現に生じたことは何ひとつ起こりえなかったであろう。

一九一〇年になってはじめて、中国の実業階級は官僚の影響と支配からぬけ出す、明確な徴候のいくつかを示し始めた[30]。最近の研究を見れば、中国の商人は一九世紀末には外国人への依存から脱却するまさに途上にあった、という印象さえうける[31]。それでもなお、決定的な領域はかなり長く外国人の手に残されていた。土着の商工業の推進力は、全体として取るに足りないものにとどまっていた。帝制が最期を迎えた時には、中国には約二万の「工場」があったと言われている。この内わずか三六三でのみ機械力が用いられていた。それ以外では、人力か畜力だけが用いられていたのである[32]。

それ故、近代に入った時、中国には、ロシアと同様に、量的には少なく政治的には従属的な中産階級しかいなかった。この階層は、西欧で行ったようには、自分自身の独自のイデオロギーを発展させなかった。それにもかかわらず彼らは、中国官人国家を覆えし、それに代わる新しい政治的配置をつくりだすに際して、重要な役割を果たした。この階級が海岸に沿って力を伸ばしたことは、帝国が分裂して地方総督の領地の集合体になったことと相俟って、軍閥全盛期(およそ一九一一—一九二七年)やそれに続く国民党統治期の、「ブルジョワジー」と軍人との結合を予示する支配様式を作り出した。こうした一般的な発展の初期(一八七〇—一八九五年)の代表的人物が李鴻章であり、彼は二五年もの間、「外交事務の単独支配、海関税収入の支配、兵器生産の独占、そして帝国の北半分における軍事力の完全な支配、の実現をめざして活動した[33]」。これに加えて、紳士層（および後に純然たる地主となった彼らの後継者）と、都市の貿易、金融、工業指導者との間の実質的な結び付きが徐々に進んだ。(34) この結び付きが国民党の主たる社会的支柱を提供したのであるが、それは帝制の本質を復活させようという企図に出たものであった。即ち、それは中国固有の強奪行為と擬似儒教的な見せかけとの結び付きによって、地主制を政治的に支えようとしたものなのである。これは西欧のファシズムと興味深い類似を示しているが、それについては後で詳細に検討しよう。このような結び付きは、多くは地主が農業を前産業的形式から商業的形式へと転換させるのに失敗したことから起こった。それではこの失敗の理由に注意を向けてみよう。

三　商業的農業の失敗

組織的な利潤追求は、農業においてさえ、様式化された日常生活という儒教的理想とは相容れない、という文化的・心理学的説明は、すぐに厄介な問題に突き当たってしまう。西欧の学問はこれまで、西から来た異民族に対する中国上層階級の尊大な態度の意味を、強調しすぎてきたように思われる。前節で述べたように、中国の紳士が西欧の技術文明を、更には西欧の社会慣習のいくつかであってさえ、採り入れる機会があったところでは、多くの者はそれをためらわなかった。一人の注意深い学者は、西欧の衝撃の初期段階について記した際に、次のことに注目している。「一八九四年以前の時期で目につく一面は、西欧ならば通常、保守主義者の主翼を構成すると考えられる官僚階級の傑出した人々が、工業や機械の事業を創始したことであった」と。[35] より最近のある研究者は、一八九〇年代の中国の真面目な思想家たちの間で西欧技術の研究が、中国の経済的後進性に対する万能薬のようにみなされていたと述べている。[36] 技術改良に対する文化的障壁があったとしても、それは克服し難いものであったとは思われない。中国の上層階級は軍事的・工業的目的では現に技術にかなりの関心を示したのであるから、農業が彼らの全生活様式にとってまさに中心である以上、それだけ一層彼らは農業に関するものに対して、大きな関心を示すであろう、と考えても不思議ではない（実際のところ、技術的に進んだ商業的農業が採り入れられたとすれば、こうした説明がなされたであろう）。しかし、実際はそうではなく、商業的農業に関する限り、二、三の偶発的な例外はあったが、彼ら上層階級はそのような関心を示さなかった。[37]

より説得的な説明は、近代世界が衝撃を与えたその時期に中国に存在していた物質的・政治的諸条件を調べることから、組み立てられよう。中国には都市は存在したが、市場向けの合理化された生産を促す刺激となりうるような、急速に成長する都市人口

——そこでは貧富の差はあるとしてもそれほど大きくなく、全体として富が増大するようでなくてはならない——といったものはなかった。後に生じた状況から判断すれば、町や都市が近いことは主に、農民に市場向けの野菜栽培を、即ち自分の手で市場に持ち込むことのできる果物や野菜の栽培を、活発にさせるのに役立った。王朝の初期と隆盛時の帝国の政策は、広大な所領の形成を防止するものだったであろう。しかるに一九世紀の後半には、そのような大きな所領が帝国の到る所を占めていた[38]。これはより一層の研究が必要であろうが、大きな所領といっても、それはしばしば単に小さな所有地の集積、即ちより大きな総小作料を所有者に与えることになる、比較的多くの農民から成るものであったように思われる。

ここで事態の核心に接近してみよう。中国の地主＝小作関係は、農民から経済的余剰を搾り取り、それを文明の種々の楽しみに変えるひとつの政治的装置であった(農民がこの関係から何を得て、何を得なかったかということは重要な側面であるが、さしあたりとりあげない)。大きな都市の市場がなかったために、この関係を変える理由はほとんどなく、変えうる可能性はおそらく一層少なかったであろう。帝国のもとでは、野心のある活動的な者は、家族の地所を増やすために官僚の地位を手に入れたのである。

もちろん、中国の農業が一九世紀後半から二〇世紀初めの数十年間を通じて、全く停滞していたわけではない。都市生活者が増えるにつれて、それは農業の領域に広汎な影響を与えた。そのうちのいくつかは既に我々の注意を引いてきたが、残りも今後我々の注意を引くことであろう。ここでは、ひとつの重要な点にだけ注目する必要がある。技術が単純で労働力が豊富であるという条件のもとでは、中国の地主は都市市場向け生産のために、自分の農地の生産を合理化する必要はなかった。その農地が都市の近郊にあれば、拱手傍観していても、土地を小作農民に貸すことは簡単だったであろう。何ら努力しないでも、土地を求める競争を小作人にさせておきさえすれば、自分の収入が増えるのであるから。同様に、比較的豊かな都市居住者であれば、土地への有利な投資を容易に行いえたであろう。経済的にはこの過程は、都市近郊における不在地主制の発展を意味した。社会学的に言えばこれは、前述の紳士層と都市の富裕層との部分的な結合に寄与した。しかしこの状況は、農民を働かせ小作料を徴集する政治的方法がある場合にのみ、安定しうるものであった。まもなく、そのような政治的方法はないことが明らかになるのである。

従って、適応能力が本来なかったために、中国の紳士が近代世界にうまく転進することができなかったとは思われない。より重要なことは、動機が欠如していたこと、そして他のよりたやすい選択肢がこの歴史状況において存在していたことであった。当時のほとんどの期間において、市場は努力に値するほど大きくはなかった。市場がいつ、どこに出現したとしても、それは紳士を農業企業家にするのではなく、政治的コネクションをもった金利生活者に変えた。ごく少数だけが農業企業家の道を歩んだ。しかし、この少数は強力な歴史的趨勢の先端を行く人々であった。紳士が直面した条件のもとで、他にどんなことができたかを見出すことは非常に難しい。いかなる支配階級が衰退する時にもみられるように、中国の紳士——歴史的には仲々魅力的な支配階級なのだが——もまた同様な悲劇的運命を辿ったのである。

四　帝制の崩壊と軍閥の勃興

ヨーロッパの主要国すべてにおいて、貴族と王との闘争は、非常に長い間、政治の決定的要素のひとつであった。あらゆるところで——ロシアにおいてさえも——ドイツの歴史家がシュテンデ(Stände)と呼ぶ諸々の等族が、ある時点で発展したことが認められる。それは相当程度の団体としての一体性と、公認された免除特権とをもつ身分集団であり、彼らはその免除特権を他の集団、特に王から、油断なく守っていた。近代化の開始は、それが始まった時点や状況によって様々に、この貴族と王との闘争に影響を与えた。イギリスでは、近代化は議会制デモクラシーの発展に有利に働いた。ヨーロッパ大陸では、通常ある時点で貴族の自由主義的な反対派がみられたものの、近代化が議会制デモクラシーの発展に寄与した度合いはイギリスよりもはるかに少なく、一般的に発展を妨げる方向に働いた。

ここで検討している時期において、中国の地主上層諸階級の中には、帝制に対する重要な原理的反対派に発展した者は、全くいなかった。確かに知的な遊びとして西欧議会制の概念をとりあげた者はいたが、中国の状況に確実に根ざした反対派の政治運動はなかった。そのような発展に有利な環境は存在した。中国の官僚階級——ここでは土地所有者であるか否かにかかわりなく資格保有者をさす——は、皇帝によって、またかなりの程度広く一般の人々によって認められた、諸特権と免除特権をもっていただけでなく、集団としての強い一体感をも有していた(39)。ヨーロッパでは、封建制のもとで貴族が諸特権や免除特権や集団としての一体感を、即ち歴史家の一部が議会制デモクラシーに至る原動力の主要部分とみなしている諸制度を、創造した。中国では、このような原動力はいかなるものであっても、極めて大きな障害に直面した。中国社会における土地所有は、そこから利益があがるように仕向ける政治的メカニズムから切り離された場合には、政治権力の根拠としてあまり役に立たなかったであろう。帝制は土地財産から利益をあげるための手段であったばかりでなく、土地財産を得る手段でもあったのである。
そのような環境下では、自由主義的な貴族の反対派の出現はまず不可能であったし、この事実は、全く新しい歴史的挑戦に対する中国の対応の柔軟性を減少させた。このことは、中国で我々が出会ったひとつの新しい特色、即ち中央政府のほぼ完全な解体を、説明するのに役立つ。数世紀もの間重要な特徴の多くを存続させてきた体制も、西欧の強襲という衝撃のもとでは、百年足らずのうちにあっけなく解体してしまうほかなかった。

いくらか似た圧力にロシアが対応した際、中央政府が事実上消滅した短い期間があったことは確かである。しかしロシアでは、基本的な社会的趨勢から眺めた場合、この崩壊の時期はほとんど挿話的な事件でしかなかった。ところが、中国では、無政府状態に近い最後の時期がはるかに長く続いた。最小限に見積もっても、一九一一年の共和制の宣言から一九二七年の国民党の形式的勝利に至るまでと考えてよい。国民党の勝利は弱い反動の段階の始まりであったが、以下に詳しく論じるように、ロシアの経験とも異なっていた。なぜなら、それは崩壊に先立つというよりは、むしろ崩壊に引続いて現われたものだったからである。本節では、この崩壊の理由のいくつかを指摘し、旧来の機構がこなごなになって頭の上に落ちてきた時に、上層階級が何とか自分を守ることができたその方法に注目することにしよう。

清朝政府は最後の半世紀に重大なディレンマに直面した。一方で政府は、国内の反乱を鎮圧し国外の敵に立ち向かうために、より多くの歳入を必要とした。他方で政府は、紳士の特権の全体系を破壊せずにそのような歳入を得ることはできなかった。充分な歳入を得るためには、商工業を奨励することが必要だったであろう。外国人が海関を掌握していたことは、そのような政策を更に一層困難にした。政府の歳入を増大させるためにはまた、効率的な徴税体系の導入と、政府が臣民からとりたてるもののうち最良のものを着服するという官僚の習慣の廃止とを、必要としたであろう。それ故、政府は、紳士の主要な収入源を取りあげ、しかも紳士と否が応でも競い合い、次第に紳士を凌駕するような社会階級の成長を、助長しなければならなかったであろう。政府自体が紳士に基礎を置いている限り、そのような方向は到底とられそうもなかった。[40] もっとも、ビスマルクほど明敏で強力な統治者であれば、体制により多くの利益とより強力な支持基盤とをもたらすと期待される政策を追求していく過程において、自分の支持者のかなりの部分が離反してもかまわないでいることができよう。このような賭けに勝てば、その政治家は歴史の教科書において傑出した地位を保証され、すべての政治家が希い求める「歴史の審判」を受けることになる。いかなる支配者であっても、簡単に支持母体の主要部分を失い、政治的自殺を図ることはありえない。

一九世紀中国における改革が、こうした環境のもとでは成功しそうにもなかったからといって、それは政府が何も努力しなかったという意味ではない。政府も紳士も歴史の潮流に流されるがままになっていたわけではなかった。改革の試みはあったが、それらが失敗したことによって、支配者たちが直面した恐るべき障害が明らかになったのである。

メアリー・C・ライト(Mary C. Wright)がある啓蒙的論文で述べたように、最も精力的な努力は、一八六二年から一八七四年まで一二年間続けられた同治中興として知られているものであった。この運動を指導した著名な官僚たちは、国内の反乱と外国の侵略とに対し、断固たる後ろ向きの政策をもって立ち向かった。彼らの主要政策のひとつは、紳士の立場を強化しようとするものであった。彼らは紳士の法的・経済的特権を細心の注意を払って尊重し、革命によってくつがえされたところでは土地の権利を旧状に復し、もっぱら地主の救済のために減税を行った。貿易と商業は、秩序ある農業社会に「寄生する余計物」として扱われた。(41) もちろん彼ら官僚たちは決して、中国社会の経済的・社会的な問題に気づいていないわけではなかった。しかし彼らは、「正しい」性格の「正しい」ことをする「正しい」人を見出すということを、もっぱら倫理的な言葉で語っただけであった。ここで「正しい」とは、言うまでもなく儒教の言葉による規定である。このような伝統的な修辞の多用は、支配階級が窮地にあることを自覚した場合にしばしば起こる。同治中興は一時的には成功したが、この成功こそが、中国社会の根本的再編に最も反対する勢力を一時的にせよ強め、それによって究極の結果を早めたのかもしれない。中興の政治家たちはこのような形で、彼らが修復しようとした階級や社会制度を暴力によって破壊することに、貢献したといってよい。

二〇世紀初頭の西太后のもとでの改革の突風は、同治中興とは異なる特徴をもち、問題の別の側面を明らかにするものである。ここでは、西太后が教育制度を近代化し、科挙制度を廃止しようとしたとだけ述べておこう。続いて一九〇六年には、立憲政治の原理を守る旨の皇帝の宣言が出された。もっとも、原理の実行は準備ができてからのこととされたのであるが、この方針に沿って、西太后は官僚制の改革を遂行するためのいくつかの精力的な試みを提起し、実行しようとした。その計画が頑強な反対に直面した時、彼女は軍機処の六人の大臣のうち四人を解任し、真剣であることを示したのである(42)。この改革のエネルギーの高まりは無に帰したが、そして、この改革はあの短気で超反動的で老練な陰謀家の初期の行動とほとんど正反対であるが、これを無意味な表面的行為と考え、冷笑をもって片付けてしまっては、せっかくの啓発的な挿話を誤解することになろう。西太后の行動の型をみてみれば、彼女の真の目標が、おおよそドイツあるいは日本式の、自分が個人的に直接支配権を行使しうるような強い中央集権的な官僚政府を確立することにあった、ということがはっきりわかるのである。(43)

我々の目的にとって重要な点は、そのような政治体制の社会的基盤が中国には欠落していた——ロシアにおけるよりも更に一層欠落していた——ということである。そのような体制の主要な特徴は、イタリアやスペインをみてもわかるように、相当な政治権力をもちながら経済的立場は不確かな旧来の農業社会的支配諸階級と、ある程度の経済権力はもつが政治的・社会的には劣っている勃興しつつある商工業エリートとの連合である。この時期の中国では、土着の都市商業集団は、このような連合に便利な相手となりうるほど強力ではなかった。そのような反動的試みが、新たな保護、即ち国民党の保護下で、少なくとも何がしかの成功の展望をもって行われるまでには、あと四半世紀を待たなければならなかったのである。

その基盤は、一九世紀の最後の三分の一をかけて準備されていったが、この時期には紳士の性格と地位に重要な変化が起こりつつあった。中国社会における読書人＝官僚の役割とその重要性の物質的基盤が着実に減少するにつれて、儒教の理想が、そしてそれと共に中国の伝統的身分制度全体が、崩れていったのである。中国政府の苦しい立場

――歳入を増やす必要と、紳士の地位を危くすることへの怖れとの間で身動きがとれない状態――については既に指摘した。ここで政府が訴えた手段が、体制の最終的崩壊の原因となったのである。

太平天国の乱（一八五〇―一八六四年）が中国の広大な地域を荒廃させた後、政府は歳入の増加を図って、前よりも国家の職務につきうる不正規な機会を若干ふやした。即ち、より多くの人に、科挙によって採用するという正規のやり方に代えて官職の購入を許したのである。(44) 富裕な新任者が階統秩序を破壊するようなことはなかったが、科挙の権威はほぼ確実に低下し、旧来の体制の主要な支柱も著しく傷ついた。科挙制度近代化の試みは、自分の技能が時代遅れになることを怖れた伝統的読書人を敵にまわしたにすぎず、その後、一九〇五年の勅令によって科挙制度は正式に廃止された。しかしこの制度は、これに代わるものがなかったために、倒れかけながらも惰性で二、三年間は続いた。

読書人が伝統的役割を行使しうる可能性が減少し、中央政府の権力が弱まるにつれて、紳士は地方の事柄をますます自分の手に掌握するようになった。そしてそれは、一九四九年に共産党が勝利して初めて真に終わりを告げる、混乱と血なまぐさい戦争の、長い時代の先触れとなった。多くの地域で、紳士は容易に自分自身の税を徴収し、他の者が税を中央政府に納めるのを禁止した。(45) 有名な釐金《りきん》――小売商人や行商人から徴収する税

――を設定することによって、帝国政府は中国の分裂傾向を更に強めた。この税は、太平天国の乱によって、政府が伝統的な方法では税を徴収できなかったため、必要な資金を調達するために採られた応急策であった。何人かの同治中興の指導者たちが土地により重い税をかけるよりも、釐金を好んだことは意外ではない[46]。税に対する支配権は帝国政府の手から離れ、その一方、税それ自体は引き続き軍閥の原型である新しい地方権力者に経済的基盤をもたらし続けた[47]。

一九一一年の清朝の終焉と一九一二年の共和制の宣言とは、真の権力が地方の総督の手に移っていたという事実を、間接的に立憲的に承認したものにすぎなかった。権力は少なくともそのあと一五年間は彼らの手にとどまっていた。かつて紳士であった重要な階層は、この時期に自ら軍閥となるか、あるいは個々の軍人と同盟するかして、権力にしがみついた。彼ら紳士に正統性を附与してきた社会的・文化的な機構は、すべて修復の望みがないほど破壊された。彼らの後継者は純然たる地主か、無頼漢か、その両方を兼ねた者であった。この地主と無頼漢の結び付きは、帝制時には全く表面に出なかった傾向である。

地主と軍閥無頼漢との間には共生関係があった。そのことは、従来と変わらず農民に強制して地方のエリートを養わせる主要な方法であった賦役制度(徭役および現物納)の運用に、最も明確に現われているように思われる。商人も自らの役割を果たしたが、それは国民党の基盤となった商人集団と地主との連合を予言するものであった。

理論的には、軍事的賦役は地税〔田賦〕に基づいていた。この制度は極めて柔軟であったが、農民には概ね不利に作用した。農民は、かつては帝国の官僚や限定的にのみ「正統な」搾取の慣例から守られていた保護の大部分を、この制度の運用によって失ったからである。それは既にかなりの間続いていた農民生活の悪化の現象のひとつであった。小麦粉二斤という本来の賦課は二斤半に、まぐさ三斤は六斤に、荷駄四つは一六に、などとなった。穀物商人は賦役物徴集者と結托し、またしばしば地主の手先となって、支払期日に穀物の全対価を支払い、そのすぐあとで穀物価格を上昇させるとか、公定価格と市場価格との差額を取るとかいうやり方で、利益をあげることができた。時には、軍隊が移動してしまったにもかかわらず、賦課徴集が続けられることもあった。比較的大きな地主は、しばしば自ら軍人でもあり、一般的に自分の小作人に賦役物を支払わせた。(48)この情報の源である記述は、農民の困窮を誇張しているように思われるが、人為的にもたらされた苦痛が存在していたことについては疑う余地がない。

農民の立場については適当な場所で論議することにして、軍閥期のより一般的な特徴を指摘しよう。賦役制度は、中国の官僚支配下における紳士と政治との関係が、なお存続していることを示した。それによって政治権力は経済力をつくりだし、維持し、更にもう一度政治権力を再生産したのである。中央政府の消滅によって、地主上層階級は、これまで中国社会を旧来の形態のまま維持してきた主要なメカニズムのひとつを失った。もっとも、その旧来の形態にしても深刻な亀裂によって傷つかずにいたわけでは決してなかったのではあるが。有力な説によれば、昔は紳士と農民が新しい生活様式を作りだしたり、新しい活発な王朝が政権を掌握した時に、社会は回復したという。ところが、二〇世紀には新しい力が作用しており、旧来の支配階級の後継者は新たな同盟者に頼って、失敗することになる。それが国民党の物語であるが、それでは、国民党の運命に眼を向けることにしよう。

五　国民党による幕間劇とその意味

中国の商工業利益は、外国人への依存を続け、しかも農業利益に従属していたために、西欧の商工業利益とは極めて異なる役割を果たさざるをえなかったが、一九二〇年代には、中国の政治的・社会的生活において重要な要因となっていた。この間、すぐ後で詳述するが、港湾都市近くに住む数でいえば少ないが政治的には重要な地主層が、こうした商工業階級とまじりあい、金利生活者となっていた。都市労働者もまた、極めて荒々しい形でこの歴史段階に登場してきた。

国民党が活動的になったのは、こうした状況においてであった。その権力掌握の物語は余りにもよく知られているので、ここで詳しく繰り返す必要はないであろう(49)。未だ論争中でやや不明な点もあるが、我々の目的にとって重要な点は以下のようなものであろう。

中国生まれの共産党とソヴィエトからの重要な援助をうけて、国民党は一九二七年の終わりには、南部の根拠地から発展して、中国のかなりの地域の支配権を勝ちとっていた。この時までの国民党の成功は主として、農民と労働者の不満の潮流を利用し、かつそれに乗ずる能力によっていた。それ故、国民党の社会綱領は、国民党を軍閥から分離し、軍閥に対する国民党の優位をもたらした。一時は国民党の軍事力が軍閥に勝利し、革命的綱領に基づいて中国を統一するのではないか、という希望が高まったのである。

しかし、形式的統一は実現されたものの、実情は違っていた。国民党が部分的に成功したことにより、それまでは民族主義的統一計画のおかげで一時的に結合していた異分子間の、潜在的紛争が表面化したのである。軍隊に将校を送り込んでいた地主上層階級は、農民が手に負えなくなるのではないかと、次第に神経質になった。全く皮肉なことだが、中国共産党はモスクワからの指令を受けて、まさにこの時、国民革命が社会革命に優先するという根拠に基づいて、紳士の後継者たちを支持した(50)。都市の商人や金融業者の役割はそれ程明確ではないが(51)、左翼的綱領に基づく国民党の勝利を予想した場合、彼らが紳士以上に幸福感をもつことはまずなかったであろう。

こうした環境のもとで、軍隊という重要部門に強固な支配権をもっていた蔣介石が、陰謀の渦の中で、また一連の軍事行動によって、革命との関係を絶つことになんとか成功した。この離脱の最後の局面において、蔣は農業＝ブルジョワ同盟という古典的な形式で労働者に敵対した。一九二七年四月一二日に蔣介石の代理人たちは、その場にいた他の人々――その中にはフランス、イギリス、日本の警察や軍隊なども含まれた――と共同して、共産党の同調者とされた労働者、知識人、その他の集団の虐殺を断行した(52)。蔣はまた、投獄と処刑の威嚇によって、資本主義的諸勢力に徴発と強制貸付とを強要し、彼らにも敵対したのである(53)。

蔣の勝利は中国における新局面を画した。国民党は、言葉においても行動においても、政治改革や土地改革よりも優先する最重要なものとして、国家の統一を挙げた。実際には、これは軍事力による農業問題の解決、即ち匪賊と共産主義の制圧を追求することを意味した。この見通しが初めから望みがなかったと断言するのは、言い過ぎであろう。

近代化は、日本のみならずドイツでも、反動勢力の支持のもとで、相当量の抑圧を伴って現に行われたのであり、特にドイツは国家の統一という課題にも直面したのである。しかしながら、中国が直面した問題の方がはるかに困難が大きかった。

農業の側面を詳しく述べようとすれば、資料の欠如の問題に出会う。特に、信頼しうる統計はほぼ完全に欠如しており、中国の場合には、本書で検討されるどの国よりもこの欠如がはるかに大きい。それにもかかわらず、問題の主な輪郭は極めて明らかである。第一に指摘すべき点は、何々でないという否定的側面である。おそらく一部の地域を除いて、第一次世界大戦後の中国は、大土地《ラティフンディア》を所有する貴族階級が大量の貧しい農民や土地をもたない労働者を搾取する、という国ではなかった。しかしながら、この事実を強調しすぎれば、現実に起こったことに関する像を著しく歪めることになろう。商工業発展の衝撃のもとで、貧富の差が増大するに伴い、中国は不在地主制形成の方向に着実に動いていた。この変化は沿岸地域、特に大都市近郊で最も著しかった。内陸の多くの地域でも小作問題が深刻であったが、それらは新しい力の作用した結果というよりもむしろ、以前の慣習の遺産のように思われる(54)。中国の農業では膨大な人的労働力が使われ、高価な道具や家畜がほとんど使われなかったという事実は――小麦栽培を行う北部の二、三の豊かな家族には馬があったが――繰り返す必要のないほど、周知のことである。例によってトーニーは、流暢な古典的文体で、この点を政治的・社会的文脈のもとに位置づけた。彼は次のように述べている。中国の農業の特徴は、「空間の節約、原材料の節約、道具の節約、飼料の節約、燃料の節約、廃物の節約、その他森林と人間労働を除いたすべてのものの節約である。森林は驚くほど無思慮に濫伐されて土壌の荒廃をもたらし、人間労働は社会慣習によって有り余る状態にされており、それ故に安価であった」と。(55)

特権的な封建身分の伝統がなかったために、地主と小作人の関係には取引上の契約という色彩が著しかった。しかしそれは、地方的慣習の影響を強く受けた、未だ前産業的な取引契約であった。それ故、小作という統計的範疇にはかなり多様な状況が含まれていた。土地を買ったための借金で過重な負担を負った地主の中には、多くの小作人よりも生活が苦しい者がいたであろう。一方、土地を借りる者は、余分の現金や道具をもつ暮らし向きのよい者か、あるいは土地をほとんどまたは全くもたず、ささいな不運にあえば奴隷に近い境遇となるような貧しい農民かの、何れかであったろう。(56)こう考えると、いかに地主や農民という特定の用語を、社会階級という一般的な概念に結び付けることが、いかに困難であるかがわかる。しかし逆に、統計資料から社会階級を明らかにできないからといって、それについて語ることができないと考えることも、また誤りであろう。地方にどの程度爆発的な階級闘争が存在したかということは、更に一層複雑な問題であり、後で検討されよう。

統計に基づく推論の中には、注目に値するものもある。一九二五年には、中国の土地はほとんどすべて私有財産と化していた。国有地はわずか七％程度にしかすぎなかった。残る九三％のほとんどすべては、個人の手に帰していた。このうち約四分の三は農民自身の所有によるものであり、約四分の一は小作に出されていた。[57] このような数字は一見、小作が深刻な問題でなかったことを示しているように思われるであろう。しかし、地域の実情を分析してみると、事情は異なってくる。最も信頼すべき資料によれば、北部の小麦栽培地域では、自作農所有地は約八分の七であったとされている。[58] そのような地域では小作はしばしば刈分小作の形をとったが、それは洪水や旱魃の危険が大きかったために、小作人に好まれたものであった。[59] 北部の多くの地域にその後共産党が入りこんだことから考えて、これらの統計は疑わしいと思われるが、といって問題があると言う以上のことはできない。ある資料によれば、地主制は後に共産党の支配下に入る中国北東部では、明らかに広く存在しており、それは地域の社会構造に深く根ざしていたという。[60] 南部とくに稲作地域では、地主ははるかに重要な存在であった。数省以上にわたって、小作地域は四〇％以上にも達していた。もっとも稲作地域全体では、土地の五分の三がなお農民によって私的に所有されていたのであるが[61]。大都市の近くでは、自作農の土地所有は全くまれであった。ここでは主に現金で小作料を集める不在地主制が、遅くとも一九二〇年代の後半には典型的形態となっていた[62]。それ故、以上述べた分布図は次のような、よく知られた歴史的説明を表わしているといえる。即ち、商業の影響が自作農の土地所有を浸食し、新しい社会組織、即ち旧来の支配階級の主要部分と、都市に勃興しつつある新しい集団との融合体の手に、富が集中されていくというものである。

この結合体が国民党の主要な社会的基盤を形成したため、国民党の農業政策は現状を維持するか、あるいは修復しようとするものとなった。それに加え、事実上の自立性をもった共産党という競争者が存在したことによって、状況は両極化し、国民党の政策はより反動的かつ圧政的になる傾向があった。国民党に同情的なあるアメリカの研究者は、次のような一般的特徴づけをしている。「共産党は時に熱狂的になる農民反乱の後継者として行動し、国民政府と国民党は優勢な官僚支配の後継者として行動する」と[63]。もちろん、これは全体的な説明ではないが、それでもなお、この評価は正確なものであろう。別の箇所で同じ著者は直接の観察に基づいて、次のように記している。

（国民党が）……農村部の階級闘争を促進しないので、以前から存在している階級関係が存続している。党と政府は、常に効率的で忠実だとはいえないが、ぎりぎりまで土地改革の綱領を実行にうつそうとしている。……国民党は広くみられる刈分小作や土地の欠乏や高利貸や農村の暴政を大目にみてきた。……国民党はこれらの存在に気づいてはいたが、何よりも、国民的政府、近代的軍隊、健全な財政の構築と、阿片、匪賊、共産党といった最悪の害のいくつかの根絶とに、熱中していたからである……。(64)

この一節で著者は、国民党の政策の理由づけに関する同党の説明を、額面通りに受け容れている。それにもかかわらずこの一節は、国民党の政策が、農村部の現状——それ自体階級闘争の一形態である——を維持するためのものであったという趣旨であり、国民党に好意的な証人による重要な証言である。

国民党が農業社会的諸関係の根本的な改革をなしえなかったといっても、それは全く改善がなかったという意味ではない。時折国民党は、農民の状況を改善することを目ざした布告や宣言を発した。(65) 四川のようないくつかの地域では、国民党の支配が軍閥の苛政にとって代ったために、おそらく実際にも改善があったであろう。(66) アメリカの公式報告によれば、多くの地域で地主は総収穫高の平均三分の一か、あるいはかつて共産党や国民党により法律で上限と定められた三七・五％をやや下回るものを、受けとっていた。(67) 自由主義的分子は、たとえば農村復興運動〔三〕のような漸進的改革に努力を傾けることができた。それは「政治的に無害」である限りにおいて認められたのである。この復興運動の目的は「地域共同体の階級構造を変革することなしに、共同体全体を改善すること」[68]であった。北部にある定県という人口四〇万の地区の「生きた社会の実験室」も同様のものであり、そこで初めて知識人たちが、計画的に人々に訴えたのである。[69]

友好的な証言、敵対的な証言の両方によって最もよく明らかになった点は、国民党の諸改革は、地方生活に関するエリートの支配を変えるに至らず、従ってこれはまやかしであったということである。改革の試みがなされなかった地域で、彼らエリートが権力を保持したことは疑問の余地がない。ラインバーガー(Linebarger)のような国民党に好意的な人物でさえ、「多くの県は、富裕な保守主義者が納税を免れたり、政府の資金を盗んだり、本当の農民組織を抑圧したりするのを認めるような地方機関の下にある」[70]と述べている。中国の広大な地域にわたって、帝制の終焉は地主上層階級の政治的・経済的役割の本質的変化を生み出さなかった。彼らはかつて軍閥や清朝の統治下で行動したのと同じように、国民党のゆるやかに統一された領地で行動し続けた。国民党に批判的な文献は、この点を更に一層明快に暴露している。一九三七年に国民党が発布した土地法の改正——その目的は農民農地の奨励であったが[六]——に関する論議で、ある中国人研究者は、村落の政治権力は依然として以前の紳士の手にあったと述べている。「それ故、これら紳士が新法の小作政策――それは農民に対する彼らの強い経済的締めつけを緩める傾向にあった――を、少しでも忠実に遂行するとは、到底期待できるはずがない」。[71]同様に、地方政府に関する研究によれば、ほとんどの省で県レヴェルの選挙は実施されなかったが、それは当時騒乱が続いたためだけではなく、地方官僚もそれより高位の政府の官僚もサボタージュをして、手続きをとらなかったことにもよるものであった。[72]他の資料によれば、地主はしばしば小作料の減額を主張する小作人を、共産党員として告発すると威した。これによって、彼ら小作人が逮捕されることもありえたのである。[73]

もちろん、これら断片的な批判が示すほど、あらゆるところで状況が悪かったわけでないことは、ほぼ確実である。三〇年代初期から半ばにかけての時期に、それらの批判がそもそも公刊できたこと自体が、特にこのほんの二、三年前に蔣介石が血なまぐさい弾圧をしたことを思えば、重要な意味をもっている。この時期の、中国のいくつかの共同体に関する人類学の研究は、族長支配的な傾向及び慣例が多くの地域で残っており、それが搾取の強化を抑制することになったと指摘している。しかしながら、それらの研究では他面で、地方レヴェルにおいて以前の紳士の支配が継続していたことも実証されている。従って、それらは国民党の農業政策が、旧来の秩序を保持すべく努力することにほかならなかったという結論を補強している。

旧来の諸制度が国民党統治期までどの程度存在したかについては、地域により相違があるが、それらの相違は重要である。既に述べたように、こうした地域的相違は歴史的発展の各段階を反映している。いくつかの辺鄙な内陸の村落では、西欧人には底知れないほど低い生活水準と思われるにしても、二、三の指導的家族はなお、肉体労働からの解放とか心の安らぎの哲学への固執といった、有閑階級の特徴のいくつかを——ある場合には阿片吸引の助けをかりて——示すことができた。もっとも阿片吸引の場合は、古典教育をうけた紳士の理想とはかけ離れていたのであるが(74)。対極には、大都市近郊の村落があった。そこでは以前の紳士の痕跡は事実上消滅しており、都市の不在地主が田面権は耕作者に委ねていたものの、田底権の三分の二を有するようになっていた(75)(七)。しかしながら、共産党の接収の直前に調査された、南京からそれほど遠くない別の村においては、以前の支配階級が残存し、以前とおなじやり方のいくつかによって地位を維持している状態が、はるかにはっきりと認められた。そこでは、「紳士」の身分は裕福な地主だけがもつものであった。しかしながら、そこにはまた、地主の権力が及ぶのは地方駐屯軍の保護が及ぶ限りにおいてのみであるという側面もあったのであり、これは当時の重要な徴候であった。県境地域には県城の警察力は及ばず、「地主は無視され、小作料は一銭も払われなかった(76)」。これらの事実は、国民党統治期後半における軍隊と、ブルジョワジーと、富裕な地主もしくは新しい紳士との、三者の間の真の関係について多くのことを教えてくれる(77)。

以前の地主上層諸階級が残存し、政治的重要性をもち続けていたことを示す証拠が欲しければ、対日戦争の時期やそれに先立つ時期の国民党の戦略的な政策を見ればよい。商工業利益が国民党のもとで、注目に値する進展を示しえなかったことはよく知られている。この事実は一見、日本による封鎖と占領のためであるかのようにみえるかもしれない。しかし、封鎖は一九三七年に始まったにすぎないから、それだけでは充分な説明とはなっていない。ひとつの重要な因子としては、中国が工業国に変わろうとすることに対する、農業からの間断のない反対があったように思われる。マルクス主義に対する共感を全くもたないある軍事史家は、戦争開始前、中国は土着の工業基盤を築きあげるよりもむしろ、不可欠と思われる設備なら何でも輸入する方を選んだと指摘している(78)。戦場での戦術も同様に中国の社会構造を反映していたが、この軍事史家はここからそれほど明白な結論を引き出していない。優れた兵器がなかったため、中国はただ単に膨大な農民の人力を利用し、兵士に国の防衛に勇敢であれと激励しただけであった。こうした「死の抵抗」的態度のために、莫大な死傷者が出る結果となった。一九四〇年の戦闘だけで、中国軍の二八％が犠牲になったといわれている。同じ資料は、戦争の八年間に徴兵された壮丁のうち、平均二三%が死傷したと見積もっている。[79] 同じような状況に陥った前産業国家ならば、大体同じような被害を経験するであろうと反論する人があるかもしれない。しかし、この反論は重要な点を見落としているように思われる。即ち、中国は主に、紳士の後継者たちが実質的な政治的支配を維持していたが故に、依然として前産業的であったという点である。

それでは焦点を転じて、比較制度史的観点から国民党の支配体制をみてみよう。詳細には触れないが(多くのより正確な情報があればよいのだが)、国民党統治下の二〇年間には、ヨーロッパでみられた産業主義への対応の反動的側面――その中には重要な全体主義的特質が含まれる――の、基本的な特徴のいくつかがみられる。既にみたように、国民党の主要な社会的基盤は、紳士の後継者と都市の商業・金融・工業利益との連合、恐らくより適切な表現を用いれば、一種の対立的協同にあった。国民党は暴力手段を支配することによって、この連合を維持する連結環として働いた。同時に、暴力を支配したことによって、国民党は都市の資本家層を威かし、政府機構を直接にも間接にも操縦することができた。これら二つの点で、国民党はヒトラーのナチ党に似ていたのである。

しかしながら、社会的基盤と歴史的環境という二つの点で、国民党はヨーロッパのファシズムと大きく異なっている。これらの相違は、中国の場合その反動段階が比較的に虚弱であったという特徴を説明するのに役立つ。明白な相違のひとつは、中国には強力な産業基盤がなかったということである。このために、中国の資本主義的要素は西欧に比してはるかに弱かった。日本による沿岸諸都市の占領が、この資本家集団の影響力を更に一層低下させたと推察しても誤りではなかろう。最後に、日本の侵略――それは民族主義的感情の直接の標的となったが――によって、中国の反動期はドイツやイタリアや日本のファシズム期に生じたような、対外膨張を伴うものにはならなかった。これらの理由から、中国の反動的・原ファシスト的段階は、フランコのスペインのそれに似ている。スペインでもまた、農業エリートは頂点にとどまり続けることに成功したが、ドイツやイタリアの同様な段階におけるほどには、攻撃的な外交政策を実行することができなかったのである。

中国の反動期とヨーロッパのそれとの間に、最も著しい類似を認めることができるのは、現実主義的考慮がさほど必要でない教義の領域であろう。権力掌握以前の革命的段階では、国民党は自らを太平天国の反乱と同一視していた。権力を獲得した後、蔣介石が真の指導者として登場すると、党は転換を行い、自らを帝政及び一八六二年から一八七四年に至る同治中興時のその外見的成功と同一視したが、[80]この転換はイタリア・ファシズムの初期の行動を想起させる。勝利の後、国民党の教義は、儒教的要素と西欧の自由主義思想から取り入れた断片との、奇妙な融合物となった。後者は、よく知られているように、最も尊敬された運動の先覚者であり続けた孫文の影響によって取り入れられたものであった。また、ヨーロッパ・ファシズムとの類似は、蔣介石や彼の教義上の意見を書いた者たちが、儒教と自由主義という相異なる要素のどちらをどのように強調したかというところから主に生じていた。

蔣介石の中国の諸問題に対する診断は、主に半ば儒教的な道徳的・哲学的きまり文句で言い表わされたが、その趣旨は一九一一年の革命以降、中国人民が正しく思考しなかったために事態が悪化したというものであった。蔣介石は一九四三年に次のように断言した。概して中国人は、「理解することは難しいが、行動することはやさしい」という孫文の深淵な哲学的言明に示されている、真の英知を理解しえなかったばかりか、なお「理解することはやさしいが、行動することは難しい」と考えていると。この診断の中で具体的なのは、清朝の弱体と腐敗に関して二、三の論評があるのと、外国の支配および不平等条約が中国で流した害悪を指摘していることの、二点だけである。(81) 現にある苦境を中国にもたらした社会的・経済的要因については、事実上全く論議がない。もっとも、それらの要因をいかなるやり方であれ率直に公表したとすれば、上層階級の支持を失うという重大な危険を犯すことになったであろう。それ故、現実主義的分析の欠如とその欠如の理由のいくつかが、国民党の教義をヨーロッパ・ファシズムを思わせるものにしているのである。

同じことは、将来の活動に対する国民党の提案についてもあてはまる。「人民の暮らし向き」――この言葉は半ば農業問題の婉曲的な表現として用いられた――の重要性については、蔣介石の半公式的な書物のいたるところに、折々の言及がみられる。しかし既に述べたように、農業問題の解決のためにはほとんど何も実行されなかったし、提案されることすらなかった。工業化のための一〇カ年計画はあったが、これもまた概ね名前だけのものであった。その代わりに、上からの道徳的・心理的改革が強調されたが、何ら社会的同意を得ることはなかった〔六〕。蔣介石の診断と活動計画は共に、彼の次の文章に要約される。

これまで述べてきたことからわかるように、国家の再建を成功させる鍵は、我々の社会生活を変えることに見出されるべきであり、我々の社会生活を変えることはまた、見識と意志力と道徳的信念と責任感をもつ人々に、即ち、英知と努力によって一郷の、一県の、一省の、ひいては全国の人民を、知らず知らずのうちに新しいやり方へと慣れさせ導く人々に、依っている。また、これも既に指摘したことだが、国家と社会の再建は、国中の青年が他の者では到底行いえないことを、また他の者

では耐えられないことを、行い耐える決心をするならば、その達成は易々たるものである……。(82)〔九〕

ここでは、情け深いエリートについての儒教の理論が、苦しい環境の圧力のもとで、軍事的で「英雄的な」性格を帯びたものとなっている。こうした組合せは、西欧ではファシズムにおいて既によく知られている。

このような類似は、この英雄的エリート主義がとると考えられる組織形態、即ち国民党自体をみる時、更に強いものとなる。それでもなお、重要な相違は存在する。国民党はファシズムよりも、国民総武装という概念に近い考え方を示していた。国民党の理想の力と国民党指導者の道徳的模範とがあれば、誰でも等しく奮起するであろうと考えられた。すべてを包括する政党という考え方は、孫文にさかのぼるものであるが、これには一定の戦術的有利さがあった。蔣介石は共産主義者を自分の組織に吸収しようとして、注意深く彼らに門戸を開放し続けた。(83)もちろん、実際には、国民党はヨーロッパの左右の全体主義政党と同様に、依然として国民の中では圧倒的な少数派にとどまっていたのである。(84)

こうした道徳的・心理的改革の目的として公言されたのは、そしてそれが外に組織として具体化されたのは、言うまでもなく軍事力であった。一方、この軍事力は国防と国家統一とを達成するためのものであった。何度も何度も蔣は繰り返して、軍事的統一を他のあらゆる改革の必要条件として、すべてに優先させた。蔣がこの観点を正統化する論理には、明らかに全体主義の響がある。彼は孫文の次のような判断、即ちルソーとフランス革命は中国のモデルとしては役に立たない、なぜなら当時のヨーロッパ人には自由がなかったのに、現在の中国人には自由がありすぎるからだ、という判断を引用している。蔣と孫の二人が共に好んで用いた比喩によれば、中国人はさらさらとこぼれ落ちる砂〔散砂〕に似ており、外国の帝国主義の手頃な餌食であった。「外国の圧迫に抵抗するためには」と蔣は続けて孫から直接引用する。「我々は「個人的自由」という考え方から解放され、一体化して強い結合力のあるもの、セメントと砂とを混ぜ合わせてつくった固い塊りのようなものにならなければならない」。蔣は更に次のように敷衍する。

言い換えれば、中華民族(即ち中国)が国防のために強固な一体となり、岩のようにしっかりと統合されることになれば、個々人があたかも散砂のごとき、過度の自由を享受できないのは言うまでもない。より具体的に言えば、中国がこの戦争で最終的な勝利をおさめ、戦後の時期に世界の他の独立した自由な国家とともに、永久の世界平和を守り、人類の解放のために働こうとするならば、中国は自らを強力な民族的国防体に発展させなければならない。それ故、……過度の個人的自由は、戦時

にあっても戦後にあっても、許容しえない。(85)〔10〕

国民党の教義に関するこの簡単な論評は、蔣介石によって公式化されたものであるが、三つの顕著な特徴を有している。第一は、中国の問題に対処すべき社会的・経済的計画がほとんど全くといってよいほどないことであり、実際、これらの問題の存在については儀礼的にすら触れられていない。「政治教育」とかデモクラシーの準備とかについての言葉は、たいていは修辞的なものにしかすぎなかった。現実の政策は、現存の社会関係をできるだけ乱さないことであった。そのような政策は、手頃な標的さえあればいかなる層の人々からでも、ゆすったり寄付金を強制する、という行動を妨げるものではなかった。アメリカの都市では、ギャングが同じことをしているが、彼らもまた実際には依存している社会秩序を本当に転覆させようとはしていない。第二の特徴としては、既に長い間徐々に伝統的理想の社会的基盤が崩れてきたにもかかわらず、それら理想を復活させようといささか異様な努力をすることによって、特定の政治的・社会的目標が欠如していることを隠そうとしていることが、あげられよう。この点については、メアリー・C・ライト教授がその著書『中国保守主義の最後の抵抗』の中で、豊富な具体的証拠を用いて説得的に論じているから、ここではこの歪められた過去の愛国主義的理想化が、西欧ファシズムの主たる特徴のひとつであることだけを想い起こせばよいであろう。

第三の、そして最後の特徴は、これもまたヨーロッパ・ファシズムの主要な特徴であるが、国民党が問題を軍事力によって解決しようとしたことである。

これら三つの特徴を強調したからといって、国民党がヨーロッパ・ファシズム、あるいはより初期の反動的運動と全く同じであると言うつもりはない。全く同一であることは歴史上起こりえないし、それをここで論ずる必要はない。大切なのは、これらの類似性が関連あるまとまりを形成しており、それは中国を理解するためだけではなく、全体主義運動一般のダイナミックスを理解する上でも重要であるという点にある。言い換えれば、ここで我々がしているのは、中国ではさほど重要でない特徴がたまたまヨーロッパでは重要な特徴を想い起こさせるといった、偶然の類似点をばらばらに集めることではない。それらの類似性は単一の複合体として、ヨーロッパ・中国双方の政治的、社会的、知的な傾向を一時期支配したのである。

国民党が反動的道筋に沿って中国を近代国家にしようとした努力は、全くの失敗に終わった。同じような、しかしより成功の見込みの高かった試みは、ロシアでも失敗した。両国において、この失敗は共産党の勝利の直接の原因であり、前触れであった。ロシアでは、共産党が一級の工業国をつくりあげるのに成功したが、中国ではこの問題は今なおいささか不確定である。さらに両国の場合、農民の暴動と反乱が、資本主義の反動的あるいは民主的な形態ではなく、共産主義型の近代化の道へと、これらの国をおしやるのに決定的な役割を果たした。中国ではこの役割はロシアにおける以上に更に重要であった。それでは、こうした巨大な変容に際して農民が果たした役割を、より注意深く検討することにしよう。

六　反乱と革命と農民

中国で農民反乱がしばしば起こったことは周知の事実である。フィッツジェラルド(Fitzgerald)は、一九〇〇年以前の中国の長い歴史から六つの主要な反乱をとりあげている。[86] その他にも、多くの失敗に終わった地方的な反乱があった。ここでは、前近代の中国社会に農民反乱が起こりがちであった理由の主要ないくつかを、主として清朝の後半の段階に議論をしぼって指摘しよう。論じられる要因のいくつかはそれ以前の諸王朝でも同様に作用していたが、その点については本書の範囲外のことであり、かつまた全く筆者の能力を超えていることを断っておく。それでもなお、これらが反乱であって革命ではないこと、即ち、社会の基本構造を変えることはなかったという事実を指摘してもよいであろう。第二に筆者は、このもともとの構造的な弱さが、一九及び二〇世紀に商工業の衝撃によってつくりだされた新たな緊張の衝撃をうけて、いかに真の革命を促進したかということを示したい。これらすべてを検討することによって、インドとの最も有益な対比ができるであろう。なぜなら、インドでは前近代期における農民反乱は比較的まれで、しかも全く効果がなかったからであり、またインドの近代化は少なくとも中国と同様に、そして同じくらい長い期間にわたって、農民を窮乏化させたからである。また日本と対比することは、インドほどは印象深くないが、いくつかの点を明らかにしてくれるであろう。日本では、農民社会が中国とは異なる原理で組織されていたこともあって、支配者が近代化の過程で生まれた農民反乱に向かう原動力を抑制することができた。そしてまた、日本の支配者がこれに成功したことによって、日本はドイツと同様にファシズムに至る反動型の近代化を辿ることになったのである。

中国の農民について議論をする前に、一九世紀の中国の政治構造には、ある種の深刻な弱点がみられたことを想い起こすのがよいであろう。その弱点は農民層とはごく間接的な関係しかなく、地主と官僚という支配層の性格と組織とに由来するとみなした方が適切なものである。中国社会のこの支配的部分が、近代的な商工業世界に適応するのに概ね失敗したいくつかの理由については既に述べた。伝統的な中国の政治的メカニズムの欠陥についても、以下のような相当に明確な指摘がなされている。紳士は、地方の居住地において、また地主として、彼らの権威を農民に押しつけることができるだけの強力な帝制を必要とした。しかしその一方で、帝制を強固にするために必要な活動は、短期的には地方の紳士の利益に反した。紳士は彼らが分担すべき租税を支払うことを嫌い、概して地方の事柄を自分流のやり方で動かすことを望んだ。(87) こうした状況について地方長官にできることはあまりなかった。収賄がふえ、中央政府の有用性があまり明白でなくなるにつれて、遠心力も増大し、悪循環がうまれたのである。

我々の当面の問題からみて、最も重要な構造的欠陥は、農民を上層階級や当時の体制に結びつけていた紐帯のもつ弱さであった。前述のように、紳士は、農作業全体にわたって、農民共同体の指導者としての正統な地位をもたらす役割を何ひとつ——監督者としての役割さえも——、果たさなかったように思われる。事実、中国の土地紳士と単なる金持の地主との主な違いのひとつは、中国の紳士が何であれ肉体労働で手を汚すことを避け、学問と芸術に時を過ごしたことにあったようである。紳士が灌漑設備の改善のために政府と取引をしたことは間違いない。その結果は確かに農民の眼にみえるものであり、また紳士が農民のためにしてやったことを印象づけるべく、出来るだけのことをしたのは確かであろう。それにもかかわらず、まさに事の性質上、これは連続した、あるいは頻繁に繰り返される活動ではありえなかった。いかなる地域でも、灌漑溝を掘るには限度があったであろう。その上、中央政府が利用しうる資源が、そしてまたかなり多くの地方政府が利用しうる資源までも減少するにつれて、古い灌漑施設を使用に耐える状態に保つことは困難になり、新しい施設を作ることは不可能になった。

自分の地位を正統化したかもしれない紳士の経済的寄与を探してみると、農作業の周期において様々な仕事の実施時期を決定するのに必要な、天文学上の知識を紳士が掌握していたという周知の事実が頭に浮かんで来る。より一層の調査が必要であろう――そもそも、農民と紳士との関係については一体により多くの、より確実な情報が必要である――が、こうした知識の独占が、そもそも一九世紀に重要であったかどうか疑問を持つだけの理由がいくつかある(88)。その上、農民というものは概ね自分の実際の経験から、農作業の周期のいかなる側面――各種の作物を植え、刈り取るのに最もよい時期や場所など――についても、常に豊かな知識を発展させるものである。事実、こうした知識は経験によって極めて強く裏付けられており、それから逸脱した時の危険が大部分の農民にとってあまりにも大きいからこそ、近代の政府が農民の決まった手順を変えるよう説得することは、大変困難なのである。従って、天文学者がいかなる知識をもっていたにせよ、農民が既に行っていたことに知識を合わせたという方が、その反対よりもありそうなことであり、また近代においては、農民に不可欠な印象を与えるようなことを、天文学者が何ひとつしなかったこともありそうに思われる。

それでは、政府は農民のために何をしたのか。現代の西欧の社会学者たちには、政府は実際には何もしなかったという解答——それは正しいと思われるのだが——を、ありえないとして片付けてしまう傾向が、おそらく強すぎる。社会学者たちは、長く存在した制度ならばいかなるものでも、その下に生きている人々にとって全面的に有害であることはありえないと論じ(それは膨大な量の歴史的経験にも同時代的経験にも全く反しているると思われるのだが)、それ故にその制度が果たすに違いないなんらかの「機能」を探求するという、かなり絶望的な試みをしている。いかなる科学的調査で提起された問題であっても、それは意識的・無意識的な仮説に基づいて、決定される。しかし、ここでは、その決定の方法や手段は論じないことにしよう。しかしながら、次のように考えた方がより現実的だと思われる。即ち、広汎な一般大衆、特に農民が、自分の日常生活を脅やかされたり、破壊されたりするようなことが起こらない限り、また起こる時までは、利益と苦痛のバランスについてなんら関心をもたず、よりましなバランスが可能かどうかを考えもせずに、単純に自分が生活している社会制度を受けいれると。それ故、自分がその犠牲者にしかすぎないような社会であっても、彼らがそれを受け容れていることは充分ありうるのである。

このような意見に対して、帝国の官僚制がうまく機能していた時——一七、八世紀がそうであった——には、同時代のヨーロッパのほとんどで広く行われていたものよりも進んだ、客観的基準に基づく裁判を立派に行って、法と秩序を維持していたではないか、という反論が出るかもしれない。それは確かに正しい。しかし、裁判も法や秩序の強制も、農民にはほとんど全く影響を及ぼさなかった。確かに理論上は、刑事事件、即ち殺人、強盗、窃盗、姦通、誘拐が起こった場合、農民はいつでも地方長官に報告することができた。ある地方長官などは、人が審理を要求したい場合には、衙門で銅鑼を叩けばよいというまでにした。また、「農繁期」はいかなる民事事件も審理されない時期とされていた。[89] このような事実をみると確かに、あたかも地方長官が人々の生活の上で重要な役割を果たしていたかのようにみえる。しかし、より詳細にみてみれば、それがいかにありそうもないかがすぐ分かる。地方長官は少なくとも、数千人以上もの裁判に責任を負っていた。彼の衙門は、地方の中心地の役割を果たしている、壁で囲まれた県城に置かれていた。通常、地方長官が農民と直接に接触することは、全くなかった。[90] 接触は、犯罪分子と結託した人間の屑ともいうべき胥吏を媒介としたものであり、概ね搾取的な性格を帯びていた。時には農民の間で起こった殺人事件が長官の眼にとまったこともあったようである。そのような場合でもなければ、接触は明らかに最小限にとどまっていた。家族やクラン内の農民は、彼ら自身の見方に従って秩序を維持したり裁判を行ったりする、彼ら自身の取り決めをもっていた。彼らは、略奪者や匪賊を作物に近づかせないこと以外のためには、帝国の機関を必要としなかった。しかし、農民にとって深刻な脅威となるほど大規模な匪賊行為は、それ自体が多くの場合、搾取的な官僚の行為の結果であった。一九世紀の間に帝国の官僚制は、それ自体の政策が農民暴動の発生を助長するようになるにつれて、中国の広大な領域に最小限の秩序を維持する能力すら、徐々に失っていったのである。

これまでの議論を要約するとどうしても、政府と上層階級は農民が自分の生活様式にとって重要だと考えた機能を何ひとつ果たしていなかった、という結論が導きだされざるをえない。従って、支配者と被支配者とを結ぶ紐帯は弱く、概ね不自然なものであり、何らかの深刻な重圧があれば切れてしまいやすいものだったのである。

帝制が、この不自然な性格の紐帯を補強しようとする場合には、三つの手段があった。そのひとつは倉儲《そうちょ》制度、即ち穀物不足の際に人々に穀物を分配できるようにするための、地方及び中央の穀物貯蔵庫の設置制度であった。支配者は飢餓と農民反乱との関連を充分明確に認識していた。もっとも、飢餓は反乱の唯一の原因というわけではなかったが、それについては後で詳述しよう。しかしながら、この公的な倉儲制度は、それが最も必要とされた一九世紀に崩壊し、概ね放棄された。おそらくその主な理由は、穀物を政府に売るにせよ、ただで引き渡すにせよ、紳士や豊かな地主に短期的な利益が全くなかったことであろう。穀物不足の時期は、穀物を持つ者が利を博しうる時期でもあったのである。(91) 第二の制度は、有名な相互監視制度である保甲制であり、それは現代の全体主義のやり方に類似し、それよりはるかに先立つものであった。一〇戸が一つの保にまとめられ、保の構成員の行動を報告する責任をもつ長が置かれた。これらの保はいくつかごとに(その数は時代によって変化した)同様の責任をもつ同じような集団にまとめられ、更にそれらは上位の段階へと、階統的に組織された。それは地方長官より下の段階にまで、政府の監視と監督の力を及ぼそうという試みであった。しかし現代の中国研究者は、この保甲制は全く役に立たなかったと判断している。(92) 相互監視は徴税とからまりあうようになったため、農民はそれにほとんど何の愛着も持たなかったであろう。およそこのような制度の効率は、告げ口屋という有難くない役割を果たさざるをえないほど体制に利害関係をもち、しかも事態がどうなっているかを知りうるほど住民の尊敬を受けているような普通の個々人が、相当程度の数ばらばらに存在していることにかかっている。この条件は清朝期の中国では充分満たされなかったと推論してよいであろう。第三の制度も、現代の全体主義のやり方を想起させるものであり、それは人々に定期的に儒教倫理を訓戒する郷約の制度であった。これが一七世紀に始まったことは明らかである。数人の皇帝はこの制度を極めて重視した。一方、人々がこの説教をまじめには受けとらず、大袈裟なたわ言とさえみなしたという証拠は沢山ある。それは一八六五年に至るまで続いたが、空虚な形式主義に堕し、説教をしなければならない官僚も、説教を聞かなければならない人々も、共にまじめには考えなくなった(93)。

福祉政策と治安監督と民衆の教化という組合せは全体として明らかに、現代の全体主義のやり方を先取りするものとなっている。私見では、それらは全体主義的複合体の重要な特徴をなすものが前近代世界に存在していたことを、決定的に示している。しかし、近代技術が全体主義的な諸手段をはるかに効率的なものとし、全体主義的な訴えかけに敏感な新しい形式を作りだす以前の農業社会においては、全体主義的複合体はほとんど無力な胎児のようなものでしかなかった。

農民と上層階級とをつなぐ四番目の紐帯はクランであったが、それは農民を当時一般的であった秩序と結びつけるのに、比較的効果的であったように思われる。既に述べたように、クランとは、共通の祖先を家系にもつと主張する人々の集団である。クランの問題はクラン内の紳士の手によって処理されたが、クランには多数の農民が含まれていた。またクランには行為の準則があったが、それらはすべての成員が集まり、集合体の成員であることが眼で再確認されるような華やかな儀式の時に、口頭で繰り返された。クランを通じて、儒教的な考え方のいくつか――年長者や祖先を尊敬することなど――が、農民層にも浸透した。少なくとも儒教的な考え方は、農民社会の構造と調和的であったために浸透した。老人に対する尊敬は、社会が極めて緩やかにしか変化しない世界では、経験の蓄積に価値があるために、間違いなく調和的であった。ここでは、農民の保守主義を作りだした比較的強い力のひとつをみてみよう。集団で所有された祭祀用の土地が、クランの重要な経済的基盤であった。この土地は普通の相場よりも安い価格で、クランの中の比較的貧しい成員に貸し出されたであろう。ある場合には、この土地は、頭はよいが貧乏なクランの成員が古典的教養を身につけて官界に進出する手段に、そしてそれによってクラン全体としての富を増す手段になった。クランが強力な村落、特に居住者が単一のクランを成しているような村落は、そうでない村落よりもはるかに強い凝集力があり、結束した単位であったと報告されている。クランは北部にも存在したが、農業的に豊かな南部の方がはるかに強力であり、概ねより多くの農業的な富をもっていた。(94) それ故、クランはどこにでも存在したわけではない。しかしながらクランは、上層諸階級の間に広まっていた強い家父長支配的特徴をもつ、父系で夫方居住のリネージの拡大版にしかすぎなかった。従って、クランが顕著にはみられないような中国の南部以外の地域にも、紳士と農民両方の家族を含み、支配する者とされる者とを結びつけるという同一の目的に役立っていた、より小さなリネージが沢山あったと仮定してもよいであろう。

そうだとすれば、一般にクラン及び父系リネージこそが、中国社会の上層と下層とを結ぶ唯一の重要な紐帯であったということになる。従って、それらの重要性はそれ自体過小評価されてはならないが、後で述べるように、クランは両刃の剣であった。それはまた、反抗的な集団を結合させる重要なメカニズムとしても役立ちえたからである。中国では他の社会と比べて——中国と同様に農民反乱がよく起こったロシアを除くが——、支配者と被支配者とを結ぶ紐帯が一般的に弱かったことが、これで少なくとも清朝期に関しては充分立証されたと思われるが、それは農民反乱が中国社会に固有なものであった事実を、かなりの程度説明すると筆者は考える。とはいえ、中国政治のこうした注目すべき特徴を説明する、農民共同体自体の構造的な側面もまたあったのではなかろうか。

この点については、清朝期自体に関する直接の資料はほとんど全くといってよいほどない。それでも多くの人類学者たちが、近代中国の村落——その中には近代の影響とは疎遠な内陸のいくつかの村落も含まれる——についての、優れた地域研究を行ってきた。これらの事例から、明らかに近年の影響を受けたとみられる諸事実を取り除くことによって、清朝期に関する推論を引き出すことができる。

中国の村落が、中国の地方社会の基本的な最小単位であったことは他国と同様であったが、インドや日本の村落、そしてまたヨーロッパの多くの地域の村落と比較してさえ、明らかに凝集力が欠けていた。村落の成員の多数が、連帯の感情や習慣を作り出すような形で、共通の仕事を助け合って行うという機会はほとんど全くなかった。(95) 中国の村落は、例えば、そこでの生活が万人の万人に対する平和的闘争のようにみえる現代のイタリア南部の村落ほどには原子化されていなかったが、生きて機能している共同体というよりは、多数の農民家族が集まって居住しているものというに近かった。(96) それ故、孫文や蔣介石が、中国社会は散砂のようなものだとしばしば言明したことの背景には、政治的修辞以上のものがあったのである。

村落においては経済生産(そして消費)の主要単位は、男とその妻子から成る家族であった。(97) 優れた人類学者であるフェイ〔費孝通〕は、水田耕作における鍬の使用が、仕事の多くを極めて個人的なものにしたと主張している。「集団作業は個々人の努力の総和以上のものを生み出さない。またそれは能率を著しく増加するものでもない」。(98) 小麦栽培が行われた北部については、これほど詳しい資料は使用できない。しかし基本的には、小さな分散した区画における集約的な人間労働という、同じ制度そして同じ型の村落社会が、そこでも同様に優勢であった。(99) 従って、共同作業の発展が比較的弱かったことを、技術だけで説明しうるとは思われない。

ある程度の共同作業は確かに存在した。しかし資料には共同作業に関し簡単にしか触れられていないこと自体が、それ以上の共同作業がなかった理由を説明すると思われる。米の栽培を最も効率的に行うためには、苗を移し変える田植の時期と収穫の時期に、大量の労働力を必要とする。この問題に対処するために日本の村落が到達した極めて効率的な組織と、今なおインドの大部分で広く行われている極めて非効率的な組織については、後で検討しよう。ともあれ、中国人はいくつかのやり方でこの必要に対応した。彼らは作物がみな同時に同じ成熟段階に達しないように植え付けの日時をずらして、彼らの間で労働を交換し、それによって親族を助けてやる時間を生み出したであろう。親族集団内での労働交換は最も望ましいと考えられた。(100) 親族だけでは農作業の周期の極めて重要な時期に、充分な労働力を供給できない場合には働き手が別に雇われた。余剰労働力の供給源は三つあった。第一は、自分の家族を支えていくだけの土地をもたない、その地方の農民であった。(101) このような集団が存在したことによって、充分な土地をもつ者が既存の社会制度・政治制度の枠内で、他の者を自分のために働かせることが可能となった。第二の供給源は、土地を全くもたない人々であり、第三は、より貧しい、遠隔地域に住む、自分の狭い土地からでは細々とした生計さえたてえない人々であった。遅くとも一九三〇年代半ばには、異なる民族的起源をもつ多くの移住労働者(「さまよえる人々」、「船で移動する人々」)がおり、放浪者として極めて低い報酬を受け取り、それによって地方の賃金相場を低く維持していた。時には、他の地区から来た土地をもたない少数の中国人が、村に住みついたこともあったであろう。しかし、彼らはクランの一員となることも、一区画の土地を手に入れることもできず、村の生活の営みの外で、孤立して生活したのである(102)。

以上のような状況により労働力が豊富で余っていたのであるから、中国の村落で個人がいかなる組合せで経済的共同行動をとる場合であっても、それに永続性や制度的基盤が欠けていたことは驚くにはあたらない。そのような永続性や制度的基盤は、カースト制度下のインドや、別の型ではあるが日本には今なお存在しているものである。前近代の中国では、労働の交換や、一時的に必要な労働力の雇い入れのための取り決めは、流動的で一時的で不急の事柄でしかなかった。このことは、米作の南部のみならず、北部にもあてはまる(103)。近親間においてさえ、労働の交換は年ごとに論議され、新たに取り決められた。そして、労働力を最も必要とする時期にあっても、地主は臨時の働き手を雇うのに、賃金が最も安くなる時まで待つ余裕があった。

共同作業を必要とし、しばしば繰り返される活動は、唯ひとつ貯水・給水の管理および運営のみであった。しかし、これは共通の仕事に共同でたずさわるというよりは、稀少な資源を分配するという問題であり、しばしば村落内、あるいは数村間の争いに終わった。[104] 日本や前近代のヨーロッパときわだった対照をなしているが、中国では農作業の周期における主要な決定は個々の家族によって行われた。ヨーロッパの村落共同体には、冬季にいつ全成員の畑を牧草地——それは全成員が利用できる共有地であった——にするか、またいつ個々の地条に戻して耕作や種播きを個人の責任で行うか、を決定する耕作統制という慣行があった。中国には、それにわずかながら似ているものも全くない。中国の所有地もまたヨーロッパと同様に、村落の領域の到る所に分散された地条の形をしていた。しかし、家畜が稀少であり土地に対する執着が強かったために、中国北部の小麦栽培地域においてさえ、このヨーロッパの慣行は実行されなかった。

ロシアや日本の歴史家は、各々の国で特徴的な村落の連帯の形成にあたって、納税の集団責任体制が重要であったことを強調している。それ故、中国でも帝制は集団責任体制を課していたという事実に注意を促すことは価値があろう。[105] これより後に書かれた資料が示す限りでは、中国の制度は同じような結果を生み出さなかった。課税慣行が重要な要因であったことは確かにせよ、それだけでは凝集力ある村落共同体を作りだすのに不充分なことは明らかである。既にみたように、帝国は自らの目的のために、保甲制によって連帯責任を作りだそうとした。一般に認められているように中国の保甲制が失敗したこと、そして中国のモデルに基づいた同じような制度が日本で成功したことは、帝制時の伝統的な中国村落では凝集力が弱かったという主張を、著しく強調している。中国の村落から受けるこうした、行き当たりばったりの個人主義や最小限度の組織的な共同行動という印象は、清朝期よりかなり後の事例に基づく人類学者の説明に依拠するしかないため、やや誇張されたものである可能性は大いにある。それでもなお、村落生活の基本的な構造形態が、帝制時のものと帝制崩壊以降に観察されたものとで基本的に異なるということは、まずありそうもない。刈分小作制度が一般的であったことや、上層階級が様式化された日常生活を遵守していたことは、彼らが直接監督する必要のない労働力を必要としていたことともに、まさにここで概要を記したものと概ね似たような制度が、清朝期にもあったことを示している。このように、上層階級の政治的必要は、農民の個人主義と余剰労働の両方を共に生み出すような農業慣行と結びついていたのであり、それは農民社会を比較的に原子化された方向へと向かわせることになったのである。

このように述べたからといって、中国の村落生活が常に万人の万人に対する小規模の戦いであったとまで言うつもりはない。中国の村落には、少なくとも限られた意味での共同体は存在した。村落には普通、一つの廟社と、善良な村人すべてがある程度参加しうる多くの祭祀とがあった。また、名望家による地方的な寡頭制支配のもとで、村落には、住民間の口論を解決し、近隣に生活する人々の中では起こりがちな喧嘩に始まる感情の爆発を防ぐのに、概ね有効な手段があった。中国の村落がこの意味での共同体であったことを示すひとつの証拠は、多くの村落が、局外者に村人の資格を決して与えなかったという事実である。その理由は簡単であり、つまりは皆に行き渡るだけの土地がなかったということであった。

このことから、中国社会のもうひとつの基本原理、即ち村落の一人前の成員であろうとすれば、土地の所有が絶対に必要であるということに気づくであろう。土地がどのようにクランの活動の基盤を提供したかについては既にみてきた。同じことがより小規模な形で家族にあてはまる。家族が経済生産の主要単位であったため、土地の占有は強くて安定した親族関係の紐帯と、独特の形で結びついた(106)。親孝行という儒教倫理は全くのところ財産がなければ実行不可能であり、貧しい農民の間では極めて脆いものであった。実際、貧しい農民にとっては家族生活それ自体がしばしば不可能であった。西欧社会で長い間一般的であった状況とは対照的に、中国の農民は貧しければ貧しいほど子供をもつことが少なく、子供があったとしても、大人になるまで生きのびる者は、もちろんもっと少なかった[107]。多くの者は結婚すらできなかった。近代中国の村落には多数の「むきだしの棍棒」〔光棍〕[二]、即ち、あまりにも貧しくて結婚できない独身者がいた。「彼らは、家族を生活の中心とする村人の眼からみれば、憐れみと嘲笑の対象であった[108]」。そしてもちろん、育てていくことができないために自分の子供――主として女の子であったが、時には男の子の場合もあった――を売るのは、こうした貧しい人々であった。

一言で言えば、所有地のないことは即ち家族のないこと、宗教のないことであった。しかし、これは極端な言い方である。たとえ小さく当てにならないものではあっても、中国の村落には土地のない農業労働者が生活しうる余地があった。もっとも、比較的広汎に存在したのは、わずかしか土地をもたない農民が、豊かな隣人のために働くことで細々と生計をたてるという状況だったわけであるが。それにもかかわらず、家父長支配的倫理が無数の農民家族を通じて中国社会を統合するという、読書人の間の旧来の考え方は大よそ意味がない。この家父長支配のイメージは、大半の農民の手の届かない貴族的で贅沢な理想であった。しかし、これが理想として農民間に存在する限り、それは、ひどく不自由な生活を送っているが故に必要とされた農民家族内の小さな専制に、理論的根拠を与えたも同然であった。中国の農民家族は、その中に高い潜在的爆発力を作りあげ、丁度よい時期に共産党がそれに火をつけることになるのである(109)。

要約すれば、中国の農民社会の凝集性は他の国のそれよりも著しく弱く、また充分な所有地があることに極めて大きく依存していたように思われる。もう一度議論を先取りすると、インドではカースト制度があったために、土地をもたない労働者にもそれなりの場所があり、村落内の分業体制に結びつけられていた。一方、村落内で認められるか否かは、彼らの働きにかかっており、土地をもっているかどうかには、それほど直接にはかかわりがなかった。このような差異の政治的意味を考える場合には、評価という厄介な問題がおきてくる。ロシアで農民が強固な連帯の制度を発達させたにもかかわらず、ツァーリの社会では農民反乱がいつも起こっていたことを思えば、問題はますます厄介なものになる。農民反乱を助長するような型の連帯と、逆にそれを妨害するような型の連帯があることは明らかであるが、それはもっと大きな問題であるから、後の議論に回したほうがよい。

中国では、農民層と上層階級とを結ぶ紐帯の弱さと並んで、農民社会の構造もまた、中国で特に農民反乱が起こりやすかった理由や、農民反乱にとっての障害や制度のいくつかを説明するのに役立つ。農民社会の構造は中国社会における亀裂の線を示すが、一九世紀の間そして二〇世紀に入って、貧困が国内の多くの層をますます苦しめるにつれて、これらの線はますます明瞭になったであろう。その時、農民層と上層階級とを結ぶ絆はぷっつりと切れる。農民は自分の家族を捨て、さすらい、匪賊となったであろう。後に彼らは軍閥の軍隊の供給源となる。中国の社会は、暴動の火花で簡単に火がつく火口のような、大量の人間の屑を生み出すことができる社会であった。しかし、単なる暴動ではなく反乱を起こすためには、既存の社会的紐帯を破壊する以上のことが必要であった。反乱は新しい型の連帯及び忠誠を作りだすことをも必要としたのである。これは中国では困難であった。なぜなら、農民は家族とかクランといった範囲を超えて、互いに共同して行動することに慣れていなかったからである。この課題は、新しい社会を創ろうとする革命の場合には一層困難である。一定の偶発的な諸条件が介在しなかったとすれば――それは中国自体で起こったことから生れたものではないという意味で偶発的なのだが――、共産党がこの問題を解決することは決してなかったであろう。帝制末期及びその後に、暴力が具体的にどのような形態をとったかを調べれば、こうした概括的にならざるをえない観察にも、より大きな意味を与えることができよう。

「平常」時においてさえ、帝制は地方での平和と安全とを充分に維持することができなかった。このため、地方の住民は容易に強奪行為《ギャングスタリズム》――適切な言葉がないのでこう呼んでおく――の犠牲にされた。この強奪行為は、暴力を用いて無差別に人々からものを奪い取るというだけのものであり、政治制度を変えることにはいささかの関心ももたず、また旧来の支配者に代わって新しい支配者集団を据えることにさえ興味を示さなかった。匪賊に関しては、官製イメージを受けいれないように注意しなければならないが、全く同様に匪賊を貧者の友とロマン化しないよう気をつけねばならない。特徴的なこととして、地方の住民はそっとしておいてもらうために匪賊と取引した。地方の紳士の指導者が匪賊と懇意の間柄であることも、かなりしばしばあった。また、匪賊を職業とし、世襲とする者もいた(110)。しかしこれだけならば、ここに注目すべきことは何もない。法と秩序の力が弱ければどこでも、こうした強奪行為は現われがちなものである。ヨーロッパの封建制とは主として強奪行為そのものであり、社会そのものになり、騎士道精神によって高尚になったものであった。封建制がローマの統治制度の衰退から生じたことからもわかるように、他者を犠牲にするこうした型の自救行為は、健全な官僚制度の作動と原理的に真向から対立する。官僚制が生きのびるためには、犠牲者を作りだす機能を独占し、それを合理的な原則——中国では儒教がそれを提供した——に従って、作動させなければならない。帝制が衰退して軍閥統治となり、それが更に国民党のもとで弱体だが一時的であれ統一されると、体制は全体として次第に強奪行為の性格を帯び、ますます不人気になっていった。

清朝時においては、強奪を目的とする単なる匪賊の行動と、組織された反乱とは、いずれにせよ紙一重であった。しかし、反乱を起こすためには、個々人の堅実な生活の営みを農村社会から切り離すことができるだけでは充分でなかった。それだけならば、中国の農村社会の構造を前提とすれば比較的容易であった。反乱を始めるにはそれが不可欠であったかもしれない。しかし、それだけでは、匪賊になる人間を供給し続けることしかできなかった。反乱が深刻な脅威となるためには、政府から独立した地域的基盤を獲得しなければならず、しかもその地域はたえず拡大しなければならない。地域的基盤を得ることとは即ち、そこにある村落の全員の忠誠をこちら側に向け変えることである。これは中国では、農民により良い条件を出すことのみならず、村落の紳士を含む地方名士に協力させることをも意味した。

残念ながら、社会構造の問題に敏感な研究者によって書かれた、一八五〇年代の太平天国の大反乱に関する良い論文はない。しかし、太平天国軍と一時協力した捻匪の乱(一八五三—一八六八年)についての有益な論文がある。この論文によって、一九世紀の伝統的な反乱の原因とその限界のいくつかを知ることができる。それ故、この事例について若干なりとも論評することは有益であろう。

一九世紀の他の反乱と同様に、捻匪の乱は帝国の衰退の結果であり、帝国の衰退の程度を強め、衰退の過程を早める役割を果たした。悪政と飢餓とが――それらは時折、多くの農民を家から追い立て放浪させる、洪水のような大きな天災によって悲惨なものとなった――こうした反乱勃発の直接の原因としてあげられる。洪水はある程度までは、単なる天災ではなかった。堤防を築いたり、治水事業を行うことなどをかなり長く怠ったという、政治的・社会的原因があったからである(11)。帝国政府は地方の共同体を略奪者から守ることができなかったために、略奪者たちは地方の防衛を掌中に収め、人々に課税し、統治を引き継いだ。捻軍は自分の支配地域では、村落の周りに土壁を建てめぐらした。これに関連して秘密結社が、村落同士が争う時に村民の防衛を助けるという口実を用いて、重要な役割を果たした。そうこうするうちに、地方の紳士が地域的軍事力の支配権を掌握した。中央政府は、ある地方の軍事力を、公然と反乱を起こしている別の地方の軍事力に対して使わざるをえなかったが、こうした妥協的なやり方は結局は中央政府の権力を、権威に至っては一層のこと、弱めることになった。これら二つの要素、即ち秘密結社と紳士に掌握された軍事単位〔郷勇〕の存在とが、反乱を単なる匪賊行為から区別したのである(112)。

捻軍は、土壁に囲まれた村落、即ち既に中央政府の権威からかなり独立していた村落を占領することによって基盤を拡大した。彼らは土地の名士に協力するよう説き、名士が進んで協力した場合には――それが普通であったろう――名士のもとに権力を留めた。ある地域に政府に忠実な官僚が残っていた場合には、彼らは公然と辱しめられた。クランが反乱組織の基盤を形成したことは注目に値する。富裕で勢力のある家族だけが、充分多くの支持者や子分を支配下においており、その協力には価値があった。しかし、これだけがすべてではない。クランへの忠誠は、農民層が反乱指導者に対して熱烈な忠誠を捧げる、その基盤を形成したのである。(113) このように反乱者たちは、主として既存の社会組織を通じて働きかけたが、萌芽的な経済・社会計画はもっていた。飢えた人々を救済することがその忠誠を得る鍵であることを、彼らは知っていた。彼らは本拠地で小麦や大麦を生産するよう力説した。収穫をめぐる闘争が、彼らの支配領域の境界附近の戦闘の重要事項になった。(114) おそらくは太平天国の影響をうけて、彼らは収穫を平等に分けたり、大地主の権力を制限したりするような、粗雑ではあるが、一種の土地改革を実行に移した。(115)

ここで、伝統的体制のもとでの反乱の限界のいくつかが明らかになる。それらは後に共産党が苦労しながら克服することになるものである。紳士の参加とリーダーシップは、いかなるものであれ本当の変化の可能性を制限した。そのうえ、捻軍のやり方は他の地域への襲撃によって食糧供給を確保するという、それ自体基本的に略奪的なものであり、それ故に略奪を受ける地域を敵に回した(116)。このことが彼ら自身の敗北につながった。従って、なぜすべての地方集団が反乱者に同調しなかったのかは、容易に理解できよう。地方集団のあるものは「中立的自衛」をとろうとし、他のものは帝国の側に立って闘いさえした(117)。多少似たような要因が太平天国の場合にも作用していたようである。当初多くの地域の住民が、反乱者を帝国の支配者よりはましな者とみなした。しかし、後に反乱者が真の生活改善をもたらすことができないとわかり、またおそらく政府との闘争を続けるうちに税の取り立てが苛酷となるにつれて、彼らは多くの人々の支持を失ったのである(118)。

長い間、帝国の軍隊は捻軍に対して軍事的な政策を採っており、土壁を壊すといった虚しい努力をしていた。最終的には、帝国の偉大な大臣である曽国藩——彼は中国の状況のもとでビスマルクになり損ねた人物であると思われる——が、反乱者の戦術のお株を奪うことによって勝利を得た。即ち、曽もまた地方の指導者と共に、そして彼らを通して働きかけ、農民に具体的な利益——農民が混乱にあきあきしていた時に、一時的にせよ農耕と平和を確保するという利益——を提供したのである。末期には、政府軍にいれば金銭と食料が手に入るという見込みから、多くの者が投降した(119)。こうして、一八五二年の冬から一八五三年にかけて始まった捻匪の乱は、最終的に一八六八年に終息した。

我々が問題にしている観点からみて極めて衝撃的な特徴のひとつは、反乱者や帝国政府が地方の社会構造を操作する場合、そのたやすさむずかしさは、反乱者と政府とで全く同程度であったということである。「組織された武器」は決定的ではなかったように思われる。それよりはるかに基本的であったのは、農民層の不平不満であった。彼らの忠誠心の推移——それが反乱者と帝国政府の双方によって操作され、促進されたのはもちろんである——が、反乱の勃発と終息を決定づけたのである。

それ故、伝統的な中国社会の枠組は反乱を助長するものであったが、それと同時に反乱の成果に対して厳しい限界を課するものでもあった。反乱は王朝を転覆させるかもしれない。その場合には、ある中国の資料に述べられているように、後世の歴史家は事実全体を書き替えてしまうことであろう(120)。さもなければ、反乱はもっと悪い形の圧政に変じ、帝国の軍隊が支配の形を取り戻すにつれて、徐々に消滅するかもしれない。近代世界の衝撃が、かなり前に指摘したような形で、中国社会の上部構造を腐食してしまった時にのみ、真の革命的な試みが実現可能となったのである。それでは、近代世界の到来が、こうした構造の基盤であった農民に対して何を行ったかをみることにしよう。

一九世紀の間に、農民の経済的状況の悪化を示す、ばらばらではあるが間違いようのない徴候、例えば耕作の放棄、灌漑制度の質の低下、農業失業者の増加などが現われた。

農民のおかれた苦境の徴候は、帝国のほとんどいかなる場所でも、おそらくは特に北部でより多く、見出すことができよう。しかし、中国の地域的多様性はいかなる一般化に対しても例外を生み出す。省の中には、他の省が飢餓かそれに近い状況に苦しんでいるのに、繁栄と物資の豊かさを享受し続けているところもあった(121)。農民の乏しい貯えの重要な補給源であり、かつ農閑期の余剰労働力の使い道でもあった農民の手工業は、安価な西欧の織物によって深刻な打撃をこうむった。ごく最近までの通説的説明では、この事実が強調されており、おそらくは強調されすぎている。時が経つにつれて、農民が他の仕事を見つけだしたことは考えられる。近代の村落に関する人類学の説明では、農民の生計にわずかではあるが極めて重要な部分を附加するものとして、職人仕事の重要性がしばしば強調されている(122)。いずれにせよ、西欧の織物の衝撃が一時多くの地域で深刻なものであったことは疑いない。更に、当初は西欧によって、後には日本によって促進された阿片の蔓延は、より一層の道徳の退廃のみならず、改善を求めたがらない風潮を広めた。

その間に、沿岸都市の近くや大河に沿った所では、地域的な村落市場が都市大市場に屈服し、それと同時に市場経済の影響がますます地方に深く浸透していった。制度としては、市場もいわゆる貨幣経済も中国に長く存在していた。従って、これらの変化は全く新しいものをもたらしたわけではない。一九三〇年代でも、生産物の最上の部分は地方の町の市場〔鎮〕の外に出ることはなかったし、出たとしてもせいぜい地方都市〔県城〕までであった[123]。しかし、市場の重要性が増大したことは、ヨーロッパ史の初期段階で起こったと同じような社会的・政治的地殻変動の多くを生じさせるに充分であった。市場がより効率的で集権的に組織された制度へと発展するにつれて、農民はとり残され、農民の取引上の立場は低下した。貯えもなく、生存の限界近くまで働きながら、農民はしばしば収穫直後の価格が低落している時に、作物を売らねばならなかった。中国のように、輸送や貯蔵の便が悪い所では当然予想されることであるが、価格の季節的変動は激烈であった。農民の苦境は、通常、地主と結託していた商人や投機家にとって有利であった。商人は農民よりも多い貯えや幅広い情報をもち、しかもそれらを組み合わせる機会をもっていた。時には彼らは、価格を固定し、成員間に掛値を禁じるギルドに、強力に組織されていた。こうした事情からみて、商人が一般に農民を出し抜いたのは不思議ではない[124]。

農民は借金をする場合、しばしばかなり高い利息で借りねばならなかった。返済できなかった時には、農民は、おおよそ期限の定めなしに耕すはずの土地には留まりながらも、土地に対する権利は地主に渡さねばならなかった。これらの過程全体の与えた衝撃は、沿岸諸省において最も大きかった。それ故、そこでも一九二七年に農民反乱が勃発したが、それは、その歴史を研究したハロルド・アイザックス(Harold Isaacs)によれば、長髪賊の太平天国の乱以降では最大のものであった(125)。

所有地と社会的凝集力との関係からみて、今議論している変化のおそらく最も重要な側面は、村落の社会的階統秩序の底辺に、限界的な農民が大量に出現したということであろう。地方に関する近代の研究が示すところでは、限界的な農民は住民の約半分か、それ以上にものぼったという(126)。一九世紀を通じて、このような農民が増加したとしても、その増加の程度については、今のところ知る方法はない。しかし、彼らが潜在的に爆発力を秘めた要素を体現していたことは、かなりはっきりしている(127)。限界的であったというのは、その生活が飢餓線上にあったという物理的な意味だけではなく、所有地が減少し彼らを既存の秩序に結びつけていた絆がますます細くなってゆくという、社会学的意味においてもであった。実際のところ、村落と彼らとの関係はおそらく、人類学者の説明に基づいて結論づけられたものよりも、薄かったであろう。こうした人類学の研究は、法や秩序や安定がまだ行きわたっているような地域で行われざるをえなかったからである。ともあれ、中国の広大な領域は活発な革命の産みの苦しみの真只中にあったか、さもなければ匪賊の支配下にあった。それ故、一九二七年に始まり一九四九年の共産党の勝利に至った革命の大衆的基盤は、土地をあまりもたない農民層であった。中国にもロシアにも、近代資本主義的大土地所有《ラティフンディア》で働く膨大な数の農民プロレタリアートはいなかった。これは、スペインやキューバ、そしておそらくは他の国々でも、農村部の多くの反乱の源だったものである。中国の状況はまた、一七八九年のフランスの状況とも異なっていた。フランスには多くの土地をもたない農民がいたが、地方での革命は農民層の上層部で始められたのであり、農民上層部は革命が所有権の確認や封建的痕跡の除去を越えて進む徴候をみせた時、それを抑制したのである。

広汎な貧困や搾取は、それだけでは革命状況をもたらすには充分でない。そのためには更に、社会構造に組み込まれた不正が感じられなければ、即ち、犠牲者に対する新たな要求か、あるいは犠牲者が旧来の要求はもはや正当と認められないと感ずる理由か、のいずれかが生じなければならない。中国では上層階級の衰微によって、この不可欠の要素がもたらされた。紳士はその存在理由を失い、全く純然たる地主＝高利貸に変わった。科挙制度の終焉は、紳士の正統性と、それを支えてきた儒教体系の終焉をもたらした。儒教体系のどれだけ多くを、農民がそれまで実際に承認していたかということに関しては、多少疑問がある。マックス・ウェーバーが指摘したように、大衆の宗教は主に道教と呪術とが結合したものであり、それらの方が大衆自身の必要に一層適していた。

もっとも、儒教の教えのいくつかはクランを通じて大衆に浸透してはいた。いずれにしても、旧来の支配階級に農民の前で確信を与えてくれていた自尊心は、ほとんど消え失せていた。あらゆる種類のあやしげなエリートやぺてん師や無頼漢などが、以前の支配層の崩壊によって生じた真空を埋めるべく現われた。強力な中央権力がなかったために、私的な暴力がはびこり、それは地主が農民から搾取を続けるために不可欠なものとなった。多くの地主は都市に移住して、従来よりも大きな保護・安全を享受した。地方にとどまった者は自分の住居を要塞に変え、銃を用いて借金と小作料を取り立てた(128)。もちろん、すべての地主がこうだったわけではない。おそらくは、ほんの少数の者だけがこのような行動をとったのであろう。もっとも、人類学者の説明から判断すれば、そのような行動をとった者は、その地域で最も権力や勢力をもつ人物であったようである。家父長支配的な関係は、むきだしで粗暴な搾取と並行して存在し続けた。赤裸々な搾取は相当広汎に行われたために、中国の多くの地域は潜在的爆発力を秘めた状況に変わった。この状況が共産党に機会を与えることになるのである。インドではこれまで、中国と比較しうるような上層階級の退廃は起こっていないが、それは注目に値しよう。

革命的状況が存在したといっても、それは大火が今にもひとりでに発生しようとしていたという意味ではない。「外部の煽動者」が暴動や革命を起こすというのは、保守主義者の言う半面の真理であるが――これは煽動を効果あらしめた条件を無視しているから相応しくない――、中国の資料をみると、これがかなりよく当てはまっている。筆者はこれまで村落の生活に関する多くの説明をみてきたが、その中には、農民が効率的に組織を作ろうとしていたとか、自発的に自分の問題について何かをしようとしていたとかいう徴候は、見当たらなかった。共産党が登場する以前に農民の村落が公然たる反乱状態にあったという考えは、人類学の地域研究に基づく証拠の多くと一致しない(129)。自分のおかれた状況に我慢できなかった者は、おそらく生家のある村落を離れ、多くの場合は匪賊となったり、軍閥軍に入ったり、やがては絶えず増え続けている共産軍に入ったりしたであろう。しかし、村落の旧来の枠組の中では、自発的に何かをしようとする試みはほとんどなかった。清朝時においてと全く同様に、農民は積極的に既存の社会構造に反発する前に、外からのリーダーシップを必要としたのである。村落自体に関しては、状況はほぼ確実に悪化し続けており、次に飢饉が来たら住民の大半が死ぬしかないところまで至ったであろう。そうしたことが現実に何度も繰り返し起こったことは確かである。

こう言ったからといって、中国の農民が生来愚鈍であるとか、イニシアティヴや勇気に欠けていたなどと言うつもりは少しもない。革命軍の行動は、宣伝や革命に付きものの誇張された表現をそこから正当に割引いた後でさえ、それと全く反対の性格を示している。その意味するところは単に、多くの地域で最後の瞬間に至るまで個々人が旧来の秩序のしがらみに縛られており、それは個人が独立した単位として行動するのを、非常に多くの場合にはそのような行動を考えることすら、妨げるほど強かったということにすぎない。別の事との関連で先に述べた中国村落の凝集性の欠如は、共産党支配地域に新兵が間断なく流れ込んで来ることを可能にし、共産党に手を貸すことになったかもしれない。凝集性の欠如はまた、旧来の村落構造を破壊し変化させるという共産党の仕事を、おそらく容易にしたであろう。いずれにせよ確かな評価をするには、もう少し多くの確実な情報が必要である。旧来の秩序はぐらついてはいたが、村落それ自体における自然発生的な行動によっては、なかなか消滅しなかった。もちろん、それはすべての主要な近代革命に当てはまることである。

こうした広汎な困窮と荒廃という場面への中国共産党の登場であってさえ、それだけでは根本的な変化を生み出すには充分でなかった。共産党は一九二一年に創立されたが、その一三年後、江西にあった主要な地方拠点を放棄し、遠い延安への有名な長征を開始しなければならなかった。一部の歴史家の判断では、彼らの運勢はその時最低であったという。彼らが示してきたものは、不屈に生き延びる能力、ほぼそれのみであった。蔣介石は一九三〇年から一九三三年にかけて五回もの主要な軍事攻勢をかけたが、それでも彼らを根絶やしにすることはできなかった。しかし、彼らも地方的基盤を広げたり、直接掌握している地域の外で大きな勢力を得たりすることはできなかった。

この時点までの共産党の失敗はある程度、彼らの誤った戦術によって説明できる。一九二六年までは、彼らは革命運動の基盤として農民を扱うことに、何ら重大な関心を示してはいなかった(130)。一九二七年に蔣介石と決裂した後、共産党はなお都市におけるプロレタリア蜂起によって権力をかちとろうとしたが、悲惨で血なまぐさい結果に終わっている。こうしたマルクス主義正統派の考え方を放棄し、農民層に依拠しようとする毛沢東の戦術を採用することは不可欠であったが、それでも成功をもたらすにはそれ以上のことが必要であった(131)。一例をあげれば、富農に対するより穏健な態度の採用が必要であった。これを予示するものはかなり以前から見られたが、政策としては一九四二年になってやっと採用されたものである(132)。これらの変化はすべて重要であったが、それだけでは中国共産党が革命で勝利をかちとることはできそうにもなかった。決定的な要素は、日本の中国侵略と日本の占領政策であった。

日本の占領に反発して、国民党の官僚と地主は農村から都市に移動し、農民には思うがままにまかせた。第二に、日本軍の断続的な掃蕩作戦のおかげで、農民は結束し連帯した集団となった。従って、日本は共産党のために二つの重要な革命的課題を、達成してやることになった[133]。即ち、旧来のエリートを除去し、被抑圧者間の連帯をつくりだしたのである。逆の証拠によって、この一見逆説的な結論は強力に裏付けられよう。日本またはその傀儡政権が農民に何がしかの保護を与えたところでは、ゲリラの組織は全く進展しなかった。事実、日本軍と直接の接触をもたなかったところでは、共産党はゲリラの基盤を確立することができなかったのである[134]。

日本が結果的に革命達成に貢献したことは重要であるが、そのことを的確な視座の中に位置づけて理解することが必要である。闘い合っている敵同士の間にこのような協働があったからといって、そこに日本と共産党との邪悪なある種の陰謀を認めようというのは、もちろん馬鹿げている。状況は共産党に有利であった。なぜなら、日本と、対敵協力者的な傾向を強く有し、戦争が社会革命になることをもちろん望んでいない国民党との双方に対して、共産党は自己の優位を主張しえたからである[135]。戦争は革命的状況を強め、頂点にまで推し上げた。中国の社会と政治という観点からみれば、この戦争はひとつの偶発事にすぎない。しかし、世界の政治力と経済力の相互作用を全体的にみるという観点からは、それは偶発事どころではなかった。一部の歴史家がロシアでのボリシェヴィキの勝利を第一次世界大戦の偶然の産物とみなしているように、歴史上の特定の扱いやすい領域を分析に必要だからといって切り離してしまい、それらを適切な文脈に戻すことをしなければ、人を誤解させがちな部分的真実や、虚偽さえも引き出すことになろう。

共産党が旧来の秩序の残滓を破壊するために、村落における分断線を利用した方法について、若干述べて終わることにしよう。幸いなことに、共産党の政権奪取の時期における、南部と北部の村落各々に関する二つの良い研究があり、政権奪取の過程における諸段階及び問題点を知ることができる。

北部の村落は晋冀《しんき》魯豫《ろよ》辺区〔三〕にあったが、そこは共産党が根拠地を得て、その社会闘争を、日本に対する民族主義的抵抗と結び付けることができた地域であった。国民党勢力の残党を含むその地域の比較的豊かな分子が、自己の財産を守るべく日本と結びついたため、共産党は当時まだ極めて穏健であった自党の社会計画を、外国の抑圧に対する抵抗と結び付けることができ、非常な優位を得た。少しずつではあるが共産党は、村落内で既存の組織の下に自分自身の政治組織を作り上げることができた。彼らはこれを、多数の貧農に利益を与え、富農に負担を課す政綱と結び付けた。政綱に基づいて共産党はまず、以前国民党の懐を肥やしていた賦課を廃止し、後衛を組織するための新しい負担を概ね支払能力に応じて割りあてた。新しいスローガンは、「富者は富を負担し、労働者は労働力を負担しよう」というものであった〔一三〕。決定的な危機は、日本がその村落に税金を課す恐れが出た時点で生じた。税金を日本式に均等割で払うべきか、それとも共産党式に金持に負担させるようにすべきか、という問題をとりあげることによって、共産党は初めて村落を金持と貧乏人とに大きく分裂させた。その間に、共産党は農民に穀物を洞窟に隠して、その地域を離れる準備をするよう勧めていた。金持はそれを実行していなかったため、いずれ日本軍が来て彼らの穀物すべてをとりあげるであろうと、気づかざるをえなかった。そこで金持も共産党の提案に協力したのである。この挿話が重要なのは、どのようにして日本が共産党のために新しい連帯をつくりあげたかだけでなく、初期の革命家と同様に、共産党がどのようにして村落や地域全体を自分の味方につけ、共産党の統治を受けいれさせることができたかをも、それが示しているからである。しかし、共産党はそこに止まっていなかった。彼らは時には旧来の腐敗したリーダーシップを利用したが、貧農や中国社会で最も抑圧されていた集団である女性の間にまで、新しい組織を創った。共産党は、とりわけ地方経済の自給自足を内容とする——協同組合の樹立やその他の多くの方法にみられた——政綱の中で、これまでの従属や飢餓に代わる具体的な代案を農民に提示した。大規模な土地改革は急を要しないものであった。しかし、土地改革が始まった時、それは占領軍への協力者や以前の圧制者に対する復讐心と結びついたのである。このような説明を読むことによって、日本に対する抵抗と、国民党に対する共産党の勝利への動きとの、双方の背後にある革命の熱気を理解することが容易となろう。(136)

数年後、共産主義革命が広東〔広州〕近くの小さな村落、南景に達したが、それは日本への抵抗を援助するという形ではなく、上からの革命という形であった。珠江にかかった鉄橋を爆破して退却してゆく国民党の兵士が起こした烈風が村の窓を揺り動かし、旧政権の崩壊を告げた。二、三日後、充分に装備した共産軍兵士の分遣隊が現われ、旧来の政治支配の終焉を告知し、旧政府の職員に、新しい職員が職務と書類を引き継ぐまで従来の地位にとどまるよう命ずる掲示を出した。一〇カ月後——その間はほとんど何も起こらなかった——十代後半か二十代前半の、三人の男と一人の女から成る土地改革委員が現われたが、彼らは「くすんだ灰色の制服を着、農民の生活様式を意識してまねて」、都市ブルジョワの出自を隠そうとしていた。(137)

ひとたび開始されるや、旧秩序を解体し、新秩序の創造に向けて準備を行う過程は、すべて政府の指示によって急速に進行した。本質的にそれは、富者から土地をとりあげ、貧者に与えるに等しいものであった。「一般的戦略は、地主を孤立させるために、貧農、雇農、中農を結束させ、富農の立場を中立化する、というものであった(138)」。しかし結果はやや異なっていた。共産党が村落の社会的実体に充分合理的に対応する農民区分を用いたにもかかわらず、主たる結果としてもたらされたものは、全般的な不安感であり、それは貧農の間にさえ存在した。貧農は主要な直接的受益者であったが、改革すべてがどのくらい続くのかについて、他の者と同様に不安だったようである。以前は、豊かで搾取的で冷酷な地主とその小作人という両極端の間には、抑制された憎悪が存在していた。新しい制度のもとでは、村落全体が組織的に区画に分割され、区画の各々が独立したものとされた(139)。

共産党の戦略のみならず、さかのぼって共産党統治期以前にも光を投げかけてくれるから、次の一側面は特に言及に値する。土地は家族全体に与えられたのではなく、年齢や性別に関係なく各成員に平等に再分配された。それ故、共産党は土地所有と親族関係との連関を断ち切ることによって、根底的に村落を分解した。親族の絆の経済的基盤を破壊することによって、あるいは少なくともそれを大きく弱めることによって、共産党は年齢や性別に基づく敵意のみならず、階級間の強い対立をも解き放った。これによって初めて、農民の地主に対する、小作人の小作料徴集者に対する、犠牲者の地方ボスに対する、諸闘争は公然かつ激しいものとなったのである。最も現われそうになかったのが年長者に対する若者の告発であったが、この点においてさえ、激しい対立が表面化した。[140]

共産主義体制は、村落と中央の政府との間に新しい紐帯を作り上げた。日常生活が中央の政治権力に依存していることが、すべての農民にとって明らかになった。C・K・ヤン(C. K. Yang)によれば、この新しい紐帯を通じて共産党は、小作料生活者たる地主や国民党が以前に取っていたより多くのものを、村落から吸いあげたという。しかしながら、新しいより大きな負担は、以前よりもはるかに平等に割り当てられた。[141] これらの変化は、すべて一時的で過渡的なものであった。旧来の秩序を破壊し、政府との新しい紐帯を作り上げ、農民からより多くの資源を引き出すことは、競争しあう武装した巨人たちの世界の中で、経済的生産力を全般的に増大させるという、基本問題を解決するための準備でしかありえなかった。しかしこうした話は、本書の範囲を超えるものである。中国では、ロシアにおける以上に、農民が旧来の秩序を最終的に粉砕する爆発物を供給した。ここでもまた農民は、必然的な歴史段階と考えられたもの――そこには農民層は存在しないとされる――を、冷酷なテロルによって達成すべく献身する政党の勝利の背後にあって、その主要な推進力を提供したのである。

原註

第一章

（1）Schweinitz, *Industrialization*, p. 6 は次のように言っている。「一八三二年の大選挙法改正に始まり、イギリスに完全なデモクラシーをもたらした政治改革は、一九世紀と二〇世紀初頭に行われた。しかし、これらの方策が成功した理由は主に、一八三二年に先立つ数世紀において、立憲・議会制度が漸進的に発展していたことにある」（強調は筆者）。同著者は他の部分（pp. 10-11）ではやや慎重に、近代化の諸問題に対して資本主義的・民主主義的な解決法を再び用いるのは不可能であると論じているが、この主張には筆者も賛成する。

（2）封建制は社会史家、経済史家、法制史家、憲政史家の各自にとって異なるものを意味するし、更に各々の側面は異なる速さで変化した。Cam, "Decline and Fall", p. 216 における有益な議論を参照されたい。

（3）Power, *Wool Trade*, p. 16.

（4）Cam, "Decline and Fall", pp. 218, 225 及び 232.

（5）Hill, *Puritanism*, pp. 34-35.

（6）Tawney, *Agrarian Problem*, pp. 188-189. 更に、Hexter, *Reappraisals*, pp. 144-145 も参照されたい。後者では同一の事実が、トーニーが経済的要因を強調しすぎたことへの批判の一部として取り上げられている。トーニーが論じている問題を新たに簡潔に再検討したものとして、

Thirsk, *Tudor Enclosures* を参照されたい。サースクは囲い込みの背後にあった様々な地理的・社会的条件を強調しながらも、全体としてトーニーと同じ結論に達している(pp. 19-21 参照)。トーニーもそのような区別をするについて慎重であった。主な違いはサースクが人口の自然増を有意な要因のひとつと考えることにある(p. 9)。Kerridge, "Depopulation", pp. 212-228 は囲い込みに関する統計には信用が置けないとする有力な根拠を示している。彼の主要な論点は、囲い込みを行って告訴された人の多くが後に無罪放免されたし、この件に関する統計自体が誇張されているという点にある。囲い込みを行った人々がテューダー朝の下でさえ、圧倒的な政治的影響力を持っていたことを考えれば、この事実は驚くに当たらない。実際の数字をそのまま深刻に受け取らなくてもよいが、イングランドの主要地域でこの問題が深刻であったことは疑いない。なお、Thirsk, *Tudor Enclosures* の末尾にある簡単な文献紹介には、トーニーもカリッジも引用されていない。

トーニーから半世紀を経て、現代の研究者はまだ羊毛業と農業の変動が連関していたことを強調している。しかし、穀物から羊毛への転換を促す原動力は一六世紀半ばまでに弱まっていた。土地が次第に稀少になり、労働力がますます増加するにつれて、穀物価格が急上昇したからである。一方、羊毛業はその性格を変えたが、羊毛価格の動向は一四五〇年から一六五〇年までの間、時には乱高下しながらも急速に上向いていた。Bowden, *Wool Trade*, pp. xviii, 6, 更に pp. 219-220 の表を参照されたい。

(7) Klein, *The Mesta*, pp. 351-357 はこのような結論を述べている。

(8) Lipson, *Economic History*, vol. II, pp. lxvii-lxviii; Hexter, *Reappraisals*, pp. 94-95 は、トーニーによるこの傾向の分析を通俗化し、誤って伝えている。ヘクスターは次のように主張し

ている。即ち、トーニーは「都市民が農村部に進出したことで、旧来の家父長制的な農村経済が打ち壊されて、冷酷無情なブルジョワ商業主義がそれに取って代わったという伝説」を作り上げて、清教徒革命を不可避のブルジョワ革命というあらかじめ定められた教条的概念に、無理に当てはめようとしたと主張している。しかし、ヘクスターの主張は全くの誤りである。トーニーの分析が全体として強調しているのは、商業の重要性が増すことで生まれた新たな状況に、地主上層階級が多少なりとも自発的に適応した点であり、しかも商業発達の中心を都市部に見た点である(*Agrarian Problem*, p. 408 を参照)。これは単に、新しい考えを持つ都市民が農村部に移住したのとは、全く違うことである。ヘクスターは自分の批判を擁護するべく、*Agrarian Problem*, pp. 177-200 と、トーニーの論文 "Rise of the Gentry"〔浜林正夫訳『ジェントリーの勃興』未来社〕を到る所に引用している。しかし、トーニーの真の論点については "Rise of the Gentry", pp. 184-186〔三二一—三六頁〕を参照されたい。ヘクスターが最初に引用している部分の先頭頁(*Agrarian Problem*, p. 177)で、トーニーは教条的な決定論的歴史に対する、今まで筆者が気づいたうちでは最も説得力に富む警告のひとつを書いている。確かに長い文章の中には、都市民による所領買収と商業営利的原則に基づく農場経営を述べた箇所が所々に見当たるものの、それはトーニーの議論の主眼点ではない。

(9) Hexter, *Reappraisals*, p. 133 を参照されたい。

(10) Tawney, *Agrarian Problem*, p. 150. イギリスの用語法で「農業経営者(farmer)」とは、普通は借地農(tenant-farmer)、即ち、自らの資本量に応じて労働力を雇用する場合も、雇用しない場合もあったが、いずれにせよ土地を借りて耕作する人々を意味する。この「農業経営者」が土地所有者(owner)を指し示すことはほとんどない。*The Shorter Oxford English Dictio-*

nary, "farmer" の項を参照されたい。

(11) Tawney, *Agrarian Problem*, pp. 264-265, 224.

(12) *Ibid.*, pp. 217, 191-193.

(13) Campbell, *English Yeoman*, pp. 23-27.

(14) *Ibid.*, chap. IV.

(15) *Ibid.*, p. 104.

(16) *Ibid.*, pp. 102, 197-203; Bowden, *Wool Trade*, pp. xv, 2.

(17) Campbell, *English Yeoman*, pp. 179, 184, 192.

(18) *Ibid.*, pp. 87-91, 170, 173. また、Tawney, *Agrarian Problem*, pp. 161-166 も参照されたい。

(19) Campbell, *English Yeoman*, pp. 176-178 は、G. E. Fussell による初期農耕法の研究を引用しているので対照されたい。

(20) Tawney, *Agrarian Problem*, pp. 126, 128, 130-132.

(21) *Ibid.*, pp. 232, 237, 240-241, 257.

(22) フランスとの対比については、Nef, *Industry and Government*〔紀藤信義・隅田哲司訳『十六・七世紀の産業と政治』未来社〕を参照されたい。また、独占的特権組合(chartered company)への攻撃については Lipson, *Economic History*, vol. II, pp. lviii-lix も参照されたい。

(23) 明らかに農民反乱はこれまであまり注目されないできた。また、トーニーはおそらく農民反乱と囲い込みの関連を強調しすぎたようである。筆者が見付けることのできた最良の文献は、Semenov, *Ogorazhivaniya*, 特に pp. 349, 277, 284, 287-291, 300-304, 307, 309, 321, 324,

327である。対象は一六世紀に限定されているが、同書の要旨を次に述べておきたい。農民が参加した争乱には三つの主要なものがあった。①「恩寵の巡礼(The Pilgrimage of Grace)」(一五三六―一五三七年)。これは主に農民が領主と共に蜂起した封建的な反国王運動であった。②経済的後進地域であったデヴォンシャーとコーンウォルでの反乱(一五四九年)。③囲い込みとの関連を裏付ける資料があるノーフォークでの反乱(一五四九年)。更に、Trevor-Roper, "Gentry", p. 40は、一六〇七年のミッドランド地方での農民反乱を「イングランドにおける最後の純粋な農民反乱」と述べて、そこからレヴェラーズやディガーズという言葉が出たと言う。この反乱も明らかに囲い込みに反抗するものであった。

(24) Lipson, *Economic History*, vol. II, pp. lxv, 404-405; James, *Social Problems*, pp. 79, 241-243.

(25) この点に関する優れた分析として、Aston, ed., *Crisis in Europe* 所収の、Manning, "Nobles", pp. 247-269 特に 252, 263 を参照されたい。

(26) James, *Social Problems*, p. 80.

(27) Tawney, "Rise of the Gentry", p. 181.〔一二四―一二五頁〕この点について、本書の印刷中に刊行された非常に詳細な研究、Stone, *Crisis of the Aristocracy*, 第Ⅳ章、特に p. 163 を参照されたい。ストーンの結論は以下のようなものである。つまり、急速に増大していたイングランドの富のうちで貴族層の占める部分が急激に低下していたから、金融面における貴族の絶対的地位ではなく、相対的地位の変化が問題であった、という。

(28) Tawney, "Rise of the Gentry", pp. 176, 187-188.〔一二三、一三七―一四〇頁〕

(29) *Ibid*., p. 186.〔一三六頁〕トーニーの功績はイングランド社会の構造変動を認識し、そこに関心を向けた点にある。もっとも、彼の議論では統計学的な根拠がたぶん最も弱い部分であろう。確かに彼は、新たな状況において苦労した称号貴族の数と、その状況から利益を得たジェントリーの数を誇張しすぎたかも知れない。トーニーの統計手法への批判については、Cooper, "Counting of Manors", pp. 377-389 及び統計データの解釈に関する「補論」〔下巻に収録〕を参照されたい。

(30) Trevor-Roper, "Gentry", pp. 8, 16, 24, 26, 31, 34, 38, 40, 42, 51 を参照されたい。トレヴァー・ロゥパーの主張には全く難点がないわけではないが、クロムウェルの軍隊において「単なるジェントリー」が、かなりの影響力を持っていたことを示す資料を豊富に挙げている。トレヴァー・ロゥパーの立場を修正した議論については、Yule, *Independents*, pp. 48-50, 52, 56, 61, 65, 79, 81 と、特に p. 80 を参照されたい。ここでユールは、下層ジェントリーが独立派の軍隊士官を務めていたことに同意している。なお、トレヴァー・ロゥパーの主張に対する痛烈な批判は、Zagorin, "Social Interpretation", pp. 381, 383, 385, 387 に見られる。

(31) Firth, *Cromwell's Army*, pp. 346-360.

(32) Yule, *Independents*, p. 129 の表を参照されたい。

(33) Zagorin, "Social Interpretation", p. 390 は適切な資料を収集している。なお、Hardacre, *Royalists*, pp. 5-6 も参照されたい。

(34) James, *Social Problems*, pp. 117-128 も参照されたい。

(35) Thirsk, "Restoration Land Settlement", pp. 323, 326-327.

(36) James, *Social Problems*, pp. 118, 120, 122, 124.

(37) *Ibid.*, p. 343.

(38) Zagorin, "English Revolution", p. 681.
(39) 一例として、古典的な個別研究《モノグラフ》 Hammond and Hammond, *Village Labourer* を参照されたい。なお、Johnson, *Disappearance* を対照されたい。
(40) Namier, *England*, pp. 4, 22, 25.
(41) Hammond and Hammond, *Village Labourer*, pp. 16-17; Johnson, *Disappearance*, p. 132.
(42) Hammond and Hammond, *Village Labourer*, pp. 49-50. その後、ある研究はハモンド夫妻を批判し、議会が囲い込みを扱った際の腐敗や偏見という要素を強調しすぎたと述べている。これについては、Tate, "Members of Parliament", pp. 74, 75 を参照されたい。テイトは特定地域、ノッティンガムシャーにおける囲い込みの請願を審議するために、議員が集った時の記録で見付けられるものをすべて検討した。彼が調べた三六五例のうちの七一%では、「関係した議員の個人的利益のために不正がなされたと考える理由は全くないようである。但し、それは階級社会において特定の階級に属する者が、社会階級序列において非常に異なる立場にある人々の生計や財産に関する立法を行う際に、ある程度、必然的に起こるに違いない範囲の不正を除外してのことである」(強調は筆者)。
　テイトは更に、「おそらく、地主貴族の議会は土地所有農民の保護という問題を検討するにあたって、かりに炭鉱所有者から成る議会が、昔ながらの〔掘り出した石炭を自分のものにできる〕独立鉱夫が今後も存在することの必要性を審議するのとほぼ同じく、偏見を持っていた」と述べている。ここに至って読者は、テイトが自分で自分の論拠を崩したという結論に達するであろう。
(43) 既に引用したサースクの諸研究を参照されたい。

(44) Habakkuk, “English Landownership”, p. 4.〔「一六八〇－一七四〇年のイギリス地主制」一三一－一四頁。川北稔訳『十八世紀イギリスにおける農業問題』未来社、所収〕
(45) *Ibid.*, p. 17.〔四三－四五頁〕
(46) Namier, *England*, p. 16. 更に、p. 13も参照されたい。また、Goodwin, ed., *European Nobility* 所収のハバカックによるイングランドに関する第Ⅰ章も参照されたい。
(47) Mingay, “Size of Farms”, p. 480.
(48) ハモンド夫妻は犠牲者に同情しながらも、この問題点を的確に把握して次のように述べている。「単調かつ時代遅れの日常習慣に浸り込み、のどかで牧歌的な気質を持つ小農民――彼らは耳新しい提案にはどのようなものであれ、疑いの眼を向けた――に調子を合わせなければならないのは腹立たしいことであった。」*Village Labourer*, p. 36を参照されたい。
(49) Habakkuk, “English Landownership”, p. 15.〔四〇－四一頁。但し、引用文の訳は訳者による〕なお、Namier, *England*, p. 15を対照されたい。
(50) Habakkuk, “English Landownership”, p. 14.〔三八－四〇頁〕
(51) Mingay, “Size of Farms”, pp. 479, 472は、Arthur Young, *Tours* の資料を使用しているので参照されたい。ミンゲイは別の著作において多くの資料を用いて、非常に規模の大きい土地保有者は経済面では進歩的でなかったし、実際に自分の財産を増した場合の方法は、主に有利な結婚や公債の運用によってであったことを示している。農耕法を改良しようとする原動力は、「農業技術の普及宣伝家《パブリシスト》、在地ジェントルマン、自作農(owner-occupier)、更に、大規模借地農」から生じた。Mingay, *Landed Society*, 第Ⅲ章及び、pp. 166, 171を参照されたい。他方、囲い込みが経済発展に対して土地所有者のなした主要な貢献であったことについては、ミンゲイも同意している(p. 179)。

(52) 以下の文献を参照されたい。Ashton, *Economic History*, p. 40 及び p. 239 の一七〇四年から一八〇〇年までの小麦価格表。Deane and Cole, *British Economic Growth*, p. 94 にある、一七一九年から一八三五年における議会による年間の囲い込み法案数。もっとも、この数字自体は影響を被った農民と土地の数量を大雑把に示すものでしかない。Gonner, *Common Land*, p. 197. Levy, *Large and Small Holdings*, pp. 10, 14, 16, 18, 19. 違う視点に立つものとして Johnson, *Disappearance*, pp. 87, 136. Chambers, "Enclosure and Labour Supply", p. 325, note 3 での意見にも注目されたい。小規模土地所有者が消滅した時期を一七六〇年以前に求める比較的古い見解は、(上に引用したジョンソンのように)部分的に、土地税記録を論拠としている。しかし、そのようなデータの信頼性を疑問視する Mingay, "Land Tax Assessments", pp. 381-388 の意見を参照されたい。

(53) Mingay, *Landed Society*, pp. 99, 180-181, 184, 186 を参照されたい。もし、この結論が正しいのなら、ハモンド夫妻の失敗は主に、議会による囲い込み自体を強調しすぎたことにあったのであろう。ミンゲイは筆者の見解とは対照的に、囲い込みの規模とそれが生みだした苦難を最小に考える。これについては、Mingay, *Landed Society*, pp. 96-99, 179-186, 268-269 を参照されたい。

(54) Hoskins, *Midland Peasant*, pp. 217, 219, 226-227.

(55) Clapham, *Economic History*, vol. I, p. 20 の反対頁に掲載されている、一八世紀から一九世紀における共同耕地の囲い込みを示す地図を参照されたい。この地図は Gonner, *Common Land* に基づいて作成されているが、同書は一九一二年に出版された。従って、同書は初期の諸研究を利用しており、これらの研究の統計は当然ながら批判にさらされている。

(56) Gonner, *Common Land*, pp. 201-202, 367-369; Hoskins, *Midland Peasant*, p. 260.

(57) Chambers, "Enclosure and Labour Supply", pp. 326-327. なお、Hoskins, *Midland Peasant*, p. 268 も参照されたい。

(58) Chambers, "Enclosure and Labour Supply", p. 336.

(59) 例えば、*ibid.*, pp. 332-333, 336 を参照されたい。

(60) Thompson, *Making of the Working Class*, pp. 222-223. 〔市橋秀夫・芳賀健一訳『イングランド労働者階級の形成』青弓社〕

(61) Hoskins, *Midland Peasant*, pp. 269-270.

(62) Ashton, *Economic History*, p. 36 は次のように述べている。「……もし多数が立ち退かされたなら、ほぼ確実におとなしく出て行きはしなかったであろう。しかしながら当時の記録には、農村で起こった反乱どころか、重要な地域的紛争さえ記されていない。立ち退きは漸進的に進行したのである。」なお、一八三〇年に起きた最後の農村における反乱については、Hammond and Hammond, *Village Labourer*, 第Ⅺ章と第Ⅻ章を参照されたい。

(63) Hoskins, *Midland Peasant*, pp. 249-250, 254-255 を参照されたい。

(64) Plumb, *England*, p. 132. この優れた概説書は地主利益と商業利益との対立を非常に明快に述べている。大地主と小ジェントリー、農業経営者、都市中産階級の三者の間の利害対立については、Mingay, *Landed Society*, pp. 260-262, 265 も参照されたい。ミンゲイは彼らの不満がアメリカ独立戦争の間に頂点に達したと述べている。

(65) 実際の出来事はその大部分が、一九四五年以降の共産主義の拡大に対するアメリカの反応に似ている。即ち、敵である革命派の性格に関して同じ両義性が見られ、社会内の優越的勢力がこの曖昧さを同じく利己的に利用し、元来の支持者は外国の革命により自らの期待を裏切られたと思って同じように幻滅し、落胆したのである。そのような側面については、次章以降で、これとは異なる形態の反動的運動との関連において、より詳しく論じたい。

(66) Clark, *Victorian England*, pp. 209–210, 214, 222.

(67) Thompson, *Landed Society*, pp. 273–280 はこの事実に気づいており、一八三〇年以後におけるこのような階級関係の性格について詳細な証拠を挙げている。この優れた研究は本書がほぼ完成された時点で出版されたので、そこに示されている研究結果を筆者は充分に利用できなかったが、この研究は本書が述べている一九世紀における発展の単なる素描以上のことを述べている。

(68) この法案が議会を通過する背景にあったリーダーシップは、ホイッグ派地主貴族によって担われた。彼らは、ロンドンのシティ(the City)の「金融資本」及び工業地帯の産業資本の大部分と、明らかな門閥関係を持ち、一種の派閥を組んでいた。彼らは安全な立場にいたし、また貴族でもあったから、より悪しき危険――一八三〇年にフランスで起こった革命暴動のようなもの――を回避するために、改革を受け容れる用意があった。しかし、彼らは必要な場合には実力行使をいとわなかったわけではない。内務省(the Home Office)のメルボルン卿はそのようなリーダーシップを代表する人物であり、農村労働者の反乱(一八三〇年)を冷酷に鎮圧した。つまり、この事件では九人の労働者が絞首刑になり、四五七名が流刑とされ、それとほぼ同数が長短様々の期間にわたって投獄され、しかも、彼は不満を和らげるべく積極的方法を採ることを拒否した。ホイッグ派指導者はこのように、イギリスでは財産を安全に保つという自らの意向を明らかにしたのである。なお、大選挙法改正の背後に存在した勢力や、それに反対した勢力の分析については、Briggs, *Age of Improvement*, 第Ⅴ章、特に pp. 237, 239, 249-250 を参照されたい。また、非常に読みやすく教えられる点の多い伝記、Lord Cecil, *Melbourne* も参照されたい。

(69) Mather, "Government and Chartists", pp. 375-376, 383, 393-398.

(70) *Ibid*., p. 374.

(71) Woodward, *Age of Reform*, p. 142.

(72) これがどのようなものであったかについては、Turberville, *House of Lords*, 特に第Ⅺ章から第XIII章を参照されたい。

(73) Schorske, *German Social Democracy*, p. 168.

(74) Clark, *Victorian England*, pp. 216-217 及び Thompson, *Landed Society*, 第Ⅵ章は、様々な実例を明らかにしている。

(75) 一八世紀後半には、地域の政治権力を独占し続けようと執着する旧来の地主階級と新しい産業資本家との間に、厳しい対立の起こる徴候があった。その後、この対立は平和裡に解消されるのが普通であったが、小規模な事業の所有経営者は現在に至るまでジェントルマンの世界から排除されている。

(76) Clark, *Victorian England*, pp. 290-305 に収録されている、エイドロット(Aydelotte)によるジェントリーのうちの実業派に関する興味深い付録——一八四一年から一八四七年にかけて庶民院の議席を得ていた人々の研究——を参照されたい。

(77) ドイツについては、von Preradovich, *Führungsschichten*, p. 164 を参照されたい。また、イギリスについては、Clark, *Victorian England*, p. 301 にあるエイドロットの議論を参照されたい。ただし、残念ながら、エイドロットは庶民院に関する数字を独立した形で示してはいない。

もし、その数字が示されていれば印象はかなり変わったであろう。

(78)　Thompson, *Landed Society*, pp. 308-318 は、この恐慌が地主利益のそれぞれの部分に与えた異なる衝撃を論じている。

(79)　優れた論文である、Gallagher and Robinson, "Imperialism of Free Trade", pp. 1-15〔「自由貿易帝国主義」ネーデル／カーティス編、川上肇ほか訳『帝国主義と植民地主義』御茶の水書房、所収〕を参照されたい。

(80)　Clark, *Victorian England*, pp. 247-249.

第二章

(1)　Duby, *Economie rurale*, II, pp. 572-599; Bloch, *Histoire rurale*, I, pp. 95-105.〔河野健二・飯沼二郎訳『フランス農村史の基本性格』創文社〕デュビィの記述はブロックのものより三〇年近く後に書かれ、より詳細になっているし、この傾向を一世紀半後のことにした点を除けば、全体として同じである。

(2)　Bloch, "Passé de la noblesse", p. 366.

(3)　Bloch, *Histoire rurale*, I, pp. 120-121. 農奴解放については、Sée, *Histoire économique*, I, pp. 125, 129; Lefebvre, *Études*, p. 251.

(4)　Duby, *Economie rurale* に加えて、Sée, *Histoire économique*, I, p. 93 を参照されたい。また、主として Bloch, *Histoire rurale*, I, pp. 107, 111-112, 134-135, 150-153 も参照されたい。

(5)　Bloch, *Histoire rurale*, I, pp. 142-143, 145, 149-150; II, 169-170.

(6)　Göhring, *Feudalität*, pp. 69-70.

(7) Bloch, *Histoire rurale*, I, p. 154.

(8) Sée, *Histoire économique*, I, p. 395.

(9) *Ibid.*, I, p. 83; Sagnac, *Société française*, I, pp. 209-210.

(10) Sagnac, *Société française*, I, pp. 32, 35.

(11) *Ibid.*, I, p. 56.

(12) Lavisse, ed., *Histoire de France*, VII, pt. 1, p. 383を参照。同巻はラヴィス自身が書いたものであり、古い著作であるにもかかわらず、ルイ一四世治下のフランス社会を最も明らかにする書物のひとつとして現在でも評価できる。

(13) Lavisse, *Histoire*, VII, pt. 1, p. 377.

(14) Usher, *Grain Trade*. 同書の最初に掲げられている地図では、この状況が一六六〇年から一七一〇年のものとして示されている。

(15) Usher, *Grain Trade*, pp. 5, 11, 17.

(16) *Ibid.*, pp. 20, 21, 25-26, 42-43, 101, 105-106.

(17) *Ibid.*, pp. 7, 8, 16, 87, 88, 91-93.

(18) Labrousse, *Crise de l'économie*, I, p. 208. 同書は六巻からなる著作として予告されたが、筆者の知る限り、これまでにそのうちの二巻しか出版されていない。従って、ラブルースの一般論のうちのいくつかを支える史料は利用できない。

(19) Labrousse, *Crise de l'économie*, I, pp. 586, 207.

(20) Forster, "Noble Wine Producers", pp. 19, 25, 33.

(21) *Ibid.*, p. 26.

(22) *Ibid.*, pp. 19-21.

(23) Lavisse, ***Histoire***, VII, pt. 1, p. 378; Carré, *Noblesse*, pp. 135-138.

(24) Carré, *Noblesse*, pp. 140, 149, 152.

(25) *Ibid.*, pp. 137-138.

(26) *Ibid.*, pp. 141-142, 145-146.

(27) *Ibid.*, p. 142.

(28) Forster, *Nobility of Toulouse*, pp. 26-27.

(29) Forster, "The Provincial Noble", p. 683.

(30) Forster, *Nobility of Toulouse*, pp. 47-48, 68-71. なお、特に断わらない限り、イングランドとの比較は筆者自身のものである。

(31) Forster, *Nobility of Toulouse*, pp. 118-119, 115, 22-24.

(32) *Ibid.*, pp. 41-42, 44, 62.

(33) *Ibid.*, p. 66を参照。

(34) *Ibid.*, pp. 35, 38-39, 40-41.

(35) *Ibid.*, pp. 32-33, 55-56.

(36) *Ibid.*, pp. 56-58, 77-87.

(37) *Ibid.*, pp. 32-34, 40-44, 58.

(38) *Ibid.*, pp. 29, 34-35.

(39) 以下を参照されたい。Lefebvre, ***Études***, pp. 164, 210-211; Sée, *Histoire économique*, I, p. 175; Bois, *Paysans de l'Ouest*, pp. 432-433. ボワは同書において、農民にとって土地を耕作

する際の権利形態よりも、全収穫高の方が重要であったとする点で、他の学者たちと自分の意見は同じであると強調している。

(40) Sée, *Histoire économique*, I, p. 178.
(41) Göhring, *Feudalität*, p. 68.
(42) Nef, *Industry and Government*, p. 88.〔一一八―一一九頁〕
(43) Sagnac, *Société française*, I, pp. 46, 63.
(44) Göhring, *Ämterkäuflichkeit*, p. 291を参照。
(45) 正確な数字は入手できないが、一七世紀末については Göhring, *Ämterkäuflichkeit*. pp. 232, 260 の推定値を参照されたい。
(46) Göhring, *Ämterkäuflichkeit*, p. 290.
(47) *Ibid.*, p. 301.
(48) *Ibid.*, pp. 293-294.
(49) Lavisse, *Histoire*, VII, pt. 1, p. 369.
(50) *Ibid.*, p. 367; Sagnac, *Société française*, I, p. 61は、ルイ一四世には彼の名の下に、彼に責任を負う形で行動した官吏がわずか三十数名しかいなかったと指摘している。Göhring, *Ämterkäuflichkeit*, p. 262によれば、当時おそらく一七〇〇万人の人口に対して、約四万六〇〇〇人の官吏がいたという。
(51) Lavisse, *Histoire*, VII, pt. 1, pp. 361-362.
(52) Cobban, "Parlements of France", p. 72.
(53) Göhring, *Ämterkäuflichkeit*, p. 306.

(54) Lavisse, *Histoire*, VIII, pt. 2, pp. 397-401. なお、同巻の著者はH. Carréである。
(55) Göhring, *Ämterkäuflichkeit*, pp. 309-310.
(56) Lavisse, *Histoire*, VIII, pt. 2, p. 402.
(57) Jaurès, *Histoire socialiste*, VI, p. 37. なお、同一の見解を採りながら、より大きな疑問を提起しているMathiez, *Révolution française*, I, pp. 18, 21〔ねづまさし・市原豊太訳『フランス大革命』全三巻、岩波文庫〕を参照されたい。
(58) Sée, *Histoire économique*, I, p. 189.
(59) Göhring, *Feudalität*, pp. 72-73.
(60) Labrousse, *Mouvement des prix*, pp. 378, 381-382, 420-421. ラブルースの示した全体傾向はおそらく正しいと筆者は思うが、彼の統計手法がその全体傾向を正確に測定しているかどうかについては疑問がある。それゆえ、彼の挙げている数字を要約した形ではここに示していない。なお、制度に関するフォースターの発見もラブルースの結論を支持している。
(61) Bloch, *Histoire rurale*, I, pp. 210, 212.
(62) Bloch, "Individualisme agraire", pp. 350, 354-356, 360; Göhring, *Feudalität*, pp. 76, 80.
(63) Bloch, *Histoire rurale*, I, p. 226; Bloch, "Individualisme agraire", p. 381.
(64) Göhring, *Feudalität*, p. 92.
(65) Bloch, "Individualisme agraire", pp. 549-550.
(66) Göhring, *Feudalität*, pp. 82-84, 96; Lefebvre, *Études*, pp. 255-257.
(67) Ford, *Robe and Sword*, pp. 199-201.
(68) *Ibid.*, pp. 250-251, 及び第XI章。

(69) *Ibid.*, pp. 145-146 では、この数字の出所であるジャン・エグレ(Jean Egret)の論文について議論している。

(70) Göhring, *Feudalität*, p. 74. この問題は更に詳しい調査を必要とするであろう。ゲーリンクは行政長官(magistrate)もこの種の類型に含めている。しかし、前註でフォードが引用したエグレの事実関係から考えると、この点には疑問がある。

(71) Ford, *Robe and Sword*, p. vii.

(72) Barber, *Bourgeoisie in Eighteenth Century France* はこの例外であるが、経済的基盤を軽視している。

(73) Labrousse, *Crise de l'économie*, pp. xxvii, xxviii, xlviii. なお、同書 p. xxxviii において一八世紀後半の三分の一世紀における外国貿易は、主に砂糖やコーヒーという植民地生産物の再輸出を基礎としていたから、国内生産の進歩を示しているとは受け取れないという事実に注目すべきであると、著者は述べている。同時に、Sée, *Histoire économique*, II, pp. xiv-xv も参照されたい。また、より詳しくは、Sée, *Evolution commerciale*, pp. 245-249 も参照されたい。

(74) Labrousse, *Crise de l'économie*, pp. xxxii, xxxvi.

(75) Sée, *Evolution commerciale*, pp. 303-305.

(76) Sée, *Histoire économique*, I, pp. 348, 351; Labrousse, *Crise de l'économie*, p. l.

(77) Lavisse, *Histoire*, IX, pt. 1, pp. 28, 43, 45.

(78) Lavisse, *Histoire*, IX, pt. 1, p. 32. なお、その後の発展については Mathiez, *Vie chère* を参照されたい。

(79) Lavisse, *Histoire*, IX, pt. 1, p. 40.

(80) Sée, *Histoire économique*, I, pp. 214-215; Sagnac, *Société française*, I, pp. 139-143. なお、Porchnev, *Soulèvements populaires* に豊富な資料がある。

(81) 例えば、Goubert, *Beauvais* を参照されたい。同書は主として単一地域での統計情報に集中しており、制度全体の動態についてはあまり参考にならない。

(82) Lefebvre, *Études*, pp. 209-212.

(83) Cobban, *Social Interpretation*, pp. 112-117 は、貧農層が全体として共有地分割に反対したという、広汎にとられている見解を訂正している。

(84) 共同体の慣行とそれへの攻撃に対する反抗を、明快に述べた一般的記述については、Bloch, "Individualisme agraire", 特に pp. 330-332, 523-527 を参照されたい。参照部分の後者において、貧しい人々が村落の共有地を分割することにどのような態度をとったかは、その地方の状況により様々であったが、一方、限定的な囲い込みによって共同体の権利を取り上げようとした動きは、貧しい人々全体に損害を与えたと、ブロックは述べている。集合的権利については、Lefebvre, *Paysans du Nord*, pp. 72-114 を、大革命時にそれが復活されたことについては、同書、pp. 424-430 も参照されたい。ルフェーヴルの挙げた原史料からも同じ一般的傾向が読みとれる。つまり、貧しい人々は普通、村落の共有地の分割を求めたが、その他の共同体の権利には執着したのであった。

(85) Saint Jacob, *Paysans de la Bourgogne*, 特に pp. 435-573 では、単一地域におけるこのような過程を、みごとな記述により詳細にたどることができる。

(86) Göhring, *Feudalität*, pp. 57-58, 60.

(87) *Ibid.*, pp. 115-116.

(88) 旧体制下の課税が抑圧的性格を持っていたと述べる標準的見解は、おそらく誇張が過ぎるようである。Goubert, *Beauvais*, p. 152 は、自分が研究した地域での課税制度が基本的に公正であったと強調している。

(89) Lefebvre, *Études*, p. 258.

(90) Lefebvre, *Grande Peur*, pp. 13-14; Göhring, *Feudalität*, p. 129.

(91) *Ibid.*, p. 119.

(92) Lefebvre, *Grande Peur*, pp. 30, 31, 103-105, 109, 157-158.

(93) *Ibid.*, pp. 165-167, 246.

(94) *Ibid.*, pp. 56, 139.

(95) Lefebvre, *Révolution française*, pp. 125-126, 134-135.

(96) *Ibid.*, p. 133.

(97) *Ibid.*, pp. 140-141. 革命指導者が農民の伝統的慣習の廃止を進める際、むしろ用心深かったことに注目しておく必要がある。憲法制定国民議会は一七九一年六月五日まで、強制輪作、即ち、村落の誰もが他の人々と同様に耕し、種をまき、収穫する義務を負うことを廃止しようとはしなかった。後に、憲法制定国民議会は、地主が作物を自由に選ぶことを許可する布告により、強制輪作を間接的に廃止しようとした。もっとも、憲法制定国民議会も国民公会も共に、義務的共同放牧(vain pâture obligatoire)、即ち、収穫物が集められるとすぐに耕作地に家畜を放すという、強制輪作に対応する権利を抑圧しなかった。なお、Bloch, "Individualisme agraire", pp. 544-545 も参照されたい。

(98) Lefebvre, *Grande Peur*, pp. 246-247 及び *Révolution française*, pp. 113, 119 を参照され

たい。Postgate, ed., *Revolution*, p. 27 に引用されている翻訳によれば、八月四日の譲歩についてマラ(Marat)は次のように書いている。「炎上する城館を明かりとしてこそ、貴族たちは既に実力によって自らの自由を回復していた人々を鎖につなぐ特権を、寛大にも放棄するのである。」

(99) Lefebvre, *Révolution française*, pp. 225, 227-228, 243.

(100) Mathiez, *Vie chère*, pp. 59-71, 特に p. 67; Lefebvre, *Révolution française*, p. 241.

(101) Rudé, *Crowd*〔前川貞次郎ほか訳『フランス革命と群衆』ミネルヴァ書房〕は、大革命の偉大なる「歴史的な日」におけるパリ群衆が、どのような人々から構成されていたかの詳しい情報を与えてくれる。

(102) Lefebvre, *Révolution française*, p. 246.

(103) Rudé, *Crowd*, pp. 109-110.〔一五四－一五五頁〕

(104) Lefebvre, *Révolution française*, p. 224.

(105) Cobban, *Social Interpretation*, p. 115. この立法についてより詳しくは、Bourgin, ed., *Partage des biens communeaux*, p. xvii を参照されたい。農業委員会(the Committee of Agriculture)の委員長の演説(pp. 337-373)には、土地私有とイギリス流の共有地廃止によって農業発展を図ろうとする典型的な資本主義の考え方と、貧しい人々の要求を満足させようとする努力とを、結びつけようとする試みが明らかにされている。「しかしながら、諸君、もし所有権が神聖ならば、貧しき人々の利益もまた神聖なのです」と、この委員長はある時に述べている(p. 360)。ブルジャンの編著書に活字化されているいくつかの請願を概観して、コバンによる農民の要求の解釈が正しく、貧しい人々が共有地分割に反対したという通説は誤りであると、筆者は確信した。

(106) Guérin, *Lutte de classes*, I, p. 350 に引用されている。

(107) Soreau, "Révolution française et le prolétariat rural", pp. 121-122 に、バレールの演説からの長文の引用が見られる。

(108) Mathiez, *Vie chère*, p. 73 に引用されている。

(109) ドリヴィエに関しては Mathiez, *Vie chère* を、彼の殺害については同書 p. 66 を、彼自身については同書 pp. 72-76 を参照されたい。

(110) Mathiez, *Vie chère*, pp. 90-94. パンフレットの著者がカエサルとタキトゥスを引用していることを見れば、彼自身が農民でないことはほぼ明らかである。一方、農民層に当時、平等主義的慣行(例えば、共同放牧)が広まっていたことと、それに対して攻撃がなされたことは、歴史的先例の中にこの慣行を正統化するものを求めようとする原動力になったに違いない。

(111) Mathiez, *Vie chère*, pp. 91-92.

(112) ゲランが *Lutte de classes* で呼んでいるように、フランス史のこの時点で、都市サン＝キュロット派をプロレタリアートとか原《プロト》プロレタリアートと呼ぶことは、誤解を招きやすいと筆者は考える。急進的原動力はすべて、時代から締め出された一連の階層から発していた。また、これから筆者が示すように、それは近代諸革命に特徴的な現象である。最近、ゲランの誤った認識を批判しながら、彼の認識をより筋道のたつ解釈に置き換えようとしないことが流行になっている。筆者はこのような批判を狭量であると考えるし、自分がゲランに多くを負っていることを明確に記しておきたい。彼の著作と、それから、マチエの *Vie chère* がなければ、筆者はこの部分を書けなかったであろう。

(113) Lefebvre, *Révolution française*, p. 334.

(114) *Ibid.*, p. 340.

(115) *Ibid.*, pp. 340-342.

(116) Mathiez, *Vie chère*, p. 613が指摘するように、アシニャ紙幣の価値下落のために、下層の人々も司祭や亡命貴族と同程度に、大革命の代償を支払った。

(117) *Ibid.*, p. 113.

(118) *Ibid.*, pp. 212, 213と、ルー(Roux)からの長文の引用も参照されたい。サン＝キュロット派の社会構成と野心に関する詳細な分析については、Soboul, *Sans-culottes*〔井上幸治監訳『フランス革命と民衆』新評論。但し、原著pt. IIのみの部分訳〕、特にpt. IIを参照されたい。

(119) Mathiez, *Vie chère*, pp. 120-121.

(120) Lefebvre, *Révolution française*, p. 344; Cobban, *Social Interpretation*, p. 117.

(121) Lefebvre, *Paysans du Nord*, p. 647. 公安委員会の管理計画の全体に関する優れた記述としては、Mathiez, *Vie chère*, pt. III, chap. IIIを参照されたい。

(122) Mathiez, *Vie chère*, p. 479.

(123) *Ibid.*, pp. 464-470, 477.

(124) *Ibid.*, pp. 483-484.

(125) *Ibid.*, p. 436. なお、同書pp. 423-425も参照されたい。

(126) *Ibid.*, pp. 462, 464.

(127) Lefebvre, *Paysans du Nord*, pp. 648, 671. ルフェーヴルの情報は北部地方のものに限定されているが、このような状況は非常に広汎に存在したと考えてよさそうである。

(128) Mathiez, *Vie chère*, p. 471. この括弧内の日付は他の箇所と同様に、革命暦に対応するグレゴリウス暦の日付であり、Soboul, *Sans-culottes*, pp. 1159-1160〔三三二頁〕にある簡易換算表から筆者が計算した。大革命を研究する歴史家には年数を言わずに月日だけを挙げるやっかいな習慣があり、たとえ年数を言う場合でも革命暦のものしか挙げないので、非常に間違えやすい。

(129) Lefebvre, *Paysans du Nord*, pp. 846-847.

(130) Guérin, *Lutte de classes*, I, pp. 166-168, 189-191. Cobb, *Armées révolutionnaires*, II, p. 403 によれば、抵抗は穀物が豊富に採れる地域で最も強かった。それ以外の地域では、投機家や裕福な商人や農場経営者を法によって処罰するものとして、軍隊が歓迎されたこともあった。しかし、コッブの情報は主に農民層自体よりも、小都市の民衆の反応に関するものである。

(131) Lefebvre, *Paysans du Nord*, pp. 673, 678, 651-652, 702.

(132) Lefebvre, *Questions agraires*, pp. 1-3, 43-45 を参照されたい。

(133) *Ibid.*, pp. 57, 129.

(134) *Ibid.*, p. 55. また、Lefebvre, *Paysans du Nord*, p. 915 も参照されたい。

(135) Lefebvre, *Révolution française*, pp. 373-374; Soboul, *Sans-culottes*, p. 1029.

(136) Mathiez, *Vie chère*, p. 557.

(137) Lefebvre, *Paysans du Nord*, pp. 652, 672.

(138) Guérin, *Lutte de classes*, II, chap. XIV; Soboul, *Sans-culottes*, pp. 1025-1035 は、より具体的で洞察に富んでいる。

(139) Guérin, *Lutte de classes*, II, pp. 330-331.

(140) *Ibid.*, pp. 331-338. Lefebvre, *Révolution française*, pp. 426-428.

(141) Tilly, *Vendée*, p. 317.

(142) Tilly, *Vendée* 及び Bois, *Paysans de l'Ouest*. ティリーの書物は南アンジュ地方での反革命

派地域と愛国派地域の相違に注目している。一方、ボウの著書はサルト県での両者の相違を扱っている。これらの著作では共に、歴史学的方法と社会学的方法とがうまく統合されている。

(143) Bois, *Paysans de l'Ouest*(第三巻)は、ティリーより明示的に社会的相違を政治行動に結び付けようとしている。しかし、まさにどのような政治的結果が「農民階級の社会的性格」から出てくるのかは、依然として疑問である。ここに限らず他の箇所でも、勤勉な研究成果に対して論理上の欠陥をあら捜しするつもりは、筆者には全くない。他の人々による研究を(単に要約し、複製するのではなく)真に利用すると、遅かれ早かれ、結局、それらの研究が明確に答えたことを超える質問をするようになる。そのような質問は彼らの熱心な研究によって浮かび上がってきたのである。

(144) Tilly, *Vendée*, pp. 136-137, 219-224; Bois, *Paysans de l'Ouest*, pp. 620-621 を参照されたい。

(145) Tilly, *Vendée*, pp. 54, 55, 71, 81, 144; Bois, *Paysans de l'Ouest*, pp. 628-629.

(146) Tilly, *Vendée*, pp. 74-75.

(147) *Ibid.*, pp. 77, 119-120.

(148) *Ibid.*, pp. 122-123, 125, 131.

(149) *Ibid.*, pp. 177-183.

(150) *Ibid.*, pp. 67-68, 114-115, 121, 125.

(151) Bois, *Paysans de l'Ouest*, pp. 610-617 を参照されたい。

(152) Tilly, *Vendée*, p. 79.

(153) Bois, *Paysans de l'Ouest*, pp. 628, 683; Tilly, *Vendée*, p. 201.

(154) Bois, *Paysans de l'Ouest*, pp. 632-633.

(155) Tilly, *Vendée*, pp. 103-110, 155; Bois, *Paysans de l'Ouest*, pp. 614-615.

(156) Tilly, *Vendée*, pp. 232 また 206, 211-212; Bois, *Paysans de l'Ouest*, p. 650. ボワの地域研究によれば、ブルジョワ・アウトサイダーこそが、これらの土地をめぐる闘争の勝利者であった。

(157) Tilly, *Vendée*, p. 105.

(158) *Ibid*., pp. 238, 240 に掲載されている地図。

(159) *Ibid*., pp. 252-257.

(160) Guérin, *Lutte de classes* には、詳細な状況が語られている。

(161) Greer, *Incidence of the Terror* の見返しに掲載されている二枚のフランス地図では、この点が非常にはっきりと語られている。一方の地図は反革命地域と軍による侵略地域を示し、深刻な争乱のなかった地域から主要な軍事行動のなされた内戦地域まで、各県を段階分けしている。もう一方の地図は、死刑執行数を示し、十に満たないものから百を超すものまで、各県を等級分けしてある。パリが例外であったことは理解できるので、パリを除けば両者の連関は非常に密接である。反革命と死刑数の間にこのような関連があることは、筆者の意見によれば、フランス社会の分裂が垂直的であり、大恐怖が階級闘争の手段ではなかったとするグリアの中心命題を否定する強力な証拠となっている。なお、この問題については、本書の補論でより詳細に検討されている。

(162) *Ibid*., pp. 7, 101-103, 30, 36, 120 を参照されたい。グリアは経済・社会構造に関する一連の貴重な地方研究を参照している。

(163) *Ibid*., pp. 26-27, 37; Lefebvre, *Révolution française*, pp. 404-405.

(164) Greer, *Incidence of the Terror*, p. 109.

(165) Lhomme, *Grande bourgeoisie*, pp. 17-27〔木崎喜代治訳『権力の座についた大ブルジョアジー』岩波書店〕を参照されたい。

(166) Lefebvre, *Études*, pp. 232, 237, 239, 242.

(167) Lefebvre, *Paysans du Nord*, pp. 911-912, 915-916.

(168) 以下の一般論は主として、ルフェーヴルの諸著作と、Augé-Laribé, *Politique agricole*; Hunter, *Peasantry and Crisis in France*; 更に、ライト(Wright)による二つの啓発的な論文、"Agrarian Syndicalism in Postwar France" と "Catholics and Peasantry in France" に基づいている。この問題について考察した最近の著作としては、Wright, *Rural Revolution in France* を参照されたい。

第三章

(1) 農民層(peasantry)という用語は、他の類似する言葉と同様に、正確に定義できない。社会的現実において境界線上の人々がどちらに属するかが、この用語では明確ではないからである。もっとも、この階級を識別する主要特徴は指摘できる。それは地主上層階級に対して法的に認可され強制された従属関係を持っていたことにある。この関係が存在すれば、階級移動の有無や明確な文化的相違や、事実上かなりの程度に土地を所有しているか否かは、必ずしも重要ではない。このように考えれば、現代南部の黒人小作人をアメリカ社会における農民階級と認めることは、正しいであろう。

(2) Randall and Donald, *Civil War*, p. vi におけるドナルドの序文を参照されたい。この全体研究は資料も充分であり、文献目録も完備されているので、歴史解釈の現状を知るためのもっとも有益な案内書のひとつとなる。更に、Beale, "Causes of the Civil War," (1946)は、それまでの議論を整理した啓蒙的な全体研究である。Stampp, *Causes of the Civil War* (1959)は、戦争原因に関する同時代および現代の文献を網羅していて、参考になる点が多い。スタンプは編者序文(p. vi)の中で、論争は未だ結論に至っていないし、現代の歴史家も当時述べられた党派的主張を繰り返していることが多いと書いている。これは、ビールも十数年前に述べていた感想である。

(3) North, *Economic Growth*, pp. 67, 167, 189.

(4) *Ibid.*, p. 194.

(5) Gates, *Farmer's Age*, p. 152.

(6) Randall and Donald, *Civil War*, p. 36.

(7) *Ibid.*, p. 67.

(8) Hacker, *Triumph of American Capitalism*, p. 288〔中屋健一・三浦進訳『資本主義の勝利』東京大学出版会、下巻、一一八頁〕に引用。なお、ランドルとドナルドの書物に掲げられている数字もこの数字に近い。

(9) Gates, *Farmer's Age*, pp. 151, 152.

(10) North, *Economic Growth*, p. 130.

(11) Owsley, *Plain Folk*, pp. 138-142. 民俗学的社会学は重要な政治・経済問題をほぼすべて見逃してしまうという印象を、筆者は本書から受けた。

(12) Randall and Donald, *Civil War*, pp. 374, 375.

(13) *Ibid.*, pp. 380-381.

(14) Stampp, *Peculiar Institution*, 特に第Ⅸ章を参照されたい。

(15) Conrad and Meyer, "Economics of Slavery", pp. 95–130. 同書全体の命題については、特にp. 97を参照。

(16) Nevins, *Ordeal*, I, p. 423.

(17) Gates, *Farmer's Age*, p. 143. より詳しくは、Gray, *Agriculture in Southern United States*, II, chaps. XXXVII, XXXVIII.

(18) Phillips, *Life and Labor*, p. 177に掲げられている表、及びConrad and Meyer, "Economics of Slavery", pp. 115–118における、労働力の過資本化(overcapitalization)と呼ばれる現象に関する議論を参照されたい。プランテーション所有者は自分が作った落とし穴に引っ掛からなかった——これがフィリップスの主張であり、コンラッドとメイヤーはこの主張を攻撃している——としても、プランターの多くが実際、労務費の増加に直面していたことは明らかなようであるし、コンラッドとメイヤーもその点については否定していない。更に、当時のいくつかの見解については、Nevins, *Ordeal*, I, p. 480を参照されたい。

(19) Nevins, *Ordeal*, I, p. 438.

(20) ネヴィンズの記述を読むと、プランテーション経営では文書こそ用いられなかったが、中世イングランドの荘園で広く行っていた合理的計算方法とよく似たやり方がとられていた。Bennett, *Life on the English Manor*, pp. 186–192, 特にp. 191の生き生きとした描写を参照されたい。

(21) Nevins, *Ordeal*, I, p. 267の一節より引用。

(22) Nevins, *Emergence of Lincoln*, I, p. 218.

(23) *Ibid.*, II, p. 68.

(24) North, *Economic Grouth*, pp. 204-206.

(25) *Ibid.*, pp. 159-160.

(26) *Ibid.*, p. 68.

(27) *Ibid.*, p. 103.

(28) *Ibid.*, p. 161.

(29) ブルジョワ革命以前のフランス・ブルジョワジーに関する研究の場合と同じく、良質な政治・経済の重要問題を扱っている個別研究をこれまでのところ筆者は見つけていない。Foner, *Business and Slavery* は、南部と密接な関係のあったニューヨーク実業利益に叙述が集中し、その限りでは非常に有益であるが、全体の分析としては依拠できない。この著者は有名なマルクス主義者であるが、この研究では教条主義的でないように見える。なお、ペンシルヴァニアとマサチューセッツの産業資本も考察する必要があるが、いずれについても適当な研究がない。

(30) 北部連合に対する感情については、Nevins, *Ordeal*, II, p. 242 を参照されたい。また、当時の新聞社説については、Stampp, *Causes of the Civil War*, pp. 49-54 を参照されたい。同書に引用されている、バッファロー・クーリエ紙(*the Baffalo Courier*)、一八六一年四月二七日号からの抜粋(pp. 52-53)は、言葉遣いが原初ファシズム的で興味深い。

(31) Nevins, *Emergence of Lincoln*, I, pp. 225-226. なお、ネヴィンズは戦争原因を最終的に評価するにあたり、関税と経済諸要因が役割を果したことを一般的に否定している。それについては、Nevins, *Emergence of Lincoln*, II, pp. 465-466 を参照されたい。この点は後に詳しく述べるが、少なくとも彼の関税に関する議論は、筆者には矛盾しているように思える。

(32) North, *Economic Growth*, pp. 143, 67-68, 102.
(33) Beard and Beard, *American Civilization*, I, pp. 535-536.
(34) North, *Economic Growth*, p. 136. 更に、p. 137 の図表も参照されたい。
(35) *Ibid.*, pp. 103, 140-141.
(36) *Ibid.*, p. 154.
(37) Beard and Beard, *American Civilization*, I, p. 638. なお、Nevins, *Ordeal*, II, chaps. V, VI も基本的に同じことを言っている。
(38) 一八四七年における奴隷制廃止協会(Abolition Society)の分布を示した地図(Nevins, *Ordeal*, I, p. 141)を見ると、同協会がマサチューセッツと同様に、オハイオ、インディアナ、イリノイにも多数あったことがわかる。
(39) Nevins, *Ordeal*, II, p. 123 を参照されたい。ニューヨーク州農村部ではシュワード(Seward)への支持が強かった(Nevins, *Ordeal*, I, p. 347)から、同様の感情が東部の農場主にも強かったと考えられる充分な理由がある。
(40) Zahler, *Eastern Workingmen*, pp. 178-179, 188, 特に、p. 179, note I.
(41) Beard and Beard, *American Civilization*, I, pp. 691-692. 議会側の態度について更に詳しくは、Zahler, *Eastern Workingmen*, chap. IX.
(42) Zahler, *Eastern Workingmen*, p. 178.
(43) Beard and Beard, *American Civilization*, I, p. 692. この〔実業界と農業の〕接近の背景に関する詳しいことは次の著作を参照されたい。なお、この接近はそれまで、東部に強かった考え方を大幅に覆すものであった。Zahler, *Eastern Workingmen*, p. 185; Nevins, *Emergence of*

Lincoln, I, p. 445.

(44) Beard and Beard, *American Civilization*, I, p. 677.

(45) *Ibid.*, I, pp. 648-649.

(46) *Ibid.*, I, p. 751.

(47) Elkins, *Slavery*, pp. 194-197では、ラテン・アメリカでの経験を引きながら、流血なしに奴隷制を廃するために役立つであろう「準備の一覧表」が示されている。そこでは、奴隷たちをキリスト教に改宗させ、奴隷家族の神聖性を保護し、自分の販売価格に相当する金を貯めるように、奴隷に自由時間の活用を許すことが挙げられている。筆者にはこのような方法がやはり非常に反動的に思えるし、奴隷制という枠内で形だけの解放をして取り繕う例のように思える。

(48) ネヴィンズは一方で道徳的諸原因を強調しながら、同時に、大多数の人が道徳的原因には無関心であったと書いている。これは、筆者の判断する限り、矛盾であり、ネヴィンズはこの矛盾に直接、立ち向かっていない。ネヴィンズの全体的説明については、Nevins, *Emergence of Lincoln*, II, pp. 462-471を、平和を求める気持ちが強かったことについては、同書、pp. 63, 68を参照されたい。もっとも、ネヴィンズはこの矛盾を解くために役立つ事実関係の資料を数多く提示している。政治家たちに責任があったとする主張を簡潔に述べたものとして、Stampp, *Causes of the Civil War*, pp. 83-87に再録されている、Randall, *Lincoln the Liberal Statesman*からの抜粋を参照されたい。Nichols, *Disruption of American Democracy* と Craven, *Growth of Southern Nationalism* は、第三の主張の代表例である。注目すべきことに、誰ひとりとして、純粋な説明、特定の説明を擁護するための法律家の書面のような論述をしてはいない。そこに見られるのは単なる強調点の置き方の違いにすぎないが、その強調点は非常にはっきりしている。

(49) 南部においてこの協定を支えた社会集団については、Nevins, *Ordeal*, I, pp. 315, 357, 366, 375を参照されたい。著者はp. 357で次のように述べている。「最大の……勢力は穏健派の集団であった。……彼らは南部の権利と合衆国の正しさとを共に信じ、両者が和解するように希望していた。」言い換えれば、彼ら穏健派は二兎を追っていた。一般的な反応と北部における反応については、Nevins, *Ordeal*, I, pp. 346, 293-294, 348を、また、北部実業界の一部が示した反応について詳しくは、Foner, *Business and Slavery*, 第Ⅱ－Ⅳ章を参照されたい。北部でも南部でも逃亡奴隷に関する議論は、逃亡奴隷の問題がほとんど起きる可能性のない諸州で最も沸騰していたようである。もっとも、この問題に関する事実関係を提供しているのは、他ならぬクレイとウェブスターである。Nevins, *Ordeal*, I, p. 384を参照されたい。

(50) ダグラスの提案に対して北部及び南部が示した反応については、Nevins, *Ordeal*, II, pp. 121, 126-127, 133-135, 152-154, 156-157を参照されたい。ダグラスに共感を寄せている研究は、Craven, *Coming of the Civil War*, 特にpp. 325-331, 392-393に見られる。まず、カンザス＝ネブラスカ事件についてクレイヴンは、不誠実な北部の政治家たちが奴隷制を偽の争点に仕立てたと、もっともらしく主張している。また、リンカーン＝ダグラス論争について、リンカーン自身が大げさで、道徳的にはどちらともとれる発言をしたことが、ダグラスは道徳問題に極めて無関心であったように見せる効果を持ったと、彼は主張している。この扱い方はネヴィンズとまったく正反対である。カンザス＝ネブラスカ法案によって奴隷問題を再度、取り上げた際にダグラスがとった態度に触れて、ネヴィンズは次のように述べている。「台風に襲われた大海原の波のように憤りの感情が高まった時に、彼(ダグラス)は驚いた。押しとどめることのできない歴史の流れが道徳の力であるという事実を、道徳的洞察力に乏しい人は常に把握できない。」(*Ordeal*, II, p. 108)これは卒業式の演説ではあっても、歴史ではない。成功した政治リーダーたちは、道徳的に相対立する勢力を扱う時には、道徳的に曖昧にならざるを得ないのである。後世の歴史家たちが、勝利した政治家を道徳的英雄に祭りあげるにすぎない。もっとも、ネヴィンズも全体としては、そのように馬鹿げたことをしてはいない。

(51) 一八五八年から五九年の冬に、南部では新政党を創る計画が進んでいた。Nevins, *Emergence of Lincoln*, II, p. 59 の表現によれば、この政党は「保守的で、国民的で、奴隷問題を吹き飛ばして、合衆国を強化する政党であり、分離主義者を弾劾し、国内発展をはかる広汎な計画を推進し、建設的な立場から民主党を転覆させる」ものであった。同党は資産家、政治リーダー、ジャーナリストを引き付け、大奴隷所有者と対立する小農場主に訴えかけようとしたが、殆ど何の影響もなかった。最終局面では、分離主義者が事態を支配していたが、分離に反対する声は主に、北部と直接的な取引関係を持っていた人々、つまり、いくつかの南部港湾都市の商人や専門職業人、更に小農場主からあがったようである。この点については、Nevins, *Emergence of Lincoln*, II, pp. 322, 323, 324, 326 を参照されたい。ニューヨークの実業界の態度は一定しなかった。彼らは一八五〇年の妥協を懸命に擁護した後、ダグラスがカンザス=ネブラスカ法についてとった行動に対して奴隷制廃止論者にほぼ近くなった。そして更に、その直後に再び態度を一変させた。フォナーが述べているように、「一八五〇年以来ずっと、ニューヨーク商人の大部分は、もし「政治家と熱狂者」が議論の的になっている問題を騒がずに放置しておけば、地域対立もそのうちに収まるという幻想の下で行動していた。」(*Business and Slavery*)このように諸争点を避けたいという期待は、ニューヨーク実業界に一貫して見られる考え方のように思われる。

感情を爆発させては商売にならないからであった。一八五七年一〇月一〇日のヘラルド紙で、次のような予測がなされている。「安全な通貨、健全な信用、それに国内の様々な商業・実業利益が依拠できる確実かつ永続的な安定の基礎といった、より高級な問題に、黒人問題は道を譲らねばならない。」(Foner, *Business and Slavery*, pp. 140-141) 少なくとも、この綱領については、北部と南部の穏健派も一致することができた。後に、この政策に基づいて、南北戦争とその後の成果が清算されることになった。

(52) このような例にあたるかもしれない、最も明白な実例は英連邦であろう。もっとも、その英連邦でさえ、過去五〇年間に独立した単位へと分解しているから、筆者の一般論は支持されよう。

(53) Foner, *Business and Slavery*, p. 143.

(54) マルクス主義者として著名な研究者であるアプシーカー(Aptheker)が、その著作 *American Negro Slave Revolts* 第XV章で、このような実例を集めている。

(55) Shortreed, "The Antislavery Radicals", pp. 65-87, 特に pp. 68-69, 77 を参照されたい。同論文は素晴らしい研究であり、本文中にカギ括弧で引用した表現は同論文のものである。

(56) Current, *Old Thad Stevens*, pp. 226-227, 312, 315-316.

(57) Raybac k, "American Workingman and the Antislavery Crusade", pp. 152-163.

(58) Sharkey, *Money, Class and Party*, pp. 281-282, 287-289.

(59) 一八六五年九月六日、ペンシルヴァニア州ランカスターでの演説。Current, *Old Thad Stevens*, p. 215 より引用。

(60) *Reconstruction, Speech*, 一八六五年一二月一八日、p. 5.

(61) *Ibid.*, 一八六五年一二月一八日、p. 5.

(62) 一八六五年九月六日、ペンシルヴァニア州ランカスターでの演説。Current, *Old Thad Stevens*, p. 215.

(63) Stampp, *Reconstruction*, pp. 123, 125-126.

(64) 「旧奴隷諸州(私は自由諸州のことを言っているのではない)において、選挙権が与えられないのならば、奴隷たちは解放されない方がましであったと私は確信しています。」*Reconstruction, Speech*, 一八六五年一二月八日、pp. 6, 8.

(65) 一八六五年九月一二日号より、Current, *Old Thad Stevens*, pp. 216-217 に引用。グリーリーは同時に、この演説の中に選挙権の項目を含めそこなったことで、スティーヴンズを批判している。もっとも、選挙権項目は後に取り入れられたが、それは主としてマサチューセッツ州選出の上院議員、チャールズ・サムナー(Charles Sumner)から圧力をかけられたからであった。筆者は急進派陣営内での意見の食い違いを示そうとはしないで、陣営内の最も革命的な人物であり、急進派の運動が頂点にあった時期に最も影響力の大きかった日常活動の戦略家として、スティーヴンズに焦点を当ててきた。

(66) Current, *Old Thad Stevens*, p. 233.

(67) Stampp, *Reconstruction*, pp. 128-130 の優れた記述を参照されたい。なお、ネイション誌からの引用は p. 130 に見られる。

(68) この点に関する簡潔な記述として、Shannon, *American Farmers' Movements*, p. 53 を参照されたい。

(69) Randall and Donald, *Civil War*, pp. 549-551.

(70) *Ibid.*, pp. 627-629 には、このような権謀術数が描かれている。

(71) *Ibid.*, pp. 680-685.

(72) Woodward, ***Reunion and Reaction***, pp. 42-43. なお、同書第Ⅱ章には穏健派が失地回復した全過程を扱った第一級の分析が見られる。

(73) *Ibid.*, pp. 36-37.

(74) Randall and Donald, *Civil War*, p. 583. この文献に関する批評は同書 pp. 783-784 を参照されたい。

(75) 一八六一年のモリル(Morrill)関税が、関税の急上昇の始まりとなった。この関税により平均税率は価格の二〇%から四七%に上昇し、一八六〇年に通常、課せられていた税率の二倍以上にもなった。この関税は初め、北部連邦の戦時歳入を賄うためのものであったが、アメリカの経済政策に根強い保護主義を確立した。後に、一八八三年、一八九〇年、一八九四年、一八九七年の立法は保護を更に強めた。Davis and others, ***American Economic History***, pp. 322-323 を参照されたい。

(76) Sharkey, ***Money, Class, and Party***, pp. 284-285, 303.

(77) Beard and Beard, ***American Civilization***, II, p. 105. なお、ここに要約してある諸措置を検討している、同書 pp. 105-115 も参照されたい。また、同様の分析であるが、ある意味ではより簡潔なものとして、Hacker, ***Triumph of American Capitalism***, pp. 385-397〔下巻、二一一―二二七頁〕も参照されたい。

(78) Beard and Beard, ***American Civilization***, II, p. 29.

(79) *Ibid.*, p. 115.

(80) Cochran, "Did the Civil War Retard Industrialization?" pp. 148-160 は、この種の意見とそ

れに先立つ議論を述べているように、筆者には思える。もっとも、彼の議論は単に統計を基礎として、南北戦争が一時的に産業発展を阻害したことを示しているだけなので、筆者には説得力のあるものとは思えない。この研究は産業変動の問題を簡単かつ付随的に取り扱っているだけであるが、筆者はそれこそが疑問の核心であると確信している。

覚　書

(1)　ドゴールとルイ一四世との間にみられる類似が、実際に、一層根底的かつ重要な関連性の徴候と結果とであることを示すことができれば、それらの類似性は皮相的ではなくなるであろう。そのような発見がなされる可能性をあらかじめ排除することはできない。失錯行為(言い誤り)は、フロイトが、それらが深刻な人間の関心事と関連していることを明らかにするまでは、取るに足りないものと思われていた。そのような問題は事実を研究してのみ解決できるということは、もう一度ここで強調しておく必要があろう。

第四章

(1)　ウィットフォーゲルの *Oriental Despotism*〔湯浅赳男訳『オリエンタル・デスポティズム』新評論〕は、このような主張をしている最もよく知られた著作である。

(2)　筆者自身、まだ中国共産党が歴史をどう扱っているのか知らない。研究を概観するためには、Feuerwerker, "China's History in Marxian Dress", pp. 323-353 を参照されたい。ここであげた問題についてのロシア側資料は存外つまらない。清朝期については、以下に引用する二、三の最近の論文を別にして、苦心して探したにもかかわらず、真剣な考慮に値する何の著作も発見できなかった。一九一一年から一九四九年までの時期については、清朝期ほど詳しく調べたわけではないが、中国農村部(国民党支配領域のみならず中華ソヴィエト地域)で何が起こっていたかについて、ロシアの研究の方が西欧の研究よりも通じていることを示すものはない。また、ロシアの研究にみられる偏見が、我々西欧の偏見ほど馬鹿げていないとも思われない。

(3) Franke, *Reform and Abolition of Examination System* に科挙制度の便利で簡潔な歴史が描かれている。本書ではこの書の p. 7 からこれらの項目の情報を引いた。

(4) ウィットフォーゲルの主張に対する一般的な反論については、Eberhard, *Conquerors and Rulers* を参照されたい。

(5) 次註で言及する典拠に加えて、Chang, *Income*, pp. 125, 142, 146 を参照されたい。

(6) Balázs, "Aspects significatifs", pp. 81, 84-85 を参照されたい。この分析的試論はここであげた問題にとって不可欠のものである。クランについての資料は、Liu, *Clan Rules*, pp. 110, 129, 140 にある。また、Chang, *Chinese Gentry*, p. 186 及び彼の *Income*, p. 42 を参照されたい。

西欧では、中国の上層階級に対して「ジェントリー」〔紳士〕という語を使うことについて、かなりの議論がある。この語が西欧的・特殊イギリス的含意をもつということで使用を拒むというのであれば、説得力がないわけではない。しかし、中国のみならずロシアの地主上層階級を指す用法として広まってしまった後では、この語の使用をためらうことは衒学的であるように思われる。Ho, *Ladder of Success*, p. 40 を参照されたい。

官職保有と土地所有を区別しようとするジェントリー〔紳士〕の定義については、Chang, *Chinese Gentry* を参照されたい。*Pacific Affairs*, XXIX, pp. 78-80 でのフリードマンの評論は、この定義を官職保有者に限ることの困難を指摘している。Ho, *Ladder of Success*, pp. 38-41 は決定的な点、例えば官職を購入する者や下級官職保有者の社会的地位の点において、チャンと異なっている。ホーは経済的地位についてはほとんど情報を与えてくれないので、この書はここで掲げた問題にほとんど全く役立たない。彼は社会的流動性に付随する側面としてしか富を論ぜず、彼の論議は商業から発生する富というさほど重要でない問題に限定されていて、土地から生ずる富についてはほとんど何も述べていない。

これらの問題について筆者は、特にオーウェン・ラティモアに多くを負っている。ここで謝意を表せるのは幸いである。しかも彼は、本章の初期草稿に対し詳細な論評を書き送ってくれた。いくつかの、補足的な資料を読んだ後、これらの論評——それらは筆者にとって極めて印象深かった——の内の二、三は殆どそのまま本書に採り入れられた。筆者が他で用いた証拠は彼の見解と違うように思われるので、筆者がここで表明した見解について彼には責任がないという、よくなされるいいわけは、この場合まさに真実である。

（7） これに関する個別論文をあげることはできない。簡単な地理的・歴史的論述は、Ho, *Population*, pp. 217-226 にみられるであろう。また、Chang, *Income*, p. 127, 及び Hsiao, *Rural China*, pp. 384, 385, 389 にも注目されたい。シァオは、膨大な資料の殆どを地方志から引き、詳細に調べて引用しており、註釈を最小に、直接の引用は最大にという形で列挙している。その結果は、アメリカ政治の暗部についての新聞や旅行者の観察の切抜きファイルに似たものとなっている。そのような資料が、社会の僅かに暗い側面を過大視する——根本的な欠陥についての直接的な言及は、鋭敏な旅行者の観察に時折みられるにすぎない——ということを忘れない限り、それは極めて有益であり、しばしば実際の制度の作用を隠すような疑わしい統計を集めようとするよりも、有益である。実際、著者が誠実で知的であっても、仮説を通して事実をみているわけで、そのような多くの優れた論文よりも、シァオのような書物の方が、社会学者にとってより良い材料を提供しているといえる。それでもなお、このような書物を多く読まなければならないとすれば、怖るべきことである。

(8) ソヴィエトの学者ホフロフ(Khokhlov)は "Agrarnye otnosheniya", p. 110 で、一八一二年頃には耕地の八〇%が上層階級の手に移り、農民は残りの二〇%を保有したにすぎないと主張している。この数字は疑わしいが、最良の取り分が上層階級の所有によるものであったことを疑う理由はないように思われる。

(9) この印象が情報の欠如によることは充分想像できる。しかし前記 Chang, *Income*, p. 127 に引用されているクランの系統研究は、経営が忌避されるのを当然視している。読書人は肉体労働をひどく忌み嫌っていたのであるから、彼らが農民に何事であれ仕事のやり方を教え得たとは、到底考えられない。以下に示すように、富裕な地主の「経済的」貢献は、うまく政府の恩恵を手に入れることであった。

(10) 清朝最盛期には政府のジャンクが、ピラミッドにも比すべき大土木事業の成果である大運河によって、穀物を運んだ。帝室や大多数の読書人＝官僚、そして帝国の軍隊の一部などはいずれも、食糧供給用のジャンクの毎年の航海に多くを依存していた。Hinton, *Grain Tribute System*, 特に pp. 5, 97 を参照されたい。この制度は同時期の絶対主義下のパリ市に対する穀物供給ときわだった対照を示している。パリの制度は全く組織化されておらず、法や行政による効果的な統制の埒外にあり、ほとんど全く貨幣経済の私欲に対する刺激に依存していた。

(11) Ho, *Population*, pp. 266–268. 啓発的ないくつかの文章は、Lee, *Economic History*, pp.

416, 417, 419, 420に訳されている。

(12) 詳しくは、Hsiao, *Rural China*, pp. 386, 395を参照されたい。

(13) *Ibid.*, pp. 284, 287, 292. また、次を参照されたい。Ch'ü, *Local Government*, chap. X.

(14) Lattimore, "Industrial Impact on China", pp. 106-107を参照されたい。ラティモアとはかなり違う観点から書かれてはいるが、Chang, *Income*, p. 49もまた、灌漑事業の地方的起源を強調している。

(15) これが、Chang, *Income* の趣旨である。最良の取り分が官僚制の手にあったという事実は、地主制が紳士の主たる経済的基盤をなしたという見解と矛盾するものではない。というのは、チャン自身が言うように、これらの取り分は一部の集団の懐ろに入ったからである。実際、同様の一般化は、テューダー、ステュアート両王朝期のイングランドに適用できる。チャンはp. 147で、一九世紀には紳士のごく一部しか土地から主な収入を得ることはなかったと主張している。しかし、彼の資料が示しているのは、紳士の全収入の小部分が地代からのものであったということである。この二つは全く違う。紳士のうちどれだけが地主でなかったかを示す数字はない。ホーが真の紳士とはみていない底辺の地位の生員の中には、おそらく相当数いたであろう。チャンは、地代収入は紳士全体が得る総収入の二九から三四%の間だったであろう、と結論づけているが(p. 329、表41)、これはそれでも相当な率である。またチャンは注意深くも指摘しているが、この統計は信頼しうるにはほど遠い統計である。

いずれにせよ、これは技術的でいささか副次的な点である。土地所有は確かにその権利を支持してくれる官僚制を必要としたし、しばしば官僚制の経歴から生じた。筆者の知る限り、この要点についてはは不一致はない。

(16)　王朝交替を論ずることは筆者の能力を超えている。現代の中国研究者は、中国史が基本的には二千年間不変であったということを、我々の無知に由来すると主張して否定する傾向がある。しかしそれでも、専門家でない者には、ヨーロッパに比べると、中国文明が極めて静的であり続けたというのは、全く明白に思われる。中国には、西欧の一連の変化、すなわち都市国家、世界帝国、封建制、絶対王政、そして現代産業社会に比すべき、どんな変化があるのであろうか。建築に例をとっても、中国にはパルテノンやシャルトルの大聖堂、ヴェルサイユ宮殿、そして摩天楼に比すべき時代ごとの多様性があるのであろうか。

(17)　Weber, "Konfuzianismus und Taoismus", I, p. 344.〔木全徳雄訳『儒教と道教』創文社、九八頁〕Chang, *Income*, pp. 30, 42.

(18)　Ch'ü, *Local Government*, p. 2.

(19)　*Ibid.*, chap. IV, 及び p. 137.

(20)　この点はあまり強調できない。個人にせよ集団にせよ、中国人が脅かされた時に恐怖に堪える能力は、他の人と違っていたわけではない。そして、人間を生きながら油で揚げることは、筆者の気づいた刑罰のひとつであった。DeGroot, *Sectarianism and Religious Persecutions* を参照されたい。同書は初期の西欧にみられた中国理想化に対するひとつの反動であり、それから教えられるところは多い。

(21)　Ho, *Ladder of Success*, pp. 220-221.

(22)　Hsiao, *Rural China*, pp. 448, 450, 473, 479. Ho, *Ladder of Success*, pp. 35-36.

(23)　一三世紀末の政治的要素についての鋭い探求として、Pirenne, *Histoire économique*, pp. 365-372 を参照されたい。

(24) Maspero and Escarra, *Institutions de la Chine*, p. 131.
(25) Eberhard, *Chinas Geschichte*, pp. 280-282.
(26) Chang, *Income*, pp. 154-155.
(27) その過程全体については、Lattimore, "Industrial Impact"を参照されたい。
(28) Wright, *Last Stand of Chinese Conservatism*, pp. 84, 146-147; Levy and Shih, *Chinese Business Class*, p. 24.
(29) Feuerwerker, *China's Early Industrialization*, pp. 1, 12-13; Levy and Shih, *Chinese Business Class*, pp. 27, 29.
(30) Levy and Shih, *Chinese Business Class*, p. 50.
(31) Allen and Donnithorne, *Western Enterprise*, pp. 37, 49.
(32) Feuerwerker, *China's Early Industrialization*, p. 5.
(33) *Ibid.*, p. 13を参照されたい。
(34) Levy and Shih, *Chinese Business Class*, p. 50; Lang, *Chinese Family*, p. 97.
(35) Cameron, *Reform Movement*, p. 11.
(36) Feuerwerker, *China's Early Industrialization*, p. 37.
(37) *Ibid.*, p. 34.
(38) Jamieson et al., "Tenure of Land in China", p. 100は、江蘇における大土地所有に言及している。Khokhlov, "Agrarnye otnosheniya", p. 110は、一九世紀初めにはほとんどどこでも大土地所有がみられたと主張している。
(39) 簡潔で良い要約が、Ch'ü, *Local Government*, pp. 173-175にある。Ho, *Ladder of Suc-*

cess, p. 99 は、科挙の同期合格者はお互いを兄弟〔同年〕と呼び、この擬似血縁関係はしばしば次の世代に受け継がれた、と主張している。

(40) Wright, *Last Stand*, pp. 184-190; Cameron, *Reform Movement*, p. 163 を参照されたい。Morse, *Trade and Administration* の第Ⅳ章は読むに値する。

(41) Wright, *Last Stand*, pp. 129, 167.

(42) Cameron, *Reform*, pp. 103, 105. また、Bland and Backhouse, *China*, pp. 431-432 も参照されたい。

(43) この点についてのこれ以上の証拠は、Bland and Backhouse, *China*, pp. 419-424. 特に p. 423 に引用されている、西太后の一九〇一年一月二一日の詔勅を参照されたい。

(44) Chang, *Chinese Gentry*, pp. 111, 141. 「不正規就官者」の性格についての異なった評価については、Ho, *Ladder of Success*, pp. 38-41 を参照されたい。

(45) Chang, *Chinese Gentry*, pp. 46, 66, 70.

(46) Wright, *Last Stand*, pp. 168-169.

(47) Beal, *Origin of Likin*, pp. 41-44; Chang, *Chinese Gentry*, p. 69. 参照。

(48) *Agrarian China*, pp. 101-109. この部分は一九三一年に発表された論説を基にしている。これらの研究の多くにみられる幼稚なマルクス主義的偏向にもかかわらず、これはほとんど知られていない時期についての有益な情報源である。

(49) Holcombe, *Chinese Revolution* は、草分け的研究である。Isaacs, *Tragedy of the Chinese Revolution*〔鹿島宗二郎訳『中国革命の悲劇（全訂版）』至誠堂〕は、最も一般的な説明であるように思われる。Schwartz, *Chinese Communism*〔石川忠雄・小田英郎訳『中国共産党史』慶応通信〕及び Brandt, *Stalin's Failure* もまた、この時期のロシア及び中国の共産党の活動について一層の光を投げかけている。

(50) Brandt, *Stalin's Failure*, pp. 106-107, 125.

(51) あるジャーナリストは、蔣介石は上海の指導的な銀行家・商人からの強力な財政的支援の約束を得ており、彼らは新政府が明らかに反共的でなければならないという諒解に基づいて、金を調達するのに同意したと主張している。Berkov, *Strong Man of China*, p. 64 を参照されたい。

(52) Isaacs, *Tragedy of the Revolution*, chap. 11. 外国の武力の役割は p. 180〔二一九—二二〇頁〕に述べられている。

(53) *Ibid.*, p. 181.〔二二一頁〕

(54) Tawney, *Land and Labour*〔浦松佐美太郎・牛場友彦訳『支那の農業と工業』岩波書店〕は非常に良い論述である。Buck, *Land Utilization* は、バックの指示によって集められた有用な統計的情報を収録している。

(55) Tawney, *Land and Labour*, p. 48.〔四六頁〕

(56) *Ibid.*, pp. 63, 65.〔六五—六六、六七—六八頁〕China-U.S. Agricultural Mission, *Report*, p. 53; *Agrarian China*, p. 59.

(57) Buck, *Land Utilization*, p. 9. China-U.S. Agricultural Mission, *Report*, p. 17 と比較されたい。

(58) Buck, *Land Utilization*, p. 194.

(59) China-U.S. Agricultural Mission, *Report*, p. 55.

(60) Crook and Crook, *Revolution in a Chinese Village*, pp. 3, 12, 13, 27-28. この研究は、一

九四八年に共産党の後援の下でカナダ人とイギリス人によって行われたものである。従って、国民党統治の裏面について比較的自由に書くことができるという有利さがあった。著者たちは科学的客観性を維持しており、この本もいかなる意味でも共産党の宣伝冊子ではないにもかかわらず、著者たちは村落の最近の歴史についての共産党の解釈を、いささか無批判に受け容れているという感じがする。

(61) Buck, *Land Utilization*, pp. 194, 195 の地図。

(62) Tawney, *Land and Labour*, pp. 37-38〔三三—三四頁〕; China-U.S. Agricultural Mission, *Report*, p. 55.

(63) Linebarger, *China of Chiang*, p. 233.

(64) *Ibid.*, pp. 147-148.

(65) これらのうちいくつかは、Lamb, *Agrarian Movement*, pp. 45-46, 78-79 に要約されている。

(66) Linebarger, *China of Chiang*, p. 222.

(67) China-U.S. Agricultural Mission, *Report*, p. 56. 国民党の立法の日付は示されていない。

(68) Linebarger, *China of Chiang*, pp. 220-221. この性格規定はラインバーガーのものである。

(69) *Ibid.*, pp. 218-219. Gamble, *Ting Hsien* によるこの共同体についての報告をも参照されたい。この共同体の社会構造が、この研究の大量の統計的データの影に隠れてほとんど見えないというのは、重要なことかもしれない。

(70) Linebarger, *China of Chiang*, p. 220.

(71) *Agrarian China*, p. 155 は、一九三七年に刊行された論説を引用している。

(72) Shen, "Local Government", pp. 190-191, 193 の有益なエピソードを参照されたい。

(73) *Agrarian China*, p. 147. もともとの論説は一九三二年に発表された。

(74) 一例として、Fei and Chang, *Earthbound China*, pp. 19, 81-84, 92 を参照されたい。

(75) 一九三〇年代にフェイによってなされた草分け的研究である、*Peasant Life*, pp. 9-10, 185, 191〔費孝通著、小島晋治ほか訳『中国農村の細密画』研文出版は、同書のフェイによる要約の邦訳である。二八―二九、一一〇、一一八頁〕を参照されたい。土地の二重所有の意義について、フェイはトーニーに同意している。Tawney, *Land and Labour*, pp. 36-38.〔三一―三四頁〕

(76) Fried, *Fabric of Chinese Society*, pp. 7, 17, 101, 196.

(77) 新しい環境で、従来の支配階級が生き残ったことについてのこれ以上の情報は、M. C. Yang, *Chinese Village*, pp. 1, 183-186 を参照されたい。C. K. Yang, *Village in Transition*, p. 19 によれば、広東の近くの別の村落には、伝統的な学識を教える失業教師が一人いた。大地主は都市に住み、農作業に何の役割も果たさなかった。

(78) Liu, *Military History*, p. 155.

(79) *Ibid.*, p. 145.

(80) Wright, *Last Stand*, p. 300. 国民党の教義にみられる厳密に中国的な側面についての透徹した分析としては、pp. 301-312 を参照されたい。

(81) Chiang Kai-shek, *China's Destiny*, chaps. I and II.

(82) *Ibid.*, p. 212.

(83) *Ibid.*, pp. 212-216, 219-221, 233.

(84) Linebarger, *China of Chiang*, pp. 141-142 は、公的データなしに、党員をおよそ二〇〇万人と見積もっている。
(85) *China's Destiny*, p. 208.
(86) Fitzgerald, *Revolution in China*, p. 13.
(87) Hsiao, *Rural China*, pp. 125-127.
(88) あるいは、一九世紀に限らず、いつでも疑わしいかもしれない。Eberhard, *Conquerors and Rulers*, pp. 22-23 を参照されたい。Hsiao, *Rural China* がはなはだ貴重なのは、農村部における社会統制の問題に関係があれば、どんな種類の情報でも無差別に集めていることが理由のひとつなのであるが、この特性については、全く何も言及していない。
(89) Ch'ü, *Local Government*, pp. 118-119.
(90) *Ibid.*, pp. 116, 151.
(91) Hsiao, *Rural China*, chap. V は、この制度の運用の詳細について教えてくれる。
(92) Ch'ü, *Local Government*, pp. 151-152; Hsiao, *Rural China*, pp. 26-30, 43-49, 55.
(93) Hsiao, *Rural China*, chap. VI.
(94) Hsiao, *Rural China*, pp. 326-329. 及び Liu, *Clan Rules* を参照されたい。
(95) この関連についての一般的分析は、Homans, *The Human Group* を参照されたい。
(96) Banfield, *Moral Basis of a Backward Society* を参照されたい。
(97) Lang, *Chinese Family*, pp. 17, 155, 138-141〔小川修訳『中国の家族と社会』岩波書店、I巻、一六、二〇三、一七四—一七五頁〕を参照されたい。商業の影響にさらされている地域の家族については、Fei, *Peasant Life*, chap. III 及び pp. 169-171〔一〇四—一〇六頁〕; Yang, *Vil-*

lage in Transition, pp. 32, 37, 91-92を参照されたい。

(98) 田植えを労働集団としての家族が協同して調子を合わせて行っている、生き生きとした情景については、Fei, *Peasant Life*, pp. 170, 172, 162-163〔一〇五―一〇六、九七―九八頁〕を参照されたい。

(99) Gamble, *Ting Hsien* は統計を多用した研究である。それ以上に啓発的なのは、Crook and Crook, *Revolution in a Chinese Village*, 特にpp. 1-5である。

(100) Fei and Chang, *Earthbound China*, pp. 36, 144, 64-65; Yang, *Village in Transition*, p. 265.

(101) Fei and Chang, *Earthbound China*, p. 299を参照されたい。ここで著者たちは、土地だけで自分の家族を養えない農民の割合は、調査した四つの村落でおよそ七〇%に達していると概算している。ある後進的な村落での臨時の労働源については、同書pp. 60-63を参照されたい。

(102) Fei and Chang, *Earthbound China*, pp. 58-62; Yang, *Village in Transition*, pp. 11, 51-52, 101, 149.

(103) Crook and Crook, *Revolution in a Chinese Village*, p. 63; Gamble, *Ting Hsien*, pp. 221-222を参照されたい。

(104) Hsiao, *Rural China*, p. 419.

(105) *Ibid.*, pp. 60, 84-86, 96, そして特にp. 100.

(106) Yang, *Village in Transition*, pp. 80, 91-92.

(107) *Ibid.*, pp. 17-19. またCrook and Crook, *Revolution in a Chinese Village*, pp. 7-11には、北部中国の一村落におけるほぼ同様な状況が描かれている。

(108) Yang, *Village in Transition*, p. 51.

(109) 都市や農村における、伝統的家族制度のもとでの若者や女性のかなり強い不満については、Yang, *Chinese Family*, pp. 192-193, 201を参照されたい。

(110) Hsiao, *Rural China*, pp. 430, 456, 462, 465.

(111) この点については、Hinton, *Grain Tribute System*, pp. 16-23をも参照されたい。黄河の流れの変化について書かれている。

(112) Chiang, *Nien Rebellion*, pp. v-vii, 17, 32. レンヴィル・ルンド(Renville Lund)による序文は特に有用である。

(113) *Ibid.*, pp. 38-42, 48, 113.

(114) *Ibid.*, p. 41.

(115) *Ibid.*, p. 37.

(116) *Ibid.*, pp. vii, xii, xiii.

(117) *Ibid.*, p. 90.

(118) Hsiao, *Rural China*, pp. 183, 200-201, 483-484.

(119) Chiang, *Nien Rebellion*, pp. 101-107, 116-117.

(120) Hsiao, *Rural China*, p. 484を参照されたい。

(121) *Ibid.*, pp. 396-407, 特にp. 397.

(122) Crook and Crook, *Revolution in a Chinese Village*, p. 4; Fei and Chang, *Earthbound China*, pp. 173-177.

(123) Buck, *Land Utilization*, p. 349.

(124) Tawney, *Land and Labour*, pp. 56-57.〔五六―五八頁〕

(125) Isaacs, *Tragedy of the Chinese Revolution*, p. 221.〔二七一頁〕沿岸地域における社会変動に関連するこれ以上のデータについては、Tawney, *Land and Labour*, p. 74〔七九頁〕; Lang, *Chinese Family*, pp. 64, 178を参照されたい。

(126) Yang, *Village in Transition*, pp. 61-62, 41, 44-45; Fei and Chang, *Earthbound China*, pp. 299, 300を参照されたい。

(127) この点について帝国が感じていた怖れについては、Hsiao, *Rural China*, pp. 395-396, 687-688(註84)を参照されたい。

(128) Yang, *Village in Transition*, chap. VII; Crook and Crook, *Revolution in a Chinese Village*, chap. II.

(129) 国民党支配下の平和な地域で人類学者が行った調査研究は、クルック夫妻のものを除いて内在的偏向を含んでおり、それは方法論的偏見によって強められている。しかし、ここで論じるにはあまりに難解である。これらの理由から割り引かねばならないとしても、それらの資料は依然として重要であって、日本の占領前に共産党が広汎な地歩を得るのに失敗したというような、他のデータによっても補強されている。

(130) Ch'en, *Mao*, pp. 107-108.〔徳田教之訳『毛沢東』筑摩書房、一〇七頁〕

(131) Schwartz, *Chinese Communism* は、共産党の戦略におけるこのような移行の歴史を跡づけた最初のものとして、また有利な外的環境の重要性を強調した(p. 190〔二三〇―二三一頁〕を参照されたい)点で、信頼に値する。

(132) いくつかの重要な転回点については、Ch'en, *Mao*, p. 162〔一四六―一四七頁〕及び、Brandt

et al., *Documentary History*, pp. 39-40, 224-226, 275-285を参照されたい。特にこうした混乱の時期には、布告されたことと、即座に実行されたこととが、遠くかけ離れたものであったことは、忘れないほうがよい。

(133) Johnson, *Peasant Nationalism*, 特にpp. 70, 110, 48-60, 116-117.〔田中文蔵訳『中国革命の源流』弘文堂新社、一二〇、一九七—一九八、八九—一〇七、二〇六—二〇八頁〕

(134) *Ibid.*, pp. 66-67, 146.〔一一四—一一六、二五五—二五六頁〕

(135) *Ibid.*, p. 120.〔二〇八—二〇九頁〕

(136) Crook and Crook, *Revolution in a Chinese Village*, chaps. I-V. 特にpp. 31-37.

(137) Yang, *Village in Transition*, pp. 167, 134. これはクルック夫妻の著作よりも質量ともに豊かで充分な論考である。これはまた客観的で、村落の生活についての論考の中でおそらく最良のものである。

(138) Yang, *Village in Transition*, p. 133.

(139) *Ibid.*, p. 145.

(140) *Ibid.*, pp. 178-179.

(141) *Ibid.*, pp. 174-175, 158-159.

訳註

第一章

〔一〕　いわゆるロラード(Lollard)派の運動を指す。一三八〇年頃、ウィクリフ(John Wycliffe)に指導された宗教改革運動に端を発し、後にミッドランド地方や南部地方の都市部と、ミッドランド西部地方の農村部に拡大したが、一四一四年の蜂起(Lollard Rising)を頂点として次第に政治的意味を失っていった。

〔二〕　いわゆる庶子封建制(Bastard Feudalism)を指す。これは擬似封建制(Pseudo Feudalism)、あるいは新封建制(New Feudalism)とも呼ばれ、土地を仲介とするのではなく、主として金銭によって結ばれる社会関係である。

〔三〕　一般的に、庶子封建制の下で領主からその家臣に支払われた一種の「給与」を指す。このうちで最も重要なものは、領主が支給した制服(Livery)と、家臣が訴訟に関係した際に法を超えて領主がそれを擁護すること(Maintenance)であり、この両者は密接に結びついていた。

〔四〕　チャールズ一世が議会をまったく開かずに統治しようとした、一六二九年から四〇年までの期間を指す。なお、ストラフォードとロードは共にこの時期のチャールズ一世の重臣であった。

〔五〕　称号貴族とは世襲の称号を持つ貴族を意味し、具体的には、公爵(duke)、侯爵(marquis, marquess)、伯爵(earl)、子爵(viscount)、男爵(baron)を指す。なお、サー(sir)の称号を与えられる准男爵(baronet)と騎士(knight)は貴族でなく、前者は世襲、後者は一代限りの栄爵である。

〔六〕 一六五五年から五六年にかけてのクロムウェルの下での統治体制を指す。彼はイングランドとウェールズを一〇の地区に、後には一一の地区に分割して、それぞれに民兵を統括する軍政官(Major-General)を置いた。

〔七〕 ジョン・ラッセル(Russell, John)〔一七九二―一八七八〕：政治家。ホイッグ党議員として出発し、一八四六年から五二年及び、六五年から六六年にかけて、ホイッグ党及び自由党内閣の首相を務める。

〔八〕 オルデンブルグ＝ヤヌシャウ(Oldenburg-Januschau, Elard von)〔一八五五―一九三七〕：プロイセンの保守的軍国主義の典型とされる人物。荘園領主の子として生まれ、軍将校を経て、貴族院及び下院議員となる。

〔九〕 いわゆる結集政策(Sammlungspolitik)を指す。これは農産物の関税引き上げと艦隊建造計画とを結びつけて、社会的には農業利益と工業利益との連合を、政治的には保守勢力と中道勢力の連合を作ろうとした。

第二章

〔一〕 地主と小作人が収穫物を一定の割合で分けることを定めた、分益(折半)小作法が適用された農地。

〔二〕 ポーレット法(Édit de Paulette)：一六〇四年にアンリ四世が出した王令。官職の推定価格の六〇分の一を毎年、国庫に納めることで、その官職の世襲を認めた。

〔三〕 マナ(マンナ)：旧約聖書「出エジプト記」に記されている、神から賜った食糧。ヘブライ人がエジプトを脱出して、砂漠で餓死しそうになった時に、神から与えられた白い薄片状の食物。

〔四〕 モプー(Maupeou, René Nicolas)〔一七一四―一七九二〕：ルイ一五世の側に立って、一七七一年にパリ高等法院を追放した。しかし、ルイ一六世が即位するとすぐに、旧パリ高等法院は呼び戻されて、モプーは追放された(一七七四年)。

〔五〕 カラス(Calas, Jean)〔一六九八―一七六二〕：トゥールーズのワイン販売業者。宗教問題から息子を殺害させたという濡れ衣を着せられ、処刑された人物。後の一七六五年に、ヴォルテールがその名誉回復に尽力した。

〔六〕 ボンセール(Boncerf, Pierre François)〔一七四五―一七九四〕：経済学者。一七七四年にチュルゴの第一書記となり、政策立案に活躍した。

〔七〕 国家の主権者に宛てられた、要求・提案・建言などを記した意見書。陳情する主体により、例えば三部会が起草したもの(cahiers de doléance)、町村が起草したもの(cahiers des paroisse)など、様々な種類がある。

〔八〕 古代ローマの様々な時代に提案された、貧しい市民に土地を分け与える法。ローマ時代には七回提案され、カエサルの時代を除いてすべて受け入れられた。

〔九〕 バレール(Barère, Bertrand)〔一七五五―一八四一〕：国民公会議員、後に議長となる。公安委員会のメンバー(一七九三―一七九五)として、革命テロルを指揮した。後に、ロベスピエールらと訣別し、テルミドールの反動で重要な役割を果たした。

〔一〇〕 デュムリエ(Dumouriez, Charles-François)〔一七三九―一八二三〕：軍人。一七九二年に外務大臣となり、一連の革命戦争を指揮した。一七九三年に国民公会に対する反乱を企てたが、事前に計画が露見してその任を解かれ、オランダ軍に投降した。

〔二〕 ルー(Roux, Jacques)[―一七九四]：パリの一教区の司祭代理であったが、大革命の勃発と共にサン＝キュロットたちの指導者、過激派の代表的人物となる。一七九三年にパリで起こった食糧暴動、更に、同年六月のジロンド派追放の切っ掛けとなったサン＝キュロット派暴動を指導した。一七九三年九月に逮捕され、六カ月後に獄中で自殺した。

〔三〕 連盟兵(連邦代表)(fédéré)：一七九〇年の連邦祝祭日に、フランス全土からパリに集まった武装市民代表。

第三章

〔一〕 リンカーンの漸進的奴隷解放政策(一八六一年一一月)を指す。

〔二〕 具体的にはデラウェア、メリーランド、ケンタッキー、ミズーリの諸州。

〔三〕 ミズーリ協定(一八二〇年)：主として、①ミズーリ州を奴隷州として連邦に編入するが、均衡をとるために、マサチューセッツ州からメイン州を分離して自由州として編入すること、②ミズーリ州の南端を走る北緯三六度三〇分線から北側では、奴隷制度を禁止すること、の二点を規定した。

〔四〕 一九六〇年一〇月の米海兵隊によるキューバ侵攻を指すと思われる。

〔五〕 カンザスでは、奴隷制を採るか否かを争点とする准州議会選挙(一八五五年三月)で、奴隷制支持派が暴力を用いた選挙干渉を行い、勝利を得た。奴隷制支持派は奴隷法を制定して、首都をレコンプトンに置いたが、一方、この選挙を認めない自由州派は同年秋に、独自の憲法を定めて、首都をトペカに置いた。カンザスはこうして二つの政府を持ち、内乱状態となった。

第四章

〔一〕　実際には明代後期以降、地主は城居化し（県城に居住し）、農村には住まなくなり、それに伴って地主は農業生産から遊離し、その結果、清代における社会構造ならびに支配構造は変化することになった。

〔二〕　明代後期以降、地主の農村不在化は地主の水利灌漑を含めた農業生産からの遊離のみならず、在地の水利機能の後退の現象をもたらした。この結果、清代には、政府＝官が水利事業に関与するに至った。

〔三〕　正規の税収額については支出項目が定められており、税収の使途は官僚の恣意に委ねられるものではなかった。官僚は収賄等によって得た不法取得を、これらの使途に当てたのである。

〔四〕　史料上からみれば、清代以前においては、生員は「衿」と称され、「紳（士）」とは区別されていた。

〔五〕　国民党政府は、一九三一年に全国経済委員会を設置し、これが中心となって国際連盟の技術協力のもとに、蚕糸改良や棉業統制に乗り出したが、やがて一九三四年になると、行政院に農村復興委員会が設けられ、全国経済委員会の活動と並行して農村建設に尽力した。そして、これらの活動は一九三五年に国民経済建設運動に継承され、新生活運動と共に、中国近代化の指標となった。なお、国民経済建設運動は、農業の振興を第一の目標とした以外に、七つの目標をもった。

〔六〕　詳細は不明だが、まず一九一四年に全国経済局のもとに全国の土地整理計画が立てられ、次いで一九三〇年に土地法が発布され、土地整理事業が本格化した。それは土地測量と土地実態（所有耕作関係など）の申告（陳報）とからなり、これらを基にして、従来の地税（田賦）を廃止して、定額の地価税を新たに課す計画であった。一九三四年の全国財政会議で計画の実施要綱が決定され、逐次実施された。しかし、一九三七年に始まった日中戦争のために、この計画は頓挫した。一九三七年の土地法の改正は、こうした新たな事態に対応すべく、この計画によって進められてきた近代的土地課税を一時中止したものであろう。

〔七〕　土地所有は上地（田面、田皮などという）の所有と、底地（田底、田骨などという）の所有とに分化し、いわば二重所有関係が維持される慣行が成立していた（一田両主制という）。その成立原因は様々であるが、田面権（収租・耕作・用益権）は独立の物権として譲渡、売買、質入された。このため、田面権が金貸や商人層の手に移り、地主＝小作関係が複雑化する要因となった。

〔八〕　この道徳的・心理的改革は新生活運動として有名である。これは、一九三四年に蔣介石が提唱し、礼・義・廉・恥をその理念とし、これを日常の食・衣・住・行に実施することによって、中国国民の生活の再編成をめざしたものであった。その目的は国家と国民の近代化による中国の国際的地位の向上であったが、同時に、この運動は軍事教育でもあり、全国総動員を目的とするものでもあった。この運動はやがて、すでに述べたように、農村復興運動と共に、一九三五年に国民経済建設運動へと発展し、蔣介石＝国民党政府による統制と国民の無償義務労働制の提唱となるに至る。通常、ファシズム政策と位置づけられる。

〔九〕　原文は以下である（わかりやすいように文字は当用漢字に修正した）。

「由上面所説、我們知道建国成敗的関鍵、在於社会風気的転移。而社会風気的転移、又繋於一郷一県一省以至於全国有見識、有志気、有血性、負責任的人士、以真知力行為倡導、使一郷一県一省乃至全国的国民、行焉不著、習焉不察、則社会風気的改造乃能達到成功。前面又曽指出、只要我全国的青年立定志向、任他人所不敢任的工作、受他人所不能受的痛苦、乃至冒険犯難、進到常人之所不敢到的辺疆僻壤、以適応国家社会的需要、而充実国家民族的生命、如此国家社会的改造、亦必易如反掌。……」(『中国之命運』第七章冒頭)

〔一〇〕 原文は以下である(同上)。

「要抵抗外国的圧迫、就要打破「個人的自由」、結成很堅固的団体、像把士敏土参加到散沙裏頭、結成一塊堅固石頭一様。換句話説、我們中華民族要結成堅固石頭一様的国防的組織体、則個人不能享有像一片散沙一様的「自由」、是不待言的。更詳細一点説……我們中国在戦時要取得最後的勝利、必須建立民族的国防体、在戦後要与世界上独立自由的国家共同保障世界的永久和平、求得人類的自由解放、亦必須有同様堅強的組織。所以就国家与個人的関係上説、無論在戦時或在戦後、一片散沙一様的「個人自由」是不能存在的。」(同上、第六章末尾)

〔一一〕 このような独身者は通常、地主の所有地の監視のために雇われた。村落からは胡散臭い存在として見られた、いわばならず者であった。光棍とか土棍と呼ばれた。

〔一二〕 晋は山西省、冀は河北省、魯は山東省、豫は河南省を、それぞれ指す。一九三八年に八路軍(中国共産党軍)の指導下で、抗日武装闘争の結果として樹立された抗日革命根拠地で、これら四省にわたって存在したため、こう呼ぶ。

〔一三〕「有銭出銭、有力出力」が原文で、一九三五年八月一日に発表された「抗日救国のために全同胞に告げる書」(為抗日救国告全体同胞書。いわゆる「八・一宣言」)にみられる表現である。この宣言は、コミンテルン第七回大会に出席していた王明、康生らが、中国共産党の名でモスクワで出したといわれる。上の言葉のほかに、「銃があるものは銃を出し、食糧があるものは食糧を出し、……専門技能があるものは専門技能を出し……」という表現もみられる。

参考文献〔上巻〕

ここに掲載した著作は3種類ある．第Ⅰ部は，序文で述べたように，ドイツとロシアの社会史について筆者の解釈の基礎となった，両国に関する著作である．文献の主要部分である第Ⅱ部には，それぞれの国に関する著作が本書の章順に掲載されている．最後に，分類が不可能な著作は，その他の部分〔第Ⅲ部〕にまとめられている．この文献は，完全でも選び抜かれたものでもない．筆者がなした論証の主要な根拠を示すにすぎない．

〔本訳書では，上巻に関する文献のみを掲げた．すなわち上記の第Ⅱ部「イギリス」「フランス」「アメリカ」「中国」である．下巻にはそれ以外，つまり第Ⅰ部「ドイツ」「ロシア」，第Ⅱ部「日本」「インド」，第Ⅲ部「一般及びその他」を掲載した．上巻の原註で言及されている文献の中には，少数だが下巻の文献リストに収められているものがある．（訳者）〕

イギリス

Ashton, T. S., *An Economic History of England: The Eighteenth Century*. London, 1955.

Aston, Trevor, editor, *Crisis in Europe 1560–1660: Essays from PAST AND PRESENT*. London, 1965.

Aydelotte, W. O., "The Business Interests of the Gentry in the Parliament of 1841–47," an appendix in Clark, *The Making of Victorian England*, 290–305.

Bowden, Peter J., *The Wool Trade in Tudor and Stuart England*. London, 1962.

Briggs, Asa, *The Age of Improvement*. London, 1959.

——editor, *Chartist Studies*. London, 1962.

Brunton, D., and Pennington, D. H., *Members of the Long Parliament*. London, 1954.

Cam, Helen M., "The Decline and Fall of English Feudalism," *History*, New Series, Vol. XXV, No. 99 (December, 1940), 216–233.

Campbell, Mildred, *The English Yeoman under Elizabeth and the Early*

Stuarts. 2nd ed., London, 1960.

Carus-Wilson, E. M., editor, *Essays in Economic History*. Vol. I: London, 1954. Vol. II: London, 1962.

Cecil, Lord David, *Melbourne*. Reprinted, New York, 1954.

Census of Great Britain in 1851: An Analytical Index. London, 1854.

Chambers, J. D., "Enclosure and Labour Supply in the Industrial Revolution," *Economic History Review*, 2nd Series, Vol. V, No.3 (1953), 319-343.

Clapham, J. H., *An Economic History of Modern Britain*. 3 vols. Reprinted, Cambridge, 1950-1952.

Clark, G. Kitson, *The Making of Victorian England*. London, 1962.

Cole, G. D. H., and Postgate, Raymond, *The British People, 1746-1946*. New York, 1947.

Cooper, J. P., "The Counting of Manors," *Economic History Review*, 2nd Series, Vol. VIII, No. 3 (April, 1956), 377-389.

Davies, E., "The Small Landowner, 1780-1832, in the Light of the Land Tax Assessments," reprinted in Carus-Wilson, editor, *Essays in Economic History*, 270-294.

Deane, Phyllis, and Cole, W. A., *British Economic Growth 1688-1959: Trends and Structure*. Cambridge, 1962.

Everitt, Alan Milner, "The County Committee of Kent in the Civil War," *Occasional Papers*, No. 9 (1957), published by the University College of Leicester, Department of English Local History.

——editor, *Suffolk and the Great Rebellion 1640-1660*. Ipswich, 1961.

Firth, C. H., *Cromwell's Army*. 3rd ed., London, 1921; reprinted 1962.

Gallagher, John, and Robinson, Ronald, "The Imperialism of Free Trade," *Economic History Review*, 2nd Series, VI, No. 1 (August, 1953), 1-15. 〔「自由貿易帝国主義」ネーデル/カーティス編，川上肇ほか訳『帝国主義と植民地主義』御茶の水書房，1983 年所収〕

Gonner, E. C. K., *Common Land and Enclosure*. London, 1912.

Goodwin, A., editor, *The European Nobility in the Eighteenth Century*. London, 1953.

Great Britain, Census of 1831, *Parliamentary Papers*, Session: 29 January-29 August 1833, Vol. XXXVI, Accounts and Papers, Vol. 12.

——Census of 1851, *Parliamentary Papers*, Session: 4 November 1852-20 August 1853, Accounts and Papers, Vol. 32, Part I.-20 August 1853, Accounts and Papers, Vol. 32, Part I.

Habakkuk, H. J., "English Landownership, 1680-1740," *Economic History Review*, Vol. X, No. 1 (February, 1940), 2-17.〔「1680-1740 年のイギリス地主制」川北稔訳『18 世紀イギリスにおける農業問題』未来社，1967 年所収〕

Halévy, Elie, *A History of the English People in the Nineteenth Century*. Translated by E. I. Watkin. 6 vols. 2nd revised edition, London, 1949-52.

Hammond, J. L. and Barbara, *The Village Labourer 1760-1832*. London, 1911.

Hardacre, Paul H., *The Royalists during the Puritan Revolution*. The Hague, 1956.

Hexter, J. H., *Reappraisals in History*. Evanston, 1961.

Hill, Christopher, *Puritanism and Revolution*. London, 1958.

Hoskins, W. G., *The Midland Peasant: The Economic and Social History of a Leicestershire Village*. London, 1957.

James, Margaret, *Social Problems and Policy during the Puritan Revolution 1640-1660*. London, 1930.

Johnson, Arthur H., *The Disappearance of the Small Landowner*. Oxford, 1909; reprinted 1963.

Kerridge, Eric, "The Returns of the Inquisition of Depopulation," *English Historical Review*, Vol. LXX, No. 275 (April, 1955), 212-228.

Langer, William, "Europe's Initial Population Explosion," *American Historical Review*, Vol. LXIX (1963), 1-17.

Levy, Hermann, *Large and Small Holdings*. Translated with additions by the author. Cambridge, 1911.

Lipson, E., *The Economic History of England*. Vol. I: *The Middle Ages;* reprinted London, 1956, from the 7th ed., 1937. Vols. II and III: *The*

Age of Mercantilism; reprinted London, 1956, from the 3rd ed., 1943.

Manning, Brian, "The Nobles, the People, and the Constitution," in Aston, editor, *Crisis in Europe 1560-1660*, 247-269.

Mather, F. C., "The Government and the Chartists," in Briggs, editor, *Chartist Studies*, 385-394.

Mingay, G. E., *English Landed Society in the Eighteenth Century*. London, 1963.

——"The Land Tax Assessments and the Small Landowner," *Economic History Review*, 2nd Series, Vol. XVII, No. 2 (December, 1964), 381-388.

——"The Size of Farms in the Eighteenth Century," *Economic History Review*, 2nd Series, Vol. XIV, No. 3 (April, 1962), 469-488.

Namier, Sir Lewis, *England in the Age of the American Revolution*. 2nd ed., London, 1961.

Nef, John U., *Industry and Government in France and England 1540-1640*. Reprinted from 1940 edition, Ithaca, 1957.〔紀藤信義・隅田哲司訳『16・7 世紀の産業と政治——フランスとイギリス』未来社, 1958 年〕

Plumb, J. H., *England in the Eighteenth Century*. Penguin Books, 1950.

Power, Eileen, *The Wool Trade in English Medieval History*. Oxford, 1941.

Sabine, George H., editor, *The Works of Gerrard Winstanley*. Ithaca, 1941.

Semenov, V. F., *Ogorazhivaniya i krest'yanskiye dvizheniya v Anglii XVI veka*. Moscow, 1949.

Stone, Lawrence, *The Crisis of the Aristocracy 1558-1641*. Oxford, 1965.

Tate, W. E., "Members of Parliament and the Proceedings upon Enclosure Bills," *Economic History Review*, Vol. XII (1942), 68-75.

Tawney, R. H., *The Agrarian Problem in the Sixteenth Century*. London, 1912.

——"The Rise of the Gentry 1558-1640," reprinted in Carus-Wilson, editor, *Essays in Economic History*, 173-214.〔浜林正夫訳『ジェントリーの勃興』未来社, 1957 年〕

Thirsk, Joan, "The Restoration Land Settlement," *Journal of Modern History*, Vol. XXVI, No. 4 (December, 1954), 315-328.

——— *Tudor Enclosures*. London, 1959.

Thompson, E. P., *The Making of the English Working Class*. London, 1963.〔市橋秀夫・芳賀健一訳『イングランド労働者階級の形成』青弓社，2003 年〕

Thompson, F. M. L., *English Landed Society in the Nineteenth Century*. London, 1963.

Trevelyan, G. M., *History of England*. 3 vols. Reprinted from 2nd revised edition, New York, 1953-56.〔大野真弓監訳『イギリス史』全 3 巻，みすず書房，1973-1975 年〕

Trevor-Roper, H. R., "The Gentry 1540-1640," *Economic History Review Supplement*, No. 1 (1953).

Turberville, A. S., *The House of Lords in the Age of Reform 1784-1837*. London, 1958.

Woodward, E. L., *The Age of Reform 1815-1870*. Oxford, 1949.

Yule, George, *The Independents in the English Civil War*. Cambridge, 1958.

Zagorin, Perez, "The English Revolution 1640-1660," *Journal of World History*, Vol. II, No. 3 (1955), 668-681.

——— "The Social Interpretation of the English Revolution," *Journal of Economic History*, Vol. XIX (1959), 376-401.

フランス

Advielle, Victor, *Histoire de Gracchus Babeuf et du Babouvisme*. 2 vols. Paris, 1884.

Augé-Laribé, Michel, *La Politique agricole de la France de 1880 à 1949*. Paris, 1950.

Barber, Elinor G., *The Bourgeoisie in Eighteenth Century France*. Princeton, 1955.

Bloch, Marc, *Les Caractères originaux de l'histoire rurale française*. 2 vols. 2nd ed., Paris, 1955-1956.〔河野健二・飯沼二郎訳『フランス

農村史の基本性格』創文社，1959 年〕
——— "La lutte pour l'individualisme agraire dans la France du XVIIIe siècle," *Annales d'histoire économique et sociale*, Vol. II, No. 7 (15 July 1930), 329-381, and No. 8 (15 October 1930), 511-556.
——— "Sur le passé de la noblesse française; quelques jalons de recherche," *Annales d'histoire économique et sociale*, VIII (July, 1936), 366-378.
Bois, Paul, *Paysans de l'Ouest*. Le Mans, 1960.
Bourgin, Georges, editor, *Le Partage des biens communeaux*. Paris, 1908.
Carré, Henri, *La Noblesse de France et l'opinion publique au XVIIIe siècle*. Paris, 1920.
Cobb, Richard, *Les Armées révolutionnaires*. 2 vols. Paris, 1961-1963.
Cobban, Alfred, "The *Parlements* of France in the Eighteenth Century," *History*, New Series, Vol. 35 (February-June, 1950), 64-80.
——— *The Social Interpretation of the French Revolution*. Cambridge, 1964.
Dalin, V. M., *Grakkh Babef*. Moscow, 1963.
Dommanget, Maurice, *Pages choisies de Babeuf*. Paris, 1935.
Duby, Georges, *L'Economie rurale et la vie des campagnes dans l'occident médiéval*. 2 vols. Paris, 1962.
"The Folklore of Royalism," *Times Literary Supplement* (London), September 7,1962.
Ford, Franklin L., *Robe and Sword: The Regrouping of the French Aristocracy After Louis XVI*. Cambridge, Massachusetts, 1953.
Forster, Robert, *The Nobility of Toulouse in the Eighteenth Century*. Baltimore, 1960.
——— "The Noble Wine Producers of the Bordelais in the Eighteenth Century," *Economic History Review*, 2nd Series, XIV, No. 1 (August, 1961), 18-33.
——— "The Provincial Noble: A Reappraisal," *American Historical Review*, Vol. LXVIII, No. 3 (April, 1963), 681-691.
Göhring, Martin, *Die Ämterkäuflichkeit im Ancien Régime*. Berlin, 1938.

——*Die Frage der Feudalität in Frankreich Ende des Ancien Régime und in der französischen Revolution* (*bis 17 Juli 1793*) Berlin, 1934.

Goubert, Pierre, *Beauvais et le Beauvaisis de 1600 à 1730*. Paris, 1960.

Greer, Donald, *The Incidence of the Terror during the French Revolution*. Cambridge, Massachusetts, 1935.

Guérin, Daniel, *La Lutte de classes sous la première république*. 2 vols. Paris, 1946.

Hunter, Neil, *Peasantry and Crisis in France*. London, 1938.

Jaurès, Jean, *Histoire socialiste de la Révolution française*, édition revue par A. Mathiez. Vol. VI: *La Gironde* (Paris, 1923).

Labrousse, C. E., *La Crise de l'économie française à la fin de l'ancien régime et au début de la Révolution*. 2 vols. Vol. I (Paris, 1944).

——*Esquisse du mouvement des prix et des revenus en France au XVIIIe siècle*. Paris, 1932.

Lavisse, Ernest, editor, *Histoire de France illustrée depuis les origines jusqu'à la Révolution*. Vol. VII (Paris, 1911).

Lefebvre, Georges, *Études sur la Révolution française*. Paris, 1954.

——*La Grande Peur de 1789*. Paris, 1932.

——*Les Paysans du Nord pendant la Révolution française*. Bari, 1959.

——*Questions agraires au temps de la Terreur*. 2nd revised edition, La Roche-sur-Yon, 1954.

——*La Révolution française*. Paris, 1957.

Lhomme, Jean, *La Grande bourgeoisie en pouvoir 1830-1880*. Paris, 1960.〔木崎喜代治訳『権力の座についた大ブルジョアジー——19世紀フランス社会史試論』岩波書店，1971年〕

Mathiez, A., *La Révolution française*. 3 vols. 12th ed., Paris, 1954-1955.〔ねづまさし・市原豊太訳『フランス大革命』全3巻，岩波文庫，1958-1960年〕

——*La Vie chère et le mouvement social sous la Terreur*. Paris, 1927.

Nef, John U., *Industry and Government in France and England 1540-1640*. Ithaca, 1957, reprint of 1940 edition.〔イギリスの項を参照〕

Porchnev, Boris, *Les Soulèvements populaires en France de 1623 à 1648*.

Paris, 1963.

Postgate, R. W., editor, *Revolution from 1789 to 1906*. New York, 1962.

Rudé, George, *The Crowd in the French Revolution*. Oxford, 1959.〔前川貞次郎・野口名隆・服部春彦訳『フランス革命と群衆』ミネルヴァ書房，1963年〕

Sagnac, Philippe, *La Formation de la société française moderne*. 2 vols. Paris, 1945.

Saint Jacob, P. de, *Les Paysans de la Bourgogne du Nord au dernier siècle de l'ancien régime*. Paris, 1960.

Sée, Henri, *Evolution commerciale et industrielle de la France sous l'ancien régime*. Paris, 1925.

——*Histoire économique de la France*. 2 vols. Paris, 1939.

Soboul, Albert, *Les Sans-culottes parisiens en l'an II*. 2nd edition, Paris, 1962．〔井上幸治監訳『フランス革命と民衆——共和暦2年(1793-94年)のパリのサンキュロット』新評論，1983年．但し，原著の part II のみの部分訳〕

Soreau, Edmond, "La Révolution française et le prolétariat rural," *Annales historiques de la Révolution française*, Vol. IX, No. 50 (March-April, 1932), 116-127.

Tilly, Charles, *The Vendée*. Cambridge, Massachusetts, 1964.

Usher, Abbot Payson, *The History of the Grain Trade in France 1400-1710*. Cambridge, Massachusetts, 1913.

Wright, Gordon, "Agrarian Syndicalism in Postwar France," *American Political Science Review*, Vol. XLVII, No. 2 (June, 1953), 402-416.

——"Catholics and Peasantry in France," *Political Science Quarterly*, Vol. LXVIII, No. 4 (December, 1953), 526-551.

——*Rural Revolution in France*. Stanford, 1964.

アメリカ

Andreano, Ralph, editor, *The Economic Impact of the American Civil War*. Cambridge, Massachusetts, 1962.

Aptheker, Herbert, *American Negro Slave Revolts*. New York, 1943.

Beale, Howard K., *The Critical Year: A Study of Andrew Johnson and the Reconstruction.* Republished New York, 1958; first published, 1930.

——— "What Historians Have Said About the Causes of the Civil War," in *Theory and Practice in Historical Study*, A Report of the Committee on Historiography, Social Science Research Council (New York, 1946), 53-102.

Beard, Charles A. and Mary R., *The Rise of American Civilization.* 2 vols. in one; revised edition, New York, 1940.

Bennett, H. S., *Life on the English Manor: A Study of Peasant Conditions, 1150-1400.* Cambridge, 1956; first published, 1937.

Cochran, Thomas C., "Did the Civil War Retard Industrialization?" reprinted in Andreano, editor, *Economic Impact of the American Civil War*, 148-160.

Conrad, Alfred H., and Meyer, John R., "The Economics of Slavery in the Ante Bellum South," *Journal of Political Economy*, Vol. LXVI, No. 2 (April, 1958), 95-130.

Craven, Avery O., *The Coming of the Civil War.* 2nd ed., Chicago, 1957.

——— *The Growth of Southern Nationalism.* Baton Rouge, 1953.

Current, Richard Nelson, *Old Thad Stevens: A Story of Ambition.* Madison, 1942.

Davis, Lance E. *et al.*, *American Economic History.* Homewood, 1961.

Elkins, Stanley M., *Slavery: A Problem in American Institutional and Intellectual Life.* Chicago, 1959; reprinted New York, 1963.

Foner, Philip S., *Business and Slavery: The New York Merchants and the Irrepressible Conflict.* Chapel Hill, 1941.

Gates, Paul W., *The Farmer's Age: Agriculture 1815-1860.* New York, 1962.

Gray, Lewis C., *History of Agriculture in Southern United States to 1860.* New York, 1941.

Hacker, Louis M., *The Triumph of American Capitalism.* New York, 1940. 〔中屋健一・三浦進訳『資本主義の勝利―― 19 世紀の終りまでのアメリカにおけるもろもろの力の展開』上・下，東京大学出版会，

1953 年〕
Nevins, Allan, *The Emergence of Lincoln*. Vol. I: *Douglas, Buchanan and Party Chaos 1857-1859*. Vol. II: *Prologue to Civil War 1859-1861*. New York, 1950.
——*Ordeal of the Union*. Vol. I, New York, 1947.
Nichols, Roy F., *The Disruption of American Democracy*. New York, 1948.
North, Douglass C., *The Economic Growth of the United States 1790-1860*. Englewood Cliffs, 1961.
Owsley, Frank L., *Plain Folk of the Old South*. Baton Rouge, 1949.
Phillips, Ulrich B., *Life and Labor in the Old South*. Boston, 1929.
Randall, J. G., and Donald, David, *The Civil War and Reconstruction*. 2nd ed., Boston, 1961.
Rayback, Joseph G., "The American Workingman and the Antislavery Crusade," *Journal of Economic History*, Vol. III, No. 2 (November, 1943), 152-163.
Schlesinger, Arthur M., Jr., *The Age of Jackson*. Boston, 1945.
Shannon, Fred A., *American Farmers' Movements*. Princeton, 1957.
Sharkey, Robert P., *Money, Class, and Party: An Economic Study of Civil War and Reconstruction*. Baltimore, 1959.
Shortreed, Margaret, "The Antislavery Radicals: From Crusade to Revolution 1840-1868," *Past and Present*, No. 16 (November, 1959), 65-87.
Stampp, Kenneth M., *The Causes of the Civil War*. Englewood Cliffs, 1959.
——*The Era of Reconstruction 1865-1877*. New York, 1965.
——*The Peculiar Institution*. New York, 1956.
[Stevens, Thaddeus], *Reconstruction, Speech of Hon. Thaddeus Stevens of Pennsylvania, delivered in the House of Representatives... December 18, 1865*. Washington, 1865.
Woodward, C. Vann, *Reunion and Reaction*. Revised ed., New York, 1956.

Zahler, Helene S., *Eastern Workingmen and National Land Policy, 1829-1862*. New York, 1941.

中　国

Agrarian China: Selected Source Materials from Chinese Authors. London, 1939.

Allen, G. C., and Donnithorne, A. G., *Western Enterprise in Far Eastern Commercial Development*. London, 1954.

Balázs, Etienne, "Les aspects significatifs de la société chinoise," *Etudes Asiatiques*, Vol. VI (1952), 77-87.

——*Chinese Civilization and Bureaucracy: Variations on a Theme*. Selections from his writings, translated by H. M.Wright, edited by Arthur F. Wright. New Haven, 1964.

Beal, Edwin George, Jr., *The Origin of Likin* (1853-1864). Cambridge, Massachusetts, 1958.

Berkov, Robert, *Strong Man of China: The Story of Chiang Kai-shek*. Cambridge, Massachusetts, 1938.

Bland, J. O. P., and Backhouse, E., *China Under the Empress Dowager*. London, 1911.

Brandt, Conrad, *Stalin's Failure in China 1924-1927*. Cambridge, Massachusetts, 1958.

——, Schwartz, Benjamin, Fairbank, John K., *A Documentary History of Chinese Communism*. Cambridge, Massachusetts, 1952.

Buck, John Lossing, *Land Utilization in China*. Chicago, 1937.

Cameron, Meribeth E., *The Reform Movement in China 1898-1912*. Stanford, 1931.

Chang, Chung-li, *The Chinese Gentry*. Seattle, 1955.

——*The Income of the Chinese Gentry*. Seattle, 1962.

Ch'en, Jerome, *Mao and the Chinese Revolution*. London, 1965.〔徳田教之訳『毛沢東――毛と中国革命』筑摩書房，1969 年〕

Chiang Kai-shek, *China's Destiny*. Authorized translation by Wang Chunghui. New York, 1947.

Chiang, Siang-tseh, *The Nien Rebellion*. Seattle, 1954.

China-United States Agricultural Mission. *Report* (U. S. Office of Foreign Agricultural Relations, Report No. 2). Washington, 1947.

Ch'ü, T'ung-tsu, *Local Government in China under the Ch'ing*. Cambridge, Massachusetts, 1962.

Crook, David and Isabel, *Revolution in a Chinese Village: Ten Mile Inn*. Lndon, 1959.

DeGroot, J. J. M., *Sectarianism and Religious Persecutions in China*. 2 vols. Amsterdam, 1903-1904.

Eberhard, Wolfram, *Chinas Geschichte*. Bern, 1948.

——— *Conquerors and Rulers: Social Forces in Medieval China*. Leiden, 1952.

Fei, Hsiao-tung, *Peasant Life in China: A Field Study of Country Life in the Yangtze Valley*. New York, 1946.

——— and Chang, Chih-i, *Earthbound China: A Study of Rural Economy in Yunnan*. London, 1948.

Feuerwerker, Albert, *China's Early Industrialization: Sheng Hsuan-huai (1844-1916) and Mandarin Enterprise*. Cambridge, Massachusetts, 1958.

——— "China's History in Marxian Dress," *Americam Historical Review*, Vol. XLVI, No. 2 (January, 1961), 323-353.

Fitzgerald, C. P., *Revolution in China*. London, 1952.

Franke, Wolfgang, *The Reform and Abolition of the Traditional Chinese Examination System*. Cambridge, Massachusetts, 1960.

Freedman, Maurice, Book review of Chung-li Chang, *The Chinese Gentry, Pacific Affairs*, Vol. XXIX, No. 1 (March, 1956), 78-80.

Fried, Morton H., *The Fabric of Chinese Society: A Study of the Social Life of a Chinese County Seat*. New York, 1953.

Gamble, Sidney D., *Ting Hsien: A North China Rural Community*. New York, 1954.

Hinton, Harold C., *The Grain Tribute System of china 1845-1911*. Cambridge, Massachusetts, 1956.

Ho, Ping-ti, *The Ladder of Success in Imperial China*. New York, 1962.

——*Studies on the Population of China 1368-1953*. Cambridge, Massachusetts, 1959.

Holcombe, Arthur N., *The Chinese Revolution*. Cambridge, Massachusetts, 1930.

Hsiao, Kung-chuan, *Rural China: Imperial Control in the Nineteenth Century*. Seattle, 1960.

Isaacs, Harold R., *Tragedy of the Chinese Revolution*. Revised ed., Stanford, 1951.〔鹿島栄二郎訳『中国革命の悲劇(全訂版)』至誠堂, 1971年〕

Jamieson, George, *et al*., "Tenure of Land in China and Condition of the Rural Population," *Journal of the Royal Asiatic Society of Great Britain and Ireland*, North China Branch (Shanghai), n. s., XXIII (1888) (published Shanghai, 1889), 59-174.

Johnson, Chalmers A., *Peasant Nationalism and Communist Power: The Emergence of Revolutionary Power 1937-1945*. Stanford, 1962.〔田中文蔵訳『中国革命の源流——中国農民の成長と共産政権』弘文堂新社, 1967年〕

Khokhlov, A. N., "Agrarnye otnosheniya v Kitai vo vtoroi polovine XVIII-nachale XIX v.," *Kratkie soobshcheniya narodov Azii*, No. 53 (1962), 95-115.

Lamb, Jefferson D. H., *Development of the Agrarian Movement and Agrarian Legislation in China 1912-1930*. Peiping, 1931.

Lang, Olga, *Chinese Family and Society*. New Haven, 1946.〔小川修訳『中国の家族と社会』Ⅰ・Ⅱ, 岩波書店, 1953, 54年〕

Lattimore, Owen, "The Industrial Impact on China, 1800-1950," in *First International Conference of Economic History, Stockholm, August, 1960* (Paris, 1960), 103-113.

Lee, Mabel Ping-hua, *The Economic History of China*. New York, 1921.

Levy, Marion J., Jr., and Shih, Kuo-shen, *The Rise of the Modern Chinese Business Class*. Mimeographed, New York, 1949.

Linebarger, Paul M., *The China of Chiang K'ai-shek*. Boston, 1941.

Liu, F. F., *A Military History of Modern China 1924-1949*. Princeton, 1956.

Liu, Hui-chen Wang, *Traditional Chinese Clan Rules*. Locust Valley, 1959.

Maspero, Henri and Escarra, Jean, *Les Institutions de la Chine*. Paris, 1952.

Morse, H. B., *Trade and Administration of the Chinese Empire*. London, 1908.

North, Robert C., *Moscow and the Chinese Communists*. Stanford, 1953.

Schwartz, Benjamin I., *Chinese Communism and the Rise of Mao*. Cambridge, Massachusetts, 1951.〔石川忠雄・小田英郎訳『中国共産党史――中国共産主義と毛沢東の抬頭(第3版)』慶応通信，1964年〕

Shen, N. C., "The Local Government of China," *Chinese Social and Political Science Review*, Vol. XX, No. 2 (July, 1936), 163-201.

Tawney, R. H., *Land and Labour in China*. London, 1932. Reprinted, New York, 1964.〔浦松佐美太郎・牛場友彦訳『支那の農業と工業』岩波書店，1935年〕

Weber, Max, "Konfuzianismus und Taoismus," *Gesammelte Aufsätze zur Religionssoziologie*, Vol. I (4th ed., Tübingen, 1947), 276-536.〔木全徳雄訳『儒教と道教』創文社，1971年〕

Wittfogel, Karl A., *Oriental Despotism: A Comparative Study of Total Power*. New Haven, 1957.〔湯浅赳男訳『オリエンタル・デスポティズム――専制官僚国家の生成と崩壊(新装普及版)』新評論，1995年〕

Wright, Mary Clabaugh, *The Last Stand of Chinese Conservatism*. Stanford, 1957.

Yang, C. K., *The Chinese Family in the Communist Revolution*. Cambridge, Massachusetts, 1959.

―――*A Chinese Village in Early Communist Transition*. Cambridge, Massachusetts, 1959.

―――*Religion in Chinese Society: A Study of Contemporary Social*

Functions of Religion and Some of Their Historical Factors. Berkeley, 1961.

Yang, Martin C., *A Chinese Village: Taitou, Shantung Province*. New York, 1945.

本書は、一九八六年に小社より刊行した『独裁と民主政治の社会的起源——近代世界形成過程における領主と農民 I』(岩波現代選書)を文庫化したものである。Iに収められていた第五章「アジアのファシズム——日本」は下巻に移した。

(岩波文庫編集部)

独裁《どくさい》と民主政治《みんしゅせいじ》の社会的起源《しゃかいてききげん》（上）〔全2冊〕
——近代世界形成過程における領主と農民
バリントン・ムーア著

2019年5月16日　第1刷発行
2021年2月5日　第2刷発行

訳　者　宮崎隆次《みやざきりゅうじ》　森山茂徳《もりやましげのり》
高橋直樹《たかはしなおき》

発行者　岡本　厚

発行所　株式会社　岩波書店
〒101-8002 東京都千代田区一ツ橋2-5-5

案内 03-5210-4000　営業部 03-5210-4111
文庫編集部 03-5210-4051
https://www.iwanami.co.jp/

印刷 製本・法令印刷　カバー・精興社

ISBN 978-4-00-342301-1　Printed in Japan

読書子に寄す

——岩波文庫発刊に際して——

岩波茂雄

真理は万人によって求められることを自ら欲し、芸術は万人によって愛されることを自ら望む。かつては民を愚昧ならしめるために学芸が最も狭き堂宇に閉鎖されたことがあった。今や知識と美とを特権階級の独占より奪い返すことはつねに進取的なる民衆の切実なる要求である。岩波文庫はこの要求に応じそれに励まされて生まれた。それは生命ある不朽の書を少数者の書斎と研究室とより解放して街頭にくまなく立たしめ民衆に伍せしめるであろう。近時大量生産予約出版の流行を見る。その広告宣伝の狂態はしばらくおくも、後代にのこすと誇称する全集がその編集に万全の用意をなしたるか。千古の典籍の翻訳企図に敬虔の態度を欠かざりしか。さらに分売を許さず読者を繋縛して数十冊を強うるがごとき、はたしてその揚言する学芸解放のゆえんなりや。吾人は天下の名士の声に和してこれを推挙するに躊躇するものである。このときにあたって、岩波書店は自己の責務のいよいよ重大なるを思い、従来の方針の徹底を期するため、すでに十数年以前より志して来た計画を慎重審議この際断然実行することにした。吾人は範をかのレクラム文庫にとり、古今東西にわたって文芸・哲学・社会科学・自然科学等種類のいかんを問わず、いやしくも万人の必読すべき真に古典的価値ある書をきわめて簡易なる形式において逐次刊行し、あらゆる人間に須要なる生活向上の資料、生活批判の原理を提供せんと欲する。この文庫は予約出版の方法を排したるがゆえに、読者は自己の欲する時に自己の欲する書物を各個に自由に選択することができる。携帯に便にして価格の低きを最主とするがゆえに、外観を顧みざるも内容に至っては厳選最も力を尽くし、従来の岩波出版物の特色をますます発揮せしめようとする。この計画たるや世間の一時の投機的なるものと異なり、永遠の事業として吾人は微力を傾倒し、あらゆる犠牲を忍んで今後永久に継続発展せしめ、もって文庫の使命を遺憾なく果たさしめることを期する。芸術を愛し知識を求むる士の自ら進んでこの挙に参加し、希望と忠言とを寄せられることは吾人の熱望するところである。その性質上経済的には最も困難多きこの事業にあえて当たらんとする吾人の志を諒として、その達成のため世の読書子とのうるわしき共同を期待する。

昭和二年七月

《法律・政治》〔白〕

- 人権宣言集　高木八尺・末延三次・宮沢俊義 編
- 新版 世界憲法集 第二版　高橋和之 編
- 君主論　マキアヴェッリ　河島英昭 訳
- フィレンツェ史 全二冊　マキァヴェッリ　齊藤寛海 訳
- リヴァイアサン 全四冊　ホッブズ　水田洋 訳
- ビヒモス　ホッブズ　山田園子 訳
- 法の精神 全三冊　モンテスキュー　野田良之・稲本洋之助・上原行雄・田中治男・三辺博之・横田地弘 訳
- ローマ人盛衰原因論　モンテスキュー　田中治男・栗田伸子 訳
- 第三身分とは何か　シィエス　稲本洋之助・伊藤洋一・川出良枝・松本英実 訳
- 教育に関する考察　ロック　服部知文 訳
- 完訳 統治二論　ジョン・ロック　加藤節 訳
- 寛容についての手紙　ジョン・ロック　加藤節・李静和 訳
- キリスト教の合理性　ジョン・ロック　加藤節 訳
- ルソー 社会契約論　桑原武夫・前川貞次郎 訳
- アメリカのデモクラシー 全四冊　トクヴィル　松本礼二 訳
- 犯罪と刑罰　ベッカリーア　風早八十二・五十嵐二葉 訳
- リンカーン演説集　高木八尺・斎藤光 訳
- 権利のための闘争　イェーリング　村上淳一 訳
- 近代人の自由と古代人の自由・征服の精神と簒奪 他一篇　コンスタン　堤林剣・堤林恵 訳
- 民主主義の本質と価値 他一篇　ハンス・ケルゼン　長尾龍一・植田俊太郎 訳
- 近代国家における自由　H・J・ラスキ　飯坂良明 訳
- 外交談判法　カリエール　坂野正高 訳
- 危機の二十年 ―理想と現実　E・H・カー　原彬久 訳
- マッツィーニ 人間の義務について　齋藤ゆかり 訳
- モーゲンソー 国際政治 ―権力と平和 全三冊　原彬久 監訳
- 現代議会主義の精神史的状況 他一篇　カール・シュミット　樋口陽一 訳
- 第二次世界大戦外交史 全二冊　芦田均
- 憲法講話　美濃部達吉
- 日本国憲法　長谷部恭男 解説

《経済・社会》〔白〕

- 政治算術　ペティ　大内兵衛・松川七郎 訳
- ケネー 経済表　平田清明・井上泰夫 訳
- チュルゴオ 富に関する省察　永田清 訳
- 国富論 全四冊　アダム・スミス　水田洋 監訳　杉山忠平 訳
- 道徳感情論 全二冊　アダム・スミス　水田洋 訳
- コモン・センス 他三篇　トーマス・ペイン　小松春雄 訳
- ロバート・マルサス初版 人口の原理　ロバート・マルサス　高野岩三郎・大内兵衛 訳
- 経済学における諸定義　マルサス　玉野井芳郎 訳
- オウエン自叙伝　ロバアト・オウエン　五島茂 訳
- 経済学および課税の原理 全二冊　リカードウ　羽鳥卓也・吉澤芳樹 訳
- 戦争論 全三冊　クラウゼヴィッツ　篠田英雄 訳
- 自由論　J・S・ミル　塩尻公明・木村健康 訳
- 女性の解放　J・S・ミル　大内兵衛・大内節子 訳
- ミル自伝　朱牟田夏雄 訳
- 大学教育について　J・S・ミル　竹内一誠 訳
- ユダヤ人問題によせて ヘーゲル法哲学批判序説　マルクス　城塚登 訳
- 経済学・哲学草稿　マルクス　城塚登・田中吉六 訳
- 新編輯版 ドイツ・イデオロギー　マルクス エンゲルス　廣松渉 編訳　小林昌人 補訳
- マルクス エンゲルス 共産党宣言　大内兵衛・向坂逸郎 訳
- 賃労働と資本　マルクス　長谷部文雄 訳

- 賃銀・価格および利潤　マルクス／長谷部文雄訳
- マルクス 経済学批判　武田隆夫・遠藤湘吉・大内力・加藤俊彦訳
- マルクス 資本論 全九冊　エンゲルス編／向坂逸郎訳
- 文学と革命 全二冊　トロツキイ／桑野隆訳
- ロシア革命史 全五冊　トロツキー／藤井一行訳
- 空想より科学へ —社会主義の発展　エンゲルス／大内兵衛訳
- 家族・私有財産・国家の起源　エンゲルス／戸原四郎訳
- 帝国主義論 全二冊　ホブスン／矢内原忠雄訳
- 帝国主義　レーニン／宇高基輔訳
- 金融資本論 全二冊　ヒルファディング／岡崎次郎訳
- ローザ・ルクセンブルク 獄中からの手紙　秋元寿恵夫訳
- 雇用、利子および貨幣の一般理論 全二冊　ケインズ／間宮陽介訳
- シュムペーター 経済発展の理論 全二冊　塩野谷祐一・中山伊知郎・東畑精一訳
- シュムペーター 経済学史 —学説ならびに方法の諸段階　中山伊知郎・東畑精一訳
- 租税国家の危機　シュムペーター／木村元一・小谷義次訳
- 恐慌論　宇野弘蔵
- 経済原論　宇野弘蔵

- ユートピアだより　ウィリアム・モリス／川端康雄訳
- 民衆の芸術　ウィリアム・モリス／中橋一夫訳
- 社会科学と社会政策にかかわる認識の「客観性」　マックス・ヴェーバー／富永祐治・立野保男訳／折原浩補訳
- プロテスタンティズムの倫理と資本主義の精神　マックス・ヴェーバー／大塚久雄訳
- 職業としての学問　マックス・ウェーバー／尾高邦雄訳
- 社会学の根本概念　マックス・ヴェーバー／清水幾太郎訳
- 職業としての政治　マックス・ヴェーバー／脇圭平訳
- 古代ユダヤ教 全三冊　マックス・ヴェーバー／内田芳明訳
- 宗教と資本主義の興隆 —歴史的研究 全二冊　トーニー／出口勇蔵・越智武臣訳
- 世論 全二冊　リップマン／掛川トミ子訳
- 王権　A・M・ホカート／橋本和也訳
- 鯰絵 —民俗的想像力の世界　C・アウエハント／小松和彦・中沢新一・飯島吉晴・古家信平訳
- 贈与論 他二篇　マルセル・モース／森山工訳
- 国民論 他二篇　マルセル・モース／森山工編訳
- ヨーロッパの昔話 その形と本質　マックス・リュティ／小澤俊夫訳
- 独裁と民主政治の社会的起源 —近代世界形成過程における領主と農民 全二冊　バリントン・ムーア／宮崎隆次・森山茂徳・高橋直樹訳
- 大衆の反逆　オルテガ・イ・ガセット／佐々木孝訳

《自然科学》〔青〕

- 科学と仮説　ポアンカレ／河野伊三郎訳
- エネルギー　オストヴァルト／山県春次訳
- 光学　ニュートン／島尾永康訳
- 星界の報告 他一篇　ガリレオ・ガリレイ／山田慶児・谷泰訳
- 大陸と海洋の起源 —大陸移動説 全二冊　ヴェーゲナー／都城秋穂・紫藤文子訳
- ロウソクの科学　ファラデー／竹内敬人訳
- 種の起原 全二冊　ダーウィン／八杉龍一訳
- 実験医学序説　クロード・ベルナール／三浦岱栄訳
- 完訳 ファーブル昆虫記 全十冊　山田吉彦・林達夫訳
- 増訂新版 アルプス紀行　ジョン・チンダル／矢島祐利訳
- 確率の哲学的試論　ラプラス／内井惣七訳
- 史的に見たる科学的宇宙観の変遷　アーレニウス／寺田寅彦訳
- 科学談義　T・H・ハックスリ／小泉丹訳
- アインシュタイン 相対性理論　内山龍雄訳・解説
- 相対論の意味　アインシュタイン／矢野健太郎訳
- 自然美と其驚異　ジョン・ラバック／板倉勝忠訳

ダーウィニズム論集　八杉龍一編訳

近世数学史談　高木貞治

ハッブル 銀河の世界　戎崎俊一訳

パロマーの巨人望遠鏡 全二冊　D・O・ウッドベリー　関正雄・湯澤博・成相恭二訳

生物から見た世界　ユクスキュル　クリサート　日高敏隆・羽田節子訳

ゲーデル 不完全性定理　林晋・八杉満利子訳

日本の酒　坂口謹一郎

生命とは何か —物理的にみた生細胞　シュレーディンガー　岡小天・鎮目恭夫訳

行動の機構 —脳メカニズムから心理学へ 全二冊　D・O・ヘッブ　鹿取廣人・金城辰夫・鈴木光太郎・鳥居修晃・渡邊正孝訳

ウィーナー サイバネティックス —動物と機械における制御と通信　池原止戈夫・彌永昌吉・室賀三郎・戸田巌訳

《歴史・地理》〔青〕

新訂 魏志倭人伝・後漢書倭伝・宋書倭国伝・隋書倭国伝 —中国正史日本伝1　石原道博編訳
ヘロドトス 歴史 全三冊　松平千秋訳
ガリア戦記　カエサル　近山金次訳
タキトゥス ゲルマーニア　泉井久之助訳註
タキトゥス 年代記 全二冊 —ティベリウス帝からネロ帝へ　国原吉之助訳
ランケ自伝　林健太郎訳
歴史とは何ぞや　ベルンハイム　坂口昂・小野鉄二訳
歴史における個人の役割　プレハーノフ　木原正雄訳
古代への情熱 —シュリーマン自伝　シュリーマン　村田数之亮訳
大君の都 全三冊 —幕末日本滞在記　オールコック　山口光朔訳
アーネスト・サトウ 一外交官の見た明治維新 全二冊　坂田精一訳
ベルツの日記 全二冊　トク・ベルツ編　菅沼竜太郎訳
武家の女性　山川菊栄
インディアスの破壊についての簡潔な報告　ラス・カサス　染田秀藤訳
ラス・カサス インディアス史 全七冊　長南実訳　石原保徳編
コロンブス航海誌　林屋永吉訳

コロンブス 全航海の報告　林屋永吉訳
洞窟絵画から連載漫画へ —人間コミュニケーションの万華鏡　ホグベン　寿岳文章・林達夫・平田寛・南博訳
戊辰物語　東京日日新聞社会部編
大森貝塚 —付 関連史料　E・S・モース　近藤義郎・佐原真編訳
ナポレオン言行録　オクターヴ・オブリ編　大塚幸男訳
中世的世界の形成　石母田正
日本の古代国家　石母田正
日本における近代国家の成立　E・H・ノーマン　大窪愿二訳
旧事諮問録 全二冊 —江戸幕府役人の証言　旧事諮問会編　進士慶幹校注
朝鮮・琉球航海記 —一八一六年アマースト使節団とともに　ベイジル・ホール　春名徹訳
ローマ皇帝伝 全二冊　スエトニウス　国原吉之助訳
回想の明治維新 —一ロシア人革命家の手記　メーチニコフ　渡辺雅司訳
アリランの歌 —ある朝鮮人革命家の生涯　ニム・ウェールズ　キム・サン　松平いを子訳
インカの反乱 —被征服者の声　ティトゥ・クシ・ユパンギ述　染田秀藤訳
ヒュースケン日本日記 —1855〜61　青木枝朗訳
さまよえる湖 全二冊　ヘディン　福田宏年訳
老松堂日本行録 —朝鮮使節の見た中世日本　宋希環　村井章介校注

北槎聞略 —大黒屋光太夫ロシア漂流記　桂川甫周　亀井高孝校訂
ヨーロッパ文化と日本文化　ルイス・フロイス　岡田章雄訳注
西遊草　清河八郎　小山松勝一郎校注
十八世紀ヨーロッパ監獄事情　ジョン・ハワード　川北稔訳
東京に暮す —一九二八〜一九三六　キャサリン・サンソム　大久保美春訳
ミカド —日本の内なる力　W・E・グリフィス　亀井俊介訳
増補 幕末百話　篠田鉱造
明治百話 全二冊　篠田鉱造
幕末明治 女百話 全二冊　篠田鉱造
トゥバ紀行　メンヒェン＝ヘルフェン　田中克彦訳
徳川時代の宗教　R・N・ベラー　池田昭訳
一七八九年—フランス革命序論　G・ルフェーヴル　高橋幸八郎・柴田三千雄・遅塚忠躬訳
アレクサンドロス大王東征記 付インド誌 全二冊　アッリアノス　大牟田章訳
インカ皇統記 全四冊　インカ・ガルシラーソ・デ・ラ・ベーガ　牛島信明訳
ローマ建国史 全三冊（既刊上巻）　リーウィウス　鈴木一州訳
元治夢物語 —幕末同時代史　馬場文英　徳田武校注
フランス・プロテスタントの反乱 —カミザール戦争の記録　カヴァリエ　二宮フサ訳

岩波文庫の最新刊

揖斐高編訳
江戸漢詩選（上）

江戸時代に大きく花開いた日本の漢詩の世界。詩人百五十人・三百二十首を選び、小伝や丁寧な語注と共に編む。上巻は幕初から江戸中期を収める。（全二冊）
〔黄二八五-一〕　本体一二〇〇円

ヘーゲル著／上妻精・佐藤康邦・山田忠彰訳
法の哲学（上）
——自然法と国家学の要綱——

一八二一年に公刊されたヘーゲルの主著の一つ。それは近代の自画像を描く試みであった。上巻は、「第一部 抽象法」「第二部 道徳」を収録。（全二冊）
〔青六三〇-二〕　本体一二〇〇円

ズヴェーヴォ作／堤康徳訳
ゼーノの意識（上）

己を苛む感情を蘇らせながらも、精神分析医のように人生を淡々と回想する主人公ゼーノ。「意識の流れ」を精緻に描いた伊国の作家ズヴェーヴォの代表作。（全二冊）〔赤N七〇六-一〕　本体九七〇円

……今月の重版再開……

高浜虚子著
俳句はかく解しかく味う
〔緑二八-二〕　本体五四〇円

ジョイス作／結城英雄訳
ダブリンの市民
〔赤二五五-一〕　本体一〇七〇円

岩波文庫の最新刊

國方栄二訳
エピクテトス
人生談義（下）

本当の自由とは何か。いかにすれば幸福を得られるか。ローマ帝国に生きた奴隷出身の哲学者の言葉。下巻は『語録』後半、『要録』他を収録。（全二冊）

〔青六〇八-二〕　本体一二六〇円

ヴァルター・ベンヤミン著／
今村仁司、三島憲一 他訳
パサージュ論（二）

資本主義をめぐるベンヤミンの歴史哲学は、ボードレールの「現代性」の探究に出会う。最大の断章項目「ボードレール」のほか、「蒐集家」「室内、痕跡」を収録。（全五冊）

〔赤四六三-四〕　本体一二〇〇円

ズヴェーヴォ作／堤康徳訳
ゼーノの意識（下）

ゼーノの当てどない意識の流れが、不可思議にも彼の人生を鮮やかに映し出していく。独白はカタストロフィの予感を漂わせて終わる。（全二冊）

〔赤N七〇六-二〕　本体九七〇円

……今月の重版再開……

田辺繁子訳
マヌの法典

本体一〇一〇円
〔青二六〇-一〕

鈴木成高・相原信作訳
ランケ
世界史概観
―近世史の諸時代―

本体八四〇円
〔青四一二-一〕

定価は表示価格に消費税が加算されます　2021.2